湖南工商大学法学学术文库

环境责任保险有效供需的制度困境与出路

胡艳香 著

法律出版社
LAW PRESS·CHINA
——北京——

图书在版编目(CIP)数据

环境责任保险有效供需的制度困境与出路 / 胡艳香著. -- 北京:法律出版社,2023
(湖南工商大学法学学术文库)
ISBN 978 - 7 - 5197 - 7712 - 8

Ⅰ. ①环… Ⅱ. ①胡… Ⅲ. ①环境保护-责任保险-研究-中国 Ⅳ. ①F842.686

中国国家版本馆 CIP 数据核字(2023)第 047673 号

湖南工商大学法学学术文库	**环境责任保险有效供需的制度困境与出路** **HUANJING ZEREN BAOXIAN YOUXIAO GONGXU DE ZHIDU KUNJING YU CHULU**	胡艳香 著	策划编辑 孙 慧 余群化 责任编辑 孙 慧 余群化 装帧设计 李 瞻

出版发行 法律出版社
编辑统筹 司法实务出版分社
责任校对 李慧艳
责任印制 胡晓雅
经　　销 新华书店

开本 710 毫米×1000 毫米 1/16
印张 19 **字数** 286 千
版本 2023 年 8 月第 1 版
印次 2023 年 8 月第 1 次印刷
印刷 唐山玺诚印务有限公司

地址:北京市丰台区莲花池西里 7 号(100073)
网址:www.lawpress.com.cn
投稿邮箱:info@lawpress.com.cn
举报盗版邮箱:jbwq@lawpress.com.cn
销售电话:010-83938349
客服电话:010-83938350
咨询电话:010-63939796

书号:ISBN 978 - 7 - 5197 - 7712 - 8
定价:70.00 元
凡购买本社图书,如有印装错误,我社负责退换。电话:010-83938349

“湖南工商大学法学学术文库”
总　　序

学术研究是水磨工夫，需要踏实苦干、持之以恒，离不开一颗匠心。科研水平是评价一个学科的关键指标，同样也是影响一个学科发展的重要因素。早在20世纪80年代，坐落在星城长沙的湖南工商大学的校园里便有了法学人的足迹。在世纪交替的2000年，法学专业正式设立，开启了一场湖南工商大学法学人自强不息、务实创新的奋斗之旅，历经数代，不忘初心。春华秋实，湖南工商大学法学院经不懈努力，实现了多项突破，跨越了层层阶梯：2009年获批省级特色专业，2014年获批湖南省财经类高校首个法律硕士专业学位点，2018年获批法学一级学科硕士学位点和法学博士点立项建设单位，2019年获批省级一流专业建设点和省级A类评价专业。法学学科连续四年进入上海软科“中国最好学科排行榜”前40%。建院22年，湖南工商大学法学人薪火相传，砥砺前行。

今天的湖南工商大学法学院，已经会聚了一批优秀的中青年骨干教师，形成了一支“法廉结合，法商结合，法数结合”的特色学术梯队。学科带头人王明高教授是全国党建理论优秀专家、湖南省智库领军人才、湖南省优秀社会科学专家，多项研究成果进入国家决策。在王明高教授的带领下，学院发展不断取得喜人成绩，拥有廉政建设2011省级协同创新中心、湖南省廉政建设社科重点研究基地、湖南省专业特色智库、湖南省民间投融资法治研究中心、湖南省教育法治研究中心、习近平法治思想研究中心等一批高水平学科平台，在中央权威报纸和CSSCI来源期刊发表学术论文300余篇，出版法学专著20余部。学院大力推动跨学科研究，成立了“数字法学系”“涉外法学系”“纪检监察法学系”等，积极引导组建优势研究团队。

成绩属于昨天，未来仍需开拓。湖南工商大学是一所正在迅速兴起的大学，年轻的法学院极富生机活力，正以昂扬之姿向上攀登。校训“至诚、至信、为实、为新”既是办学理念，也是学术精神的象征。“湖南工商大学法学学术文库”正是在这一精神理念引领下出版问世的。

“湖南工商大学法学学术文库”的出版，不仅是对学校第一届党代会精神和《湖南工商大学“十四五”教育事业发展规划》的贯彻落实，而且是法学院教师展示学术风采、呈现创造性思想成果的科研平台。我相信，“湖南工商大学法学学术文库”系列丛书能充分体现出法学教师们学术思想的精粹、气魄和格局。以文会友，何其快哉！

“长风破浪会有时，直挂云帆济沧海。”“湖南工商大学法学学术文库”对湖南工商大学法学院而言不是丰碑，而是发令枪，催促着湖南工商大学法学人点燃心中的激情，鼓起满腔的热爱，勇敢地攀登科研这座高峰，无畏艰辛。我相信，湖南工商大学法学院的科研事业将从这里再度起航，振臂升华！

湖南工商大学法学院院长　刘期湘

2022年5月23日

目　录 Contents

绪　论　1

一、研究背景及研究意义 …… 1

二、国内外研究现状述评 …… 6

三、研究思路和研究内容 …… 9

第一章　环境责任保险的性质刻画及功能廓清　12

一、环境责任保险的法律及经济性质分析 …… 13

（一）法律属性：环境责任保险的合同行为性质 …… 13

（二）经济属性：环境责任保险的准公共产品性质 …… 15

二、环境责任保险的主要社会功能 …… 16

（一）补偿环境侵权损害 …… 17

（二）分散环境责任风险 …… 22

（三）预防环境污染行为 …… 23

（四）减轻政府财政负担 …… 25

三、我国现行环境责任保险制度的功能定位 …… 27

第二章　我国环境责任保险供需问题特征分析　31

一、环境责任保险不同发展时期的供需考察 …… 31

（一）特殊行业引入环境责任保险 …… 32

（二）地方探索性环境责任保险试点 …… 37

（三）全国自愿性环境责任保险试点 …… 38
（四）全国强制性环境责任保险试点 …… 39
二、我国环境责任保险供需问题的基本特征 …… 43
（一）环境责任保险有效需求严重不足 …… 44
（二）环境责任保险有效供给不足 …… 53

第三章　理论分析：环境责任保险供需的影响机理 63

一、影响环境责任保险需求的主要制度因素及其作用机理 …… 65
（一）从责任风险产生基础探析需求影响因素及作用原理 …… 65
（二）从保险运行机制要素探析需求影响因素及作用原理 …… 73
（三）从外部保障体系探析需求影响因素及作用机理 …… 80
（四）小结：影响环境责任保险需求的可能性制度障碍 …… 82
二、影响环境责任保险供给的主要制度因素及其作用机理 …… 82
（一）从保险规模效应分析供给的影响因素及其作用原理 …… 82
（二）从保险外部经济性分析供给影响因素及其作用原理 …… 84
（三）从保险经营能力分析供给影响因素及其作用原理 …… 86
（四）小结：影响环境责任保险供给的可能性制度障碍 …… 88

第四章　制度反思：我国环境责任保险供需困境的引致因素 89

一、环境侵权法律制度中存在的弱项 …… 89
（一）环境侵权责任归责原则尚未统一 …… 94
（二）行为与损害之间的因果关系判断标准偏于严格 …… 95
（三）损害赔偿制度未严格遵从完全赔偿原则 …… 97
（四）环境侵权法律执行制度中存在的问题 …… 103
二、环境责任保险制度中存在的弱项 …… 113
（一）环境责任保险法律体系尚未形成 …… 113
（二）政策性文件在强制投保上具有内在弱效性 …… 119
（三）环境责任保险合同微观制度缺乏科学性 …… 123

三、环境责任保险外部保障体系中存在的弱项 …………………………… 146
（一）环境责任保险的辅助机制发展缓慢 …………………………… 146
（二）环境责任保险联动机制尚未健全 …………………………… 157
（三）保险人赔付能力的保障机制存在不足 …………………………… 160
四、影响我国环境责任保险供需的制度因素位序简评 …………………………… 168

第五章　实现环境责任保险有效供需的制度改革进路　171

一、实现环境责任保险有效供需的宏观法律对策 …………………………… 171
（一）基于生态文明建设总蓝图进行系统性顶层设计 …………………………… 171
（二）辩证把握环境责任保险制度的社会管理功能 …………………………… 172
二、实现环境责任保险有效供需的中观法律对策 …………………………… 174
（一）完善环境侵权法律体系架构 …………………………… 174
（二）建构环境责任保险法律体系 …………………………… 180
（三）健全环境责任保险的协同配套制度体系 …………………………… 182
三、实现环境责任保险有效供需的微观法律对策 …………………………… 188
（一）完善环境侵权责任法律微观制度 …………………………… 189
（二）科学设计环境责任保险的微观制度 …………………………… 204
（三）加快环境责任保险配套微观制度建设 …………………………… 236

结论及余论　268

参考文献　270

后　记　297

绪 论

一、研究背景及研究意义

（一）研究背景

1. 现实背景

在现代工业文明的大背景下，科技飞速发展，物质极为丰裕，但以“大量生产、大量消耗、大量废弃”为特征的工业文明却严重威胁着人们的生命、财产安全甚至人类的永续发展。日益严峻的环境污染和生态破坏，迫使世界各国寻求各种手段来破解危机。在政府福利计划、民事侵权责任制度、环境责任保险等众多手段中，环境责任保险被证明最能满足环境风险管理“减少污染、污染者‘埋单’、补偿受害人”三条标准，是一种卓有成效的经济手段。[①] 20 世纪 60 年代至今，环境责任保险制度在美国、德国、瑞典、芬兰、英国、法国等为代表的西方国家约有 60 年的发展历史，已积累了相当丰富的实践经验。

历史总是表现出惊人的相似，“工业较发达的国家，向工业较不发达的国家所显示的只是后者未来的景象”，[②] 在环境问题上亦是如此。我国改革开放 40 余年，人们在享受高速发展带来的巨大经济利益的同时，也面临更为严重的环境问题，发达国家上百年工业化过程中分阶段出现的环境污染和生态损害，在我国近几十年中集中显现。总体上讲，我国的环境污染范围广，污染程度重，污染风险大。以大气污染为例，随着城市化、工业化和区域经济

---

① See Paul K. Freeman & Howard Kunreuther, *Managing Environmental Risk Through Insurance*, Kluwer Academic Publishers, 1997, p. 3 – 4.

② ［德］卡尔·马克思、［德］弗里德里希·恩格斯：《马克思恩格斯全集》（第 44 卷），中共中央编译局编译，人民出版社 2001 年版，第 8 页。

一体化的进程加快，大气污染从局部地区、单一的城市空气污染向区域性、复合型的大气污染转变。2013 年，我国开始依据《环境空气质量标准》（GB 3095—2012）对地级以上城市开展空气质量监测。[①] 根据2013 年至2020 年的监测数据，5 个年份空气质量均超标的城市比例超过 70%，其中 2013 年空气质量超标城市比例最高值达95. 9%，2020 年虽是最低值，但也有40. 5%。在2017 年和2018 年，受监测的仅有338 个城市，而发生重度污染天次却分别高达2311 次和 1899 次、严重污染天次数分别为 802 次和 822 次。[②]

为治理长期粗放型、高消耗型经济模式导致的严重环境污染和生态损害，我国近20 年付出了很大的经济代价。《中国统计年鉴》显示，2000 年至2017 年，环境污染治理投资总额从 1010. 3 亿元上升到 9539 亿元，2014 年甚至达到了 9575. 50 亿元的高点，2006 年至 2017 年年均复合增长率达到了 12. 68%。[③] 可以说，我国走的是一条非常昂贵的治污道路。然而，即便投资巨大，与此相伴的是环境突发事件还是明显增多。2003 年至 2020 年，全国发生突发性环境事故高达4453 起，平均每 3 天发生 2 起；2011 年至 2020 年 10 年间，几乎每天发生 1 起。[④] 例如，2005 年中石油吉林石化分公司双苯厂“11 · 13”爆炸事故，造成 8 人死亡、60 人受伤，直接经济损失 6908 万元，并引发松花江严重的水污染，事后 5 年国家为松花江流域水污染防治累计投入治污资金 78. 4 亿元；2009 年山西凤翔儿童血铅超标事件中，615 名儿童一

---

① 依据《环境空气质量标准》（GB 3095—2012）对 SO_2、NO_2、PM10、PM2. 5 年均值，CO 日均值和 O_3 日最大 8 小时均值进行评价。

② 根据生态环境部以及原环境保护部公布的各年《中国环境状况公报》的统计数据，2013 年至 2020 年，全国地级以上环境空气质量超标城市占比分别为 95. 9%、90. 0%、78. 4%、75. 1%、70. 7%、64. 2%、53. 4%、40. 1%；2017 年至 2020 年分别监测全国 338 个（后两年监测 337 个）地级及以上城市，发生严重污染天次分别为 802 次、822 次、452 次、345 次；发生重度污染天次分别为 2311 次、1899 次、1666 次、1152 次。

③ 根据国家统计局官网，《中国统计年鉴》未对 2018 年至 2021 年全国环境污染治理投资总额的统计数据进行公布，因此本书只能基于已有公开数据进行分析。

④ 该数据是根据生态环境部以及原环境保护部公布的各年《中国环境状况公报》《中国生态环境统计年报》统计而成，其中 2003 年 64 起，2004 年 67 起，2005 年 76 起，2006 年 161 起，2007 年 110 起，2008 年 135 起，2009 年 171 起，2010 年 156 起，2011 年 106 起，2012 年 543 起，2013 年 702 起，2014 年 471 起，2015 年 330 起，2016 年 304 起，2017 年 302 起，2018 年 286 起，2019 年 261 起，2020 年 208 起。

生受害，其中166名儿童中度、重度铅中毒；2010年大连新港“7·16”溢油事故，造成直接经济损失2.33亿元，并造成海洋产生生态环境损害合计约为11.258亿元。[①] 据不完全统计，20世纪80年代至21世纪初，我国因环境污染和生态破坏造成的经济损失达到了GDP的7%～20%。[②] 但是，诸如此类的重大环境污染事故的最后处理结果却难说公平。涉污企业或因法人属性承担有限赔偿责任，或因政府“埋单”或者地方保护而无须进行赔偿，对其造成的生态环境损害也因法律缺失而无须承担民事责任，仅依据行政处罚条款承担数额微小的罚款，导致长期存在“企业污染、群众受害、政府担责”的奇怪局面。[③] 一方面，涉污企业获得巨大的经济利益却几乎不用承担环境成本，发生事故后只需缴纳少量行政罚款仍可照常运营；另一方面，其他社会主体遭受巨大损失却无法得到有效救济，而且未来的生存和发展风险因为环境污染而明显增加。

为控制不断增长的环境风险、弥补环境侵权责任法律在补偿环境损害上的不足，我国于2006年开始从国家层面运用环境责任保险这一经济手段来处理环境污染问题。2007年，原国家环境保护总局与原中国保监会联合公布《关于环境污染责任保险工作的指导意见》（环发〔2007〕189号，以下简称《保险工作指导意见》）。2008年，国家开始在江苏、湖北、湖南、重庆、深圳等省市积极展开环境污染责任保险试点工作。2013年，原环境保护部（现国家生态环境部）与原中国保监会又联合公布了《关于开展环境污染强制责任保险试点工作的指导意见》（环发〔2013〕10号，以下简称《强制责任保险指导意见》），对涉重金属行业企业以及已被其他规范性文件纳入保险范围的高风险行业企业实行环境强制责任保险。2018年，生态环境部开会审议并原则通过《环境污染强制责任保险管理办法（草案）》（以下简称《管理办法（草案）》），规定对环境高风险行业企业实行环境强制责任保险，旨在通

---

① 参见温艳萍、吴传雯：《大连海洋溢油事故的生态环境损害评估》，载《海洋经济》2013年第5期。

② 参见董慧凝：《略论日本循环经济立法对我国环境立法的启示》，载《现代法学》2006年第1期。

③ 例如，2011年康菲石油泄漏污染事故，2012年山西长治苯胺泄漏事故，2014年兰州苯超标污染事故，2015年天津滨海新区危险化学品爆炸事故。

过部门规章推动环境责任保险发展。在《管理办法（草案）》出台之前，各级地方政府都是依据国务院及原环境保护部、交通运输部等部门的原则性规定，制定本地的地方性法规。

但是，从地方试点到全国性展业20余年，我国环境责任保险整体上仍处于起步阶段，面临涉污企业投保数量少、保险人参与积极性不高的发展“瓶颈”。目前，我国环境责任保险投保企业的数量占规模以上工业企业的比例仍不足5%，环境责任保险保费收入占所有责任保险保费收入仍不足1%，[①]严重影响了环境损害救济的社会化进程及环境风险的有效管理。

2. 理论背景

自1997年党的十五大把“可持续发展”确定为现代化建设中必须实施的战略以来，我国环境保护已逐步实现治理手段多元化，行政、经济、技术和法律手段的综合运用已呈常态。在此背景下，环境污染侵权责任承担机制的建立和完善逐渐成为环境法和民事侵权法研究的重要议题。鉴于环境侵权行为的特殊性、侵害客体的不特定性、受损权益的多样性，以及损害后果的严重性、系统性和不对称性，传统的赔偿与补偿制度已无法有效救济环境侵权事件造成的所有损害。早在20世纪末21世纪初理论界就有学者主张建立社会化的风险分散机制来解决（金瑞林1997；蔡守秋2000；王明远2001；周珂2003；王利明2006）。除了环境损害公共补偿制度（肖海军2004；竺效2007）和环境互助基金制度（周珂2003），环境责任保险制度成为理论界推崇的环境侵权责任社会化承担机制（贾爱玲2003；肖海军2004；张梓太2006；别涛2006）。随着环境责任保险试点工作的不断深入，理论界又开始从不同角度研讨我国环境责任保险制度实践中存在的有效供需问题，其中主要以经济学（张瑜、徐向峰2010；陈冬梅、夏座蓉2011；游桂云2011；赵天洋2015；谢慧明等2016；王康等2016；徐临等2016；沈田华2021）和法学（别涛2008；贾爱玲2010；竺效2015；冯志刚、吕阳2016；钟琴道、陈晓丹等2016；王灿发2021）的理论探究和实证分析径路展开者居多。尽管环境责任保险供需不足的原因及其解决途径逐渐成为学者们新的关注点，但尚

① 参见郑源源：《绿色保险发展环境需优化》，载《经济日报》2012年8月2日，第5版。

未形成统一看法。在环境问题依然严重的今天，亟须基于对环境责任保险属性的理性认知，认真分析制约我国环境责任保险发展的主要制度因素，提出一套既契合我国经济社会发展方向又具有可操作性的法律对策，在推进环境科学、经济科学、保险法学相关理论研究，进而推进学科之间有机结合与交叉的同时，在实践上有助于破解环境责任保险供需困境以有效处理因污染损害引发的社会矛盾。

（二）研究意义

在环境污染损害引发的社会矛盾日益突出、环境责任社会化救济逐渐成为发展趋势这一背景下，本书秉承环境责任保险只有建立在法律框架体系中才能获得持续、稳定发展的思考理念，从实证调查出发，分析我国环境责任保险试点实践中供需特点及存在的问题，运用合理的经济分析方法，结合相关法学和经济学原理，将环境责任保险置于风险产生基础、内部运行机制及外部保障体系组成的大系统中进行深入分析，探究侵权责任制度、具体保险制度、配套机制、财政政策对环境责任保险需求的影响机理。针对目前存在的主要制约因素，本书提出的我国环境责任保险长效发展的合理路径，具有如下理论价值和现实意义。

1. 理论意义

作为一种特殊的责任保险，环境责任保险被引入我国的时间较短，理论界和实务界对环境责任保险风险产生基础、影响该种责任风险大小的制度原因、环境责任保险制度配套体系的协同运行、政府在环境责任保险发展中的职能定位等问题的认识还不够深入，这正是困扰目前环境责任保险试点工作的原因。本书基于系统论思维，全面深入地探究侵权责任制度、具体保险制度、配套机制、财政政策等对环境责任保险有效供需的影响机理，确定影响因素权重，将充实丰富环境责任赔偿社会化理论和保险学内容。

2. 实践意义

本书从有效供需的视角，分析我国在环境责任保险方面制度、政策的问题和不足，可以为试点省市进行环境责任保险政策创新提供重要参考，也可为环保部门、保险监管部门加强监管、防范风险提供重要依据。针对我国环境责任保险供需困境特征及其形成原因提出切实可行的对策建议，可为全国性和地方性立法提供重要参考，这对于在处理好改革、发展、稳定之间的关系的前提下解决环境责任保险的稳健发展问题，具有直接而重大的实践意义。

二、国内外研究现状述评

国外环境责任保险已发展了半个世纪，法律制度健全、国际公约完善，对环境责任保险供需问题的研究较为成熟。20 世纪 80 年代始，学界已就需求稳健的原因基本达成共识（Martin T. Katzman 1988；Rosenberg，David M 1989；Benjamin J. Richardson 2002 ；Irena Misheva 2015），即对涉污企业实行严格责任规则并提出财务保障法律要求。影响具体企业投保需求的原因主要有企业的规模大小及购买能力（Martin T. Katzman 1988）、保险人供给能力存在有限性（Esola Louise 2006）。因此，有专家认为提高环境污染责任保险需求的策略是加强保险人在提供服务和技术上的针对性，以满足不同企业对环境污染责任保险的个性化需求。对于环境责任保险供给受阻问题，学界提出环境法律不断演化以及司法解释对保险条款原意的侵犯（Martin T. Katzman 1986）、再保险市场的周期性调整（Martin T. Katzman 1988）、侵权规则改变（Kenneth S. Abraham 1988）、公共政策改变（Patrick 1990）、逆向选择和道德风险（Mark Pauly & Sean Nicholson 1999）、保险人财务能力（Lisa S. Howard 1998）等诸多观点，主张通过环境法律条款的标准化使民事侵权案件的诉讼更有预见性，制定污染行业行为规范减少连带责任风险和道德风险（Martin T. Katzman 1986），设计新的产品或者创造新的投保方式和修改法律条款（Patrick 1990）、加强环境风险评估和监测（Benjamin J. Richardson 2002）、实行经验性和回溯性保费费率（Jan McDonald 1996），利用巨灾债券等金融衍生工具（Graciela Chrichilnisky & Geoffrey Heal 1998）、实行强制性保险（Amanda C. Leiter 2001；Esola Louise 2006；Irena Misheva 2015）、加强政府财政支持（Benjamin J. Richardson 2002）等来发展环境责任保险。

与国外重点研究供给问题稍有不同，国内研究从供需两个方向展开，成果主要集中于经济学界和法学界。

经济学方面的研究主要基于外部性理论，就供需不足提出污染负外部性、保险正外部性原因（王哲 2009；张瑞刚 2011）；基于政府、涉污企业、保险人三方的博弈分析，强调环境污染责任保险发展困境中的政府因素（徐临、刘金霞 2016）；另外，经济学界还从企业环境风险小、防范意识低和环境知识少（谢慧明、李中海、沈满洪 2014）、保险和投保成本高（张云辉 2005；王超然 2011；张伟等 2014；史学瀛等 2015）、责任制度不健全、企业守法成本高而违法成本低（陈冬梅 2016）、保障程度低和承保范围窄（王康、孙健 2016）、保险模式缺陷（朱男军 2011）、保险定价不合理（游桂云 2011；郑苏晋、姚丹 2015）、企业有机会将责任转嫁给政府（陈冬梅 2016）等视角分析需求疲软的原因，在对策上主张进行专门的环境污染损害赔偿责任立法（徐临、刘金霞 2016）、成立专门的保险机构（刘维 2006；蒋旭成、梁才 2008）、实行强制责任保险（王哲 2009；陈冬梅、夏座蓉 2011；张瑞纲 2011；朱南军 2011）、重新定位政府职能（陈冬梅 2016）、构建基于第三方保障服务体系的环境责任保险市场（张瑜、徐向峰 2010）、完善承保范围及加强政府支持（金缦 2010；贺志亮 2010；刘长宏、沈健蓉 2016；陈冬梅 2019）、实施相互环境污染责任保险（王哲 2009；陈迪红、贾锐锐 2010）、利用绿色金融联动机制（王超然 2011）、加强产品开发和费率厘定（游桂云 2011）和强化企业参保激励约束机制（王向楠 2015；刘长宏、沈健蓉 2016）等。

法学研究主要基于环境损害责任社会化，就环境责任保险供需不足提出保险经营成本过高、险种设计过少（陶卫东 2009；贾爱玲 2010）、赔付率低、保费高（熊英、别涛 2007；冯志刚、吕阳 2016；钟琴道、陈晓丹等 2016）、企业环保和保险意识匮乏（冯志刚、吕阳 2016）等直接原因，指出相关法律法规对污染者付费原则落实不到位（李鸿敏、杨雪美 2016）、环境法律法规不健全及执法不严（熊英、别涛 2007；陶卫东 2009；贾爱玲 2010；周道许 2011；王朝梁 2012；冯志刚、吕阳 2016）、缺乏系统的环境责任保险法律体系（竺效 2015；彭中瑶 2017）等深层原因；在应对措施上，主张通过强化和落实环境责任追究制度（冯志刚、吕阳 2016）、加强环境责任保险立法（竺效 2015；李鸿敏、杨雪美 2016；彭中瑶 2017）、建构和完善内部具体制度来发展环境责任保险；在具体模式上，提出建立强制责任保险（赵亚杰 2008；张晓文 2009；袁雪 2015；马宁 2018）、强制和自愿相结合（张梓太、张乾红 2006；熊英、别涛 2007；周道许 2011）等观点和对策；在承保机构上，提出保险人联保（谢甲峰 2005）、成立专门保险机构（张墨 2006）、公司与专业机构结合（王朝梁 2012）、纳入政策性保险（李鸿敏、杨雪美 2016）、建立相互制保险人（冯志刚、吕阳 2016）等方案；在承保范围上，提出应将突发性与渐进性污染责任相结合（熊英 2007；何燕 2010），或主张目前先承保突发性污染责任（周珂、刘红林 2003；吴冲 2011；王朝梁 2012）。另外，基于责任保险的公益性（张晓文 2009）、政府的特有地位和职能（姜素红 2010）建立政策激励约束机制；建立第三方环境污染损害鉴定服务机构和公共信息数据平台等配套措施（李鸿敏、杨雪美 2016）。

现有文献为进一步研究环境责任保险供需问题奠定了坚实基础，但仍有以下一些不足：（1）法学视角的研究多为规范研究，基于实地调研数据开展的实证分析相对较少，因而难以准确抓住环境责任保险供需“瓶颈”的事实特征和发展态势；（2）多囿于学科界限，对影响因素的作用机理在法学领域研究不深，因而难以给诸多因素赋予权重并准确道出症结所在；（3）多为某个或某几个具体制度的构建，较少地从整个环境责任保险法律体系加以系统研究，因而提出的对策难免具有片面性。

与上述不足相对应，存在如下继续深入研究的学术理由：（1）实践是检验真理的唯一标准。作为国家控制环境风险和创新社会管理的一种重要手段，环境责任保险在我国遭遇供需不足的发展“瓶颈”，必定有其国别特征。只有建基于试点实践调研之上的深层分析，才更具针对性和科学性。（2）打破学科界限，进行交叉研究，使人们发现单一学科内研究所不能发现的问题。环境责任保险制度不仅事关保险人和投保人的权利义务衡平与分配，而且事关保险人与潜在投保人的供给与需求，以及保险制度在社会管理中的功能发挥问题，多学科多角度的研究对建构和完善环境责任保险裨益良多。（3）环境责任保险制度建设是一项综合复杂的系统工程，必须缜密科学地进行。[①] 对环境责任保险制度的研究，不能“只见树木不见森林”或“只见森林不见树木”，而是需要“既见森林又见树木”，从环境责任风险的产生基础、环境

① 参见许飞琼：《论我国环境污染责任保险制度建设》，载改革开放三十年：保险、金融与经济发展的经验和挑战——北大赛瑟（CCISSR）论坛文集，2008 年 4 月于北京。

责任保险内部运行机制及外部保障体系组成的大系统中进行深入分析。因此，本书拟从实证调查出发，结合相关法学和经济学原理、国内外实践经验，针对困局提出能够保障环境责任保险良性发展且在宏观、中观、微观体系逻辑上自洽和谐的法律对策。

三、研究思路和研究内容

（一）研究思路

本书以破解我国环境责任保险供需“瓶颈”为目标来进行法律对策体系构建，遵循“问题刻画—理论框架—主要成因—对策体系”的思路展开。首先，在考察环境责任保险制度价值基础上，分析我国环境责任保险制度功能目标的实然定位。其次，通过对主要试点省市进行实地调查和对官方媒体公布的相关数据进行比较，分析我国环境责任保险供需问题发展态势及本质特征。再次，从环境责任保险产生的前提和基础、内部运行机制、外部保障体系等方面考察抑制因素，确定影响因素权重，分析现有法律、政策背景下的根本原因，为法律对策的提出奠定理论和实践基础。最后，基于前部分的研究，形成解决该问题的基本原则和策略，进而提出详尽具体的宏观、中观和微观法律对策。

（二）研究内容

本书共分七章，除“绪论”和“结论及余论”外，还有五章。这五章实质性的研究内容大体上可以归纳如下。

1. 环境责任保险的性质刻画及功能廓清

本章主要从法律及经济两个角度，对环境责任保险的性质进行阐释。从法律性质上来讲，环境责任保险是责任保险应用于环境事故领域而产生的一个创新性险种，更是环境侵权责任最终分担的一种法律技术。从经济性质上来讲，环境责任保险是具有公益性、正外部性等特征的准公共产品。各国发展环境责任保险并将其作为环境治理的一种经济手段，除保险行业自身发展的需要外，环境责任保险制度具有的功能与作用是最为主要的原因。本章主要按如下的路径展开：首先，从环境侵权损害的特点入手，分析环境侵权责任制度在有效补偿受害人方面的局限性，进而分析环境责任保险在环境侵权损害有效补偿上的特殊功能；其次，基于环境责任保险的“赔偿替代性”，从涉污企业的视角分析环境责任保险对环境责任风险的有效分散；再次，基于环境责任保险的契约性特征，分析环境责任保险制度对环境侵权事故预防的促进作用；又次，基于环境责任保险的正外部性特征，分析环境责任保险对减轻政府治理财政负担的重要作用；最后，对照《保险工作指导意见》、《强制责任保险指导意见》和《管理办法（草案）》等文件，分析我国环境责任保险制度的功能价值和目标定位。

2. 我国环境责任保险供需问题特征分析

本章通过实地调研、查询相关官方网站、参考已有相关文献，对我国特殊行业领域被迫引入环境责任保险、地方探索性环境责任保险试点、全国自愿性环境责任保险试点以及全国强制性环境责任保险试点四个阶段的环境责任保险供需状况进行考察，分析环境责任保险供需困局的现实状况和发展态势，横向比较西方主要发达国家环境责任保险初级发展阶段的市场供需情况，分析我国环境责任保险供需“瓶颈”的特征，为我国环境责任保险发展制约因素权重提供分析基础。

3. 理论分析：环境责任保险供需的影响机理

本章首先试图将环境责任保险置于风险产生基础、内部运行机制及外部保障体系组成的大系统中，探究环境侵权制度、责任保险制度、配套机制、财政政策对环境责任保险需求的影响机理。基于环境责任风险的产生基础，分析环境责任归责原则、损害赔偿制度、法律执行严格与否对环境责任保险需求的作用原理；从保险运行机制本身出发，重点考察保险范围、保费费率、索赔时效、保险机构等微观制度对环境责任保险需求的作用原理；以信息技术体系及联动管理措施为主要参考点，从外部保障体系探析环境责任保险需求的影响因素及作用原理。

在环境责任保险需求的影响因素及其作用机理的理论分析基础上，基于环境责任保险的规模效应，探讨环境侵权法律制度、环境责任保险体系以及环境责任保险外部保障机制等因素对环境责任保险供给的影响；基于环境责任保险的外部经济性，分析政府是否采取针对保险人的经济政策，以及这些政策的实施程度将对环境责任保险供给产生的直接影响；基于保险人的经营能力，分析保险人财力提升的机会与环境责任保险的供给具有正相关性。

4. 制度反思：我国环境责任保险供需困境的引致因素

本章基于环境责任保险供需“瓶颈”的事实特征及发展态势，分析我国现行立法和政策框架下造成环境责任保险供需困境的直接原因和主要制度原因，为合理建构法律对策体系奠定理论和实践基础。首先，主要从我国环境侵权归责原则、因果关系判断标准、生态环境损害赔偿制度、环境侵权司法救济渠道等视角，分析我国环境侵权责任制度对环境责任保险供需的影响。其次，从环境责任保险法律体系、强制投保政策性文件的效力、环境责任保险合同微观制度等视角，分析环境责任保险制度本身对有效供需的影响。再次，从环境责任保险市场化运行所需的第三方辅助机制、环境责任保险的联动管理体系、承保机构经营能力的政策创新、地方政府对环境责任保险的财政支持等视角，分析我国外部保障体系对环境责任保险供需的影响。最后，在以上分析基础上总结我国环境责任保险供需不足的制度因素及其权重排序。

5. 实现环境责任保险有效供需的制度改革进路

针对环境责任保险供需“瓶颈”产生的根本制度原因，借鉴国外有益经验、吸收地方试点成果，采取“正负激励、系统构建”的策略，从宏观、中观、微观三个层面提出法律对策。本书认为，宏观对策是我国应当将环境责任保险放置在生态文明建设总蓝图中加以系统性顶层设计，同时辩证对待环境责任保险制度的社会管理功能，明确环境责任保险法律体系的基本价值定位。中观对策是修改环境侵权法律，加大环境侵权者的责任风险并提高责任风险的预测可能性；修改《环境保护法》《保险法》等法律，贯彻“谁污染、谁付费”原则并增加环境责任保险内容；建立健全环境风险和损失评估、环境风险信息公开、政府激励等支撑制度；形成法律子体系的协同发展框架。微观对策是根据行为特征、损害后果、救济程度、遏制效果等因素确定环境侵权归责、赔偿及诉讼制度修订的具体方案；根据保险模式、保险范围、承保机构、费率、赔付率及理赔额度、索赔时效、险种开发等因素及其权重，分类确定具体保险制度安排；拟定环境风险等级划分、信息公开、财税支持等各支撑制度的实施细则。

第一章

环境责任保险的性质刻画及功能廓清

环境责任保险（Environmental Liability Insurance），又名绿色保险，是随着责任保险应用于环境事故领域而产生的一个创新型险种。因应用领域不同，各国对环境责任保险的称谓有所差异，如在英国被称为环境责任损害保险（Environmental Impairment Liability Insurance）和属地清除责任保险（Own Sit Clean - up Insurance）；在美国，环境损害责任保险被称为污染法律责任保险（Pollution Legal Liability Insurance）。关于环境责任保险的含义，国内较早的表述为“以被保险人因污染环境而应承担的损害赔偿责任或治理责任为标的的保险。”① 2010 年，贾爱玲教授在其专著《环境责任保险制度研究》中总结了几种具有代表性的学者观点，并主张“环境责任保险是基于投保人（通常也就是被保险人，即潜在的环境侵权人）与保险人之间的责任保险合同，由保险人在保险风险事故（环境侵权损害事实）发生的情况下，向受害人（第三人）负损害赔偿责任的一种民事救济方式”。② 此后，理论界对该种保险的含义界定基本达成共识：投保人向保险人支付约定数额的保费，对被保险人从事生产经营活动过程中造成的环境侵权责任，由保险人根据保险约定的限额进行赔付。其核心要义是通过保费将环境保护的成本内在化，调整有关各方的利益关系，减少企业活动的外部不经济，通过转嫁污染治理成本获取额外利润。

---

① 邹海林：《责任保险论》，法律出版社 1999 年版，第 100 页；徐祥明主编：《中国环境资源法学评论》（2006 年卷），人民出版社 2007 年版，第 305 页、第 307 页；贾爱玲：《环境侵权责任的社会化理论及其制度探讨》，载《中共浙江省委党校学报》2009 年第 1 期。

② 贾爱玲：《环境责任保险制度研究》，中国环境科学出版社 2010 年版，第 64 页。

一、环境责任保险的法律及经济性质分析

概念或事物只能通过其局限性被理解，对环境责任保险的理解概莫能外。鉴于此，尽管环境责任保险具有多方面的性质与关系（一般统称为属性），但本书主要围绕其研究目的，从法律及经济两个角度认识环境责任保险的本质属性，力求在较深层次理解这一概念，为探讨环境责任保险供需的影响因素及其作用机理提供较为准确的逻辑起点。

（一）法律属性：环境责任保险的合同行为性质

从法律性质上分析，环境责任保险是保险人与投保人的合同行为，核心要义与其他类型的财产保险无异，均体现为保险人收取保费后对投保人因约定的保险风险所致的损失进行赔偿，只不过特殊之处在于该损失是环境侵权和生态损害责任，但仍然具有责任保险以无形责任为保险标的这一基本特征。正如有学者言，环境责任保险是财产保险和责任保险的下位概念，就像代数上的子集包含在全集里一样。① 环境责任保险既具有责任保险的固有特征，双方的权利义务规定必须遵循保险利益、近因、最大诚信等基本原则，又表现出责任保险在环境领域的特殊功能，具有生态正义的制度价值。② 环境责任保险可以直接保护被保险人的利益，让其避免由于污染事故而承担过大的损失甚至引发破产。同时，由于环境事故发生后保险金的赔付，可以使环境事故所产生的影响最大限度被修复，从而间接保护公众，即受害人的利益。

从保险合同当事人和关系人角度，保险人支付责任保险金的前提是被保险人对第三人负担环境侵权责任，即被保险人因经济活动或其他人为原因，致使对自然环境造成污染或破坏，并进而对第三人的人身权、财产权及环境权益等造成损害或有造成损害之虞时应当承担的责任。换言之，“除非侵权责任被证实，否则什么也不会赔付”。③ 因此，从本质上讲，环境侵权责任是

---

① 参见贾爱玲：《环境责任保险制度研究》，中国环境科学出版社2010年版，第42页。

② 参见刘丹、唐绍均：《我国环境责任保险法律制度的价值理念》，载《求索》2008年第4期。

③ See Heuston，R. F. V. & R. A. Buckley，*Salmond and Heuston on the Law of Torts*（19th ed.），Sweet & Maxwell，1987，p. 32.

环境责任保险的基础，环境责任保险是环境侵权责任最终分担的一种法律技术，① 也可以说是环境侵权损害赔偿责任社会化的一种法律解决方案。保险人向被保险人支付的保险金额系基于环境责任保险合同约定，即被保险人是否以及能在多大程度上就其承担的环境侵权责任向保险人求偿，取决于具体环境责任保险合同对保险人与被保险人权利义务的规定。

从保险机制运行角度来说，环境责任保险与其他保险相同，只有在特定的风险与不确定条件下才会正常发挥其功能，只不过该特定风险属于起因于对环境造成不利影响的，与导致人类健康问题、引起财产损害、污染自然资源以及影响生物多样性的工商业活动相关联的风险。站在企业所有者或者经营者立场，该风险是一种要为自身污染环境、损害生态承担相应法律责任的风险。与其他责任保险风险相类似，环境责任保险风险存在总体不确定性，即保险人与潜在投保人均会同等地受到不确定性的影响，既包括事实不确定性也包括法律不确定性。事实不确定性通常与渐近性污染、新技术新材料带来的潜在破坏效应以及共同污染因素等相关。法律不确定性主要取决于国家的环境侵权、环境责任保险等基本法律制度及法律参与者对相关法律制度解释与适用的方式。② 从风险的可保性与不确定性关系看，如果环境责任保险风险的总体不确定性情况严重，就会妨碍其可保性。即使不确定性没有严重到消除风险可保性的程度，它也将影响环境责任保险的成本。只有保险人和潜在投保人对后者承担环境侵权责任的概率和程度具有可预测的可能性时，环境责任保险才会在保险人和环境污染者之间形成供给与需求的良性对接。鉴于事实不确定性影响因素的人为干预空间较小，而法律政策框架则在很大程度上影响环境相关风险的不确定性、语义不明时的处理，进而影响风险的可保性，因此立法者与政策制定者在这一领域发挥着决定性作用。相关法律政策的制定执行，决定潜在投保人的环境责任保险风险程度以及是否对环境责任保险形成需求动力，也决定保险人是否拥有足够的信息来预估损失的概率与程度，并准确评估其承担的风险从而计算保费。

---

① 参见胡艳香：《环境责任保险制度的正当性分析》，载《法学评论》2011 年第 5 期。

② 参见经济合作与发展组织：《环境风险与保险——保险在环境相关风险管理中作用的比较分析》，李萱译，中国金融出版社 2016 年版，第 10 – 11 页、第 16 – 17 页。

（二）经济属性：环境责任保险的准公共产品性质

从经济属性上分析，环境责任保险是具有公益性、正外部性等特征的准公共产品（quasi-public good）。根据受益人范围的不同，经济学界将产品划分为公共产品、私人产品。公共产品，是指在消费或使用上的不具有竞争性特征、在受益上不具有排他性的产品。与之相反，私人产品在消费过程中具有竞争性特征，在受益上具有排他性特征。介于纯公共产品和私人产品之间、具有有限的非竞争性或有限的非排他性的产品，通常被称为准公共产品。环境责任保险所提供利益的一部分由其所有者（被保险人）享有，是可分的，从而具有私人产品的特征。但是，其利益的另一部分可以由所有者以外的人（其他社会公众及其代理人政府）享有，是不可分的，所以又具有公共产品的特征。基于环境责任保险存在的利益外溢现象，可以将其归类于准公共产品。从福利经济学角度来看，作为环境侵权损害赔偿责任社会化的一种方式，环境责任保险核心要义在于由整个社会来分摊环境污染带来的损失，在大大减轻环境侵权人压力的同时，缓解了环境侵权人和受害人之间的矛盾，有利于维护社会的和谐稳定，可以实现经济效益、社会发展和社会公平的统一。从这个意义上来说，环境责任保险具有很强的公益性。

从外部性理论角度来看，单个经济单位的一项经济活动会给社会上其他成员带来好处，但它自己却不能得到补偿，此时该经济单位从其活动中得到的私人利益就小于该活动所带来的社会利益，这种性质的外部影响被称为"正外部性"。正外部性在于产品的某些效益估值没有被视为产品需求的一部分，于是边际社会收益（Marginal Social Benefit，MSB）就超过了边际私人收益（Marginal Private Benefit，MPB）。环境责任保险的构建和运行，表现出一种正外部性特征，其产生的环境效益，受益者不仅包括支付相应成本的消费者（投保人），还包括那些没有为保护环境支付成本的消费者（全体社会成员）。在保险经营成本方面，有以下两方面需要注意：一方面，由于信息不对称，加上保险金赔偿多是巨额支付，并且展业的进行、承保范围的确定、定损、理赔等环节难度都很大，环境责任本身的经营成本较高，边际私人收益较小。另一方面，社会公众在获得环境责任保险带来的好处时，代表公共利益的政府没有付出多少代价（本应由社会负担的成本），保险人承担了部分应由社会负担的成本。

由是观之，环境责任保险属于市场失灵的领域，光靠“看不见的手”带不来环境责任保险的健康发展，需要政府来校正和弥补。如果政府不参与而完全由私人供给，保险人为实现利润最大化，则会通过提高保费和提供有限的环境责任保险产品使其边际收益等于边际成本，或者干脆不提供保险；而高昂的保费又会使理性的涉污企业不选择投保或减少投保，投保企业越少，保险产品越难开发，从而形成供求上的恶性循环。若所有的涉污企业都试图成为免费搭车者，同时又缺乏有效的公共政策，最后的结果就是环境责任保险这一准公共产品缺位，或被消耗、破坏殆尽，最终谁也不能“免费搭车”。

二、环境责任保险的主要社会功能

20 世纪 60 年代以来，随着重大环境污染事故剧增以及受害者维权意识增强，以美国为代表的西方各国纷纷从公众责任保险制度理论的角度发展了环境污染责任保险。20 世纪 80 年代，我国在船舶油污损害、石油及天然气勘探污染、核工业污染损害等特殊领域被动引入了环境责任保险。从 20 世纪 90 年代开始，辽宁省大连市、辽宁省沈阳市等 5 个城市探索性地开展地方性的环境责任保险试点。2007 年，原国家环境保护总局与原中国保监会联合公布指导性意见，开启了国家层面的环境责任保险试点。2014 年，国务院颁布《关于加快发展现代保险服务业的若干意见》（新国十条），强调“充分发挥责任保险在事前风险预防、事中风险控制、事后理赔服务等方面的功能作用”，明确将发展责任保险的意义上升到“完善社会治理体系”的高度。2015 年 10 月，原中央全面深化改革领导小组第十七次会议审议通过的《关于完善矛盾纠纷多元化解机制的意见》，提出要加快推广责任险种，其中就包括环境责任保险。2018 年，生态环境部召开部务会议审议并原则通过《管理办法（草案）》，在环境高风险领域建立强制责任保险制度。目前，环境责任保险工作已在全国铺开。之所以包括我国在内的许多国家都致力于发展环境责任保险，正是因为环境责任保险具有补偿环境侵权损害、分散环境责任风险、预防环境污染行为及减轻政府财政负担等社会治理功能价值。

（一）补偿环境侵权损害

1. 环境侵权责任制度在补偿损害上的局限性

现代化进程中，生产力的指数式增长使危险和潜在威胁的释放达到了一个前所未有的程度。[①] 尽管环境风险的存在是伴随人类发展的一个古老的现象，但现代社会以前所出现的种种环境风险只是些个人的、能够被轻易感知的风险。[②] 在现代社会，工业文明带来的环境风险更多的是只出现在物理和化学的公式中而几乎不能被轻易感知，不明的和无法预料的后果几乎完全取代了飓风、地震等自然风险而成为威胁人类安全的最大隐患。就各种环境污染和生态破坏而言，产生于人类知识体系所引起的自然变化，其严重风险的绝对数量足以使人生畏：核电站事故和核废料引起严重的辐射污染；海洋化学污染足以摧毁制造大气层中氧气的浮游植物；大气污染造成的“温室效应”使大片的陆地成为海洋；森林草原的大规模毁坏断绝再生氧的基本来源；大面积使用人造肥料使成千上万的土地失去肥力；工业生活垃圾处理方式不科学导致地下空气、水源受到严重污染等。这些现代性的环境风险，往往造成系统的、不可逆和不可见的伤害，在某些情况下这些危险甚至作用于好几代人。但是，与传统侵权的原因行为大多属于应予严格禁止并加以制裁的行为不同，许多环境问题是现代社会经济发展过程中必然产生的副产品，环境污染者的生产经营活动通常在一国环境许可制度设置的排污标准范围内具有合法性。以排污行为为例。一般情形下，合法排污不会造成较大范围与程度的污染损害。但是，当这些适法的原因行为对环境的影响超过生态系统的承受能力时，就往往会造成严重的环境污染和生态破坏，进而侵害一定范围内居民的财产、生命健康及其生活环境等。

现代环境污染风险不仅具有系统性，而且极具不对称性，环境侵权行为人和受害人的地位也往往不可互换。一方面，环境风险需要科学理论、实验和测量工具等“感受器”来将其变成可见及能加以解释的危险，而这些知识和技能已远远超过了一般人的认知能力。正如英国社会学家安东尼·吉登斯

---

① 参见［德］乌尔里希·贝克：《风险社会》，何博闻译，译林出版社 2004 年版，第 15 页。
② 参见［德］乌尔里希·贝克：《风险社会》，何博闻译，译林出版社 2004 年版，第 18 页。

所言，“专门知识恰似某种不对外开放的商店，其内部人员所使用的专门术语，仿佛是存心修筑起来一道阻隔外人进入的厚重高墙”。[①] 另一方面，在现代社会，环境风险的分配往往与财富和地位的分配以颠倒的方式进行。梅因“由身份走向契约”的论断已经走到极限，现代社会重又回归到身份起决定性的社会。在现代社会，利益不同甚至对立的各个集团，彼此之间形成巨大的地位差异。通常，环境侵权人多为企业或其他组织，经济实力和风险控制能力较强；受害人在污染事故控制和损失风险承受能力上往往处于弱势地位。更为重要的是，环境侵权关系中的侵害人与受害人角色在现实生活中通常不可互换。正是基于双方主体在经济实力、信息获取和风险控制能力上的差异性，受害人在环境侵权纠纷中很难或者无法通过协商或者诉讼获得有效赔偿。[②] 另外，环境侵权过程具有持续性、反复性和累积性，与传统侵权行为大多为即时、直接和一次性地作用于受害人不同，环境侵权行为通常需要通过环境媒介对受害人的人身、财产及其他生态权益造成侵害，具有明显的间接性；环境侵权的原因行为通常具有继续性和反复性，这也就决定了环境侵害往往存在反复性和累积性；在侵害对象上，环境侵权主要表现为对某区域内非特定多数人的多种权益的侵害，受侵害对象包括多数人的生命、健康、财产及生态权益等。基于上述特点，环境侵权产生的危害后果通常具有严重性、潜伏性和渐进性。[③]

为缓解环境侵权受害者众多以及事故后果严重造成的巨大社会压力，各国纷纷将环境侵权纳入严格责任的规制范围，[④] 从法律上减少受害人获得损害赔偿的障碍，以实现现代侵权法“损害补偿”这一最基本的社会功能。但是，由于传统侵权责任本身是一种追究个人责任的机制，其在损害补偿上存在制度性局限，[⑤] 即使实行严格责任制度也没有打破受害人和侵权人的两极

---

① 参见［英］安东尼·吉登斯：《现代性的后果》，田禾译，译林出版社2000年版，第78页。

② 参见胡艳香：《环境责任保险制度的正当性分析》，载《法学评论》2011年第5期。

③ 参见乔世明：《环境损害与法律责任》，中国经济出版社1999年版，第46页。

④ 参见张梓太：《环境法律责任研究》，商务印书馆2004年版，第76页。

⑤ 参见薛虹：《演变中的侵权责任和人身伤亡事故问题的解决》，载梁慧星主编：《民商法论丛》（第5卷），法律出版社1996年版。

格局。[①] 况且，“侵权责任规则仅意味着被告应当赔偿损失，并不担保满足受害人获得所必需的资金”。[②] 这种个人责任机制在环境侵权损害救济上的局限性显得尤其突出：一方面，因环境侵权过程的持续性、反复性和累积性，环境侵权人（以企业为主体原型）[③] 对其民事责任大小难以预料，尤其是在环境侵权受害人人数众多的情形下，巨额的赔偿负担极有可能导致侵权企业陷入经济困境甚至破产。另一方面，因侵权企业基于各种原因不能赔付或不愿意赔付，受害人获得完全赔偿的可能性大大降低，其受损的人身、财产及环境权益难以得到公平救济。根据《中国统计年鉴》（2001 年至 2009 年）中的数据，未考虑间接经济损失和生态损失，仅相对每年突发性环境污染事件造成的直接经济损失，环境污染事故受害人得到的赔偿比例都非常低（详见表 1－1）。

表 1－1　2000 年至 2009 年全国突发性环境污染事故的损失、赔偿和罚款情况

年份	突发性环境污染事故次数/次	污染造成的直接经济损失/万元	污染事故赔偿和罚款总额/万元
2000	2411	17807.9	3682.7
2001	1842	12272.4	3263.9
2002	1921	4640.9	3140.7
2003	1843	3374.9	2391.5
2004	1441	36365.7	3963.9
2005	1406	10515.0	3082.1
2006	842	13471.1	8415.9
2007	462	3278.0	807.0
2008	474	18186.0	927.0
2009	418	43354.4	2618.1

① 参见朱岩：《风险社会与现代侵权责任法体系》，载《法学研究》2009 年第 5 期。

② 参见［英］唐纳德·哈里斯：《美国侵权法的改革》，肖后国、杨小强译，载《环球法律评论》1992 年第 2 期。

③ 参见朱岩：《风险社会与现代侵权责任法体系》，载《法学研究》2009 年第 5 期；［日］星野英一：《民法典中的侵权行为法体系展望》，渠涛译，载《法学家》2009 年第 2 期。

2005年发生中石油吉林石化分公司双苯厂“11·13”爆炸事故的侵权损害赔偿难题，就足以证明这种局限性。2005年11月13日，中石油所属某石化公司双苯厂苯胺车间发生爆炸事故，造成8人死亡、60人受伤，直接经济损失6908万元，上百吨苯、苯胺和硝基苯等有机污染物流入松花江，引发特别重大的水污染。而根据我国相关法律的规定，只对其处以了100万元的罚款，污染事故造成的巨大经济损失绝大部分由政府来承担。[①] 究其原因，主要是因为环境污染事件造成的损失对单个企业来说很难自行解决。但是，在环境事故发生之后责任方不具有偿债能力这一潜在的因素，会破坏任何环境侵权责任机制的有效性。[②] 为解决实际损害与赔偿所得严重失衡问题，人们便需要寻找其他方法或途径来转化赔偿责任。

2. 环境责任保险具有补强环境侵权制度损害赔偿功能的比较优势

为解决环境侵权责任制度在赔偿受害人损害上存在的局限性，早在20世纪60年代，德国、美国等为代表的发达国家就开始利用环境责任保险、财务保证等社会化经济手段。[③] 环境侵权损害赔偿社会化，是指将环境污染或生态破坏导致的侵权损害视为社会损害，通过制度设计由社会上的多数人来承担和消化，从而使损害填补摆脱偏于私法救济的老路。这样，“既可及时、充分地救助受害人，维持社会稳定，又可避免加害人因赔偿负担过重而破产，保护经济发展”。[④] 综合各国环境侵权损害补偿机制，损害赔偿的社会化途径包括单独或综合运用环境责任保险、财务保证、损害补偿基金、行政补偿等多种制度。遗憾的是，我国迄今尚未建立相关的补偿基金制度，也未通过专门的行政补偿制度来有效救济环境侵权受害人。况且，相较于通过经济手段建立的基金模式，运用行政手段建立的补偿基金在运行中显得活力不足，其

---

① 参见孙秀艳：《松花江水污染属重大环境污染事件》，载《人民日报》2005年11月25日，第5版；汪波、刘红伟：《治污已到 关键时刻》，载《人民日报》2005年11月25日，第5版；《国务院工作组到达哈尔滨处理污染问题》，载《人民日报》2005年11月26日，第5版；汪波、刘红伟：《11月27日18时——哈尔滨恢复供水》，载《人民日报》2005年11月28日，第5版。

② 参见经济合作与发展组织：《环境风险与保险——保险在环境相关风险管理中作用的比较分析》，李萱译，中国金融出版社2016年版，第36页。

③ 参见宋宗宇：《环境侵权民事责任研究》，重庆大学出版社2005年版，第217－222页。

④ 参见王明远：《环境侵权救济法律制度》，中国法制出版社2001年版，第16页、第124页、第146页。

产生的经济效益一般也低于前种基金模式产生的经济效益。①

作为一种典型的经济手段，环境责任保险在运行效率上比其他社会化承担机制更具优势。而更为重要的是，以“被保险人依法承担的环境侵权责任”为标的环境责任保险，有效地契合了现代侵权法从“自由优先”向“权益救济”的价值转变，即德国法学家马克西米利安·福克斯所说的“法律所强调的重点已从承担过错转移到了补偿损失”，② 将社会化因素引入侵权责任内部，成为环境损害的“第二道重要救济防线”，③ 从而强化侵权法补偿损害的社会功能。④

首先，当被保险人财力有限或被宣告破产时，保险人基于自身雄厚的财力，能够代替被保险人向受害人支付损害赔偿金，使受害人获得相对可靠的财产补偿，这无疑为侵权责任制度增加了“额外的张力”，⑤ 从而达成侵权制度设定的补偿受害人损失的目标。在国外，典型者有如美国，法官解决环境侵权赔偿问题时较为积极地看待环境责任保险的作用，将环境责任保险视为受害人获得赔偿的保障。司法实践中，法官有时会对保险单进行扩大解释，以便使事故损失被包含在承保范围之内。⑥ 通过采用标准保险单，要求保险人在保险金额内向受害人支付已经明确的被保险人责任，不考虑被保险人是否有能力偿付问题。比如，美国某一家保险公司的保险单就规定保险人基于被保险人的侵权责任向受害人支付全部赔偿金额。⑦ 正是通过环境责任保险这种替代性补偿方式，环境侵权责任制度的损害赔偿功能得以增强，环境责任保险俨然成为“侵权法发展的一个隐藏的说服者”。⑧

其次，通过突破合同关系相对性原则，环境责任保险制度能够增强环境

---

① 参见贾爱玲：《环境责任保险制度研究》，中国环境科学出版社 2010 年版，第 41 页。

② 参见［德］马克西米利安·福克斯：《侵权行为法》，齐晓琨译，法律出版社 2006 年版，第 5 页。

③ 参见柯泽东：《环境法论（二）》，台北，三民书局 1995 年版，第 120 页。

④ 参见胡艳香：《环境责任保险制度的正当性分析》，载《法学评论》2011 年第 5 期。

⑤ See Heuston, R. F. V. & R. A. Buckley, *Salmond and Heuston on the Law of Torts* (19th ed.), Sweet & Maxwell, 1987, p. 31.

⑥ 参见阳露昭、刘艳：《美国环境责任保险制度审视及启示》，载《法学杂志》2005 年第 6 期。

⑦ See M. Stuart Madden, *Toxic torts Deskbook*, Lewis Publishers, 1992, p. 196.

⑧ See J. G. Fleming, *Law of Torts* (8th ed.), North Ryde, N. S. W., 1993, p. 9.

侵权法律制度补偿损害的社会功能。在其发展初期，环境责任保险制度主要是为了填补被保险人因赔偿受害人而产生的实际损失，环境侵权受害人则受制于契约关系相对性而被排除在保险合同关系之外。如果出现被保险人在承担侵权责任之前已资不抵债的情形，受害人便不能通过环境责任保险实现损害补偿。随着环境责任保险制度的不断发展，各国逐渐弱化分散责任风险进而保护被保险人的目的，将环境侵权受害人列为责任保险合同的受益人，并确立优先保护受害人的原则，甚至有的国家在其保险法中赋予了受害人直接向保险人请求赔偿的权利。如此一来，环境责任保险所填补的损失便直接转化为被保险人对受害人的赔偿责任，从而加强了环境侵权法补偿损害的社会功能。

（二）分散环境责任风险

面对日益严峻的环境污染，各国侵权法“不能回避民众对安全的要求以及由此产生的对社会安全的需求”，[①] 须进一步完善环境侵权法律制度来救济受害人的受损权益。但是，也必须考虑到实际生活中涉污企业生产经营行为的社会和经济意义，进而需要通过制度设计来尽量维持侵权人行动自由与受害人权益保护之间的平衡。众所周知，现代工业生产本身就隐含着各种风险，除非不投入生产，否则在生产经营过程中难免会对周围环境造成不良影响。侵权法律制度在环境侵权领域的重心已经不是预防侵权行为的发生，而是如何更好地解决受损生态环境的修复及相关人身、财产损害的赔偿问题。为实现其目标，各国纷纷对环境侵权行为实行严格的归责原则，在因果关系判断上要么采取因果关系推定法，要么采用疫学或盖然性因果关系判断标准，不考虑行为人是否具有过错或者污染物的排放是否超过国家或行业标准。也就是说，除非环境侵权人具有“已尽到最大谨慎”以外的法定抗辩理由，否则就要承担损害赔偿的法律后果，潜在环境侵权行为人承担损害赔偿责任的概率也会大幅提升。尤其是当环境污染事故非常严重或者影响范围较大，造成了巨大经济损失或者受害人人数众多时，环境侵权人需要承担的赔偿责任往

---

① 参见［德］马克西米利安·福克斯：《侵权行为法》，齐晓琨译，法律出版社2006年版，第4页。

往较重，这很可能导致企业破产，进而有可能引发社会动荡和经济崩溃。

建立环境责任保险制度，可以在一定程度上柔化环境侵权法律制度的刚性，在保障受害人权益的同时兼而维护涉污企业的行动自由。正是基于其“赔偿替代性”，环境责任保险能够使投保人仅通过支付为数不多的保费，便可以在其面临侵权责任时通过保险人缓解其赔偿负担，其生产经营活动不至于因为侵权损害赔偿数额巨大而受影响。在保险链条的另一端，保险人再将其赔偿负担分散给其他投保人。如若受害人直接起诉责任保险人，被保险人则几乎可置身于侵权损害索赔诉讼之外。我国《保险法》第 65 条已赋予受害人在赔偿责任明确而被保险人怠于请求保险金时对保险人的直接赔偿请求权，该条第 2 款规定：“责任保险的被保险人给第三者造成损害，被保险人对第三者应负的赔偿责任确定的，根据被保险人的请求，保险人应当直接向该第三者赔偿保险金。被保险人怠于请求的，第三者有权就其应获赔偿部分直接向保险人请求赔偿保险金。”在环境责任保险人的积极参与下，环境责任保险可以在不削弱侵权人经营能力的前提下让受害人获得较为充分的补偿，使环境污染或生态破坏损失在相关社会成员中分担，这对环境侵权关系中的双方当事人，甚至对整个社会都会带来利益。①

（三）预防环境污染行为

各国建立环境责任保险制度的另外一个理由，是其有利于减少污染事故发生。有学者认为，尽管责任保险制度能增强侵权责任制度的赔偿功能，但是削弱了侵权责任法律制度预防事故的功能。② 在该部分学者看来，因为投保了环境责任保险，被保险人无须在污染环境或破坏生态后将外部成本内部化，一般会倾向于从事超过社会最优水平的行为量，从而引发过多的事故。③但是，理性分析后不难得知，该种观点忽略了环境责任保险的契约性特征，

① 参见薛虹：《演变中的侵权责任和人身伤亡事故问题的解决》，载梁慧星主编：《民商法论丛》（第 5 卷），法律出版社 1996 年版。

② See Heuston, R. F. V. &R. A. Buckley, *Salmond and Heuston on the Law of Torts* (19th ed.), Sweet & Maxwell, 1987, p. 29.

③ See Gary T. Schwartz, *the Ethics and the Economics of Tort Liability Insurance*, Cornell Law Review, Vol. 75, p. 313 – 350 (1990).

同时也低估了保险人的监管能力。① 诚然，理性经济人会通过对自身行为后果的预判来指导将来的行为方式和行为量。但是，环境责任保险制度是一种充分权衡利害相关各方利益后的契约性安排，因此不可能出现让投保人独赢的制度结果。

首先，通过保费费率以及赔偿限额条款等杠杆，环境责任保险可以鼓励、刺激投保人增强其责任意识，加强风险控制，实现责任成本开支的减少并最终促进社会总福利的增加。具体而言，在正式承保环境责任保险之前，保险人必定会进行调研和精算，根据掌握的投保人风险信息采取经验费率、回溯性费率等定价策略，加上利用免赔额、共保额、超过额等责任限制条款，来防止投保人将环境污染成本外化于保险人。对投保人而言，尽管依靠保险合同可以使损害事故成本外部化，但是缴纳的保费却与环境风险大小成正比。如果涉污企业通过改进技术、加强管理等措施开展环保型生产，其在投保时缴纳的保费就会相应降低。反之，则要缴纳较高的保费。正是通过合理的浮动费率和除外条款的设置，环境责任保险制度可以引导涉污企业的经济行为转向有利于环境保护的领域。②

其次，通过赋予保险人风险监管权，环境责任保险制度可以抑制环境污染事故的发生。通常，保险人集中了大量资本和技术人员，有能力根据保险合同对投保人的生产经营行为进行监督。保险人通过定期巡视投保人的生产状况和安全措施，发现投保人在设备运转和人员操作中的事故隐患，采取等级划分、费率浮动等措施督促投保人减少污染事故的发生。③ 最为重要的是，一旦建立起环境责任保险制度，受制度约束的投保人和保险人身处一个重复博弈的场域，任何一方的投机行为都是非理性的。为防止投保人的道德风险，保险人可以在续保时提高投保人的保费，或者干脆对那些存在高风险且又偏好风险的被保险人拒绝续保。在整个保险市场中，投保人因受以往环境事故

① 参见胡艳香：《环境责任保险制度的正当性分析》，载《法学评论》2011 年第 5 期。

② 参见胡艳香：《环境责任保险制度的正当性分析》，载《法学评论》2011 年第 5 期。

③ 以法国再保险联营的保单规定为例：被保险人必须遵从法律和保险单所规定的条件，充分履行不适用造成污染的设施、安装损害防止设施和维护保险标的的安全等义务。并且，保险人和其代理人均有权不经预先通知而随时前往被保险人的工厂、设施查看，以便督促被保险人采取改进措施，避免事故的发生。参见王明远：《环境侵权救济法律制度》，中国法制出版社 2001 年版，第 151 页。

的影响而难以从其他保险人处获得廉价的保单保障。在此情形下，投保人必须学会控制而不是放任自己的道德风险。因此，从环境责任保险的契约性特征来看，环境责任保险制度不但不会削弱侵权法的预防功能，而且还能为环境侵权事故的预防作出贡献。①

（四）减轻政府财政负担

除了前述原因的复杂性、后果的严重性、潜伏性和渐进性，环境污染在法学和经济学文献里，通常还被认为是一种由工业活动导致的产品外部成本，具有负外部性。② 如果不对环境危险活动的全部污染成本进行内部化处理，成本由政府、社会和其他个人负担的利益会使具有环境危险的经济活动持续下去。因此，将污染成本完全内部化是各国环境法律、政策的目标。理论上，这一目标可以通过多种法律政策手段来实现，其中就包括具有行政性的传统政府治理，即建立一套复杂的、严格集中执行的行政监督体系，包括命令控制规则、设置标准和制裁、进行事前监督，以及监管体系要反映行政机关的成本效益分析结果。③ 这种解决方案需要耗费较多政府人力物力等行政管理资源，给政府财政造成很大压力。根据《中国统计年鉴》，2000 年至 2017 年，我国环境污染治理投资总额从 1010.3 亿元上升到 9539 亿元，2014 年甚至达到了 9575.50 亿元的高点，2006 年至 2017 年年均复合增长率达到了 12.68%。可以说，中国走的是一条昂贵的治污路线。即便投资巨大，与此相伴的亦是环境突发事件明显增多。2003 年至 2020 年，全国发生突发性环境事故高达 4245 起，④ 平均每 3 天发生 2 起；2010 年至 2019 年几乎每天发生 1 起。典型者有如 2005 年中石油吉林石化分公司双苯厂“11·13”爆炸事故，造成 8 人死亡、60 人受伤，直接经济损失 6908 万元，并引发松花江严

① 参见胡艳香：《环境责任保险制度的正当性分析》，载《法学评论》2011 年第 5 期。

② 参见经济合作与发展组织：《环境风险与保险——保险在环境相关风险管理中作用的比较分析》，李萱译，中国金融出版社 2016 年版，第 16－17 页。

③ 参见经济合作与发展组织：《环境风险与保险——保险在环境相关风险管理中作用的比较分析》，李萱译，中国金融出版社 2016 年版，第 16－17 页。

④ 该数据来自生态环境部，其中 2003 年 64 起，2004 年 67 起，2005 年 76 起，2006 年 161 起，2007 年 110 起，2008 年 135 起，2009 年 171 起，2010 年 156 起，2011 年 106 起，2012 年 543 起，2013 年 702 起，2014 年 471 起，2015 年 330 起，2016 年 304 起，2017 年 302 起，2018 年 286 起，2019 年 261 起。

重的水污染，事后5年国家为松花江流域水污染防治累计投入治污资金78.4亿元。[①] 实践证明，环境污染和生态破坏的严重后果完全由政府“埋单”的方式行不通。一是政府财政支付能力对解决所有环境污染损害问题形成重要约束，过高的财政负担只能使长期的生态环境安全面临更大的风险。二是环境污染成本由政府兜底使涉污企业的污染成本远远小于收益所得，容易导致涉污企业忽视环境保护。因此，面对原因复杂、后果严重且容易引致社会矛盾的环境污染行为，作为公共利益代表的政府，应当及时采取有效的经济措施防止或减少环境污染和生态破坏以化解社会矛盾。

环境责任保险相较于财政、银行等其他措施，具有以下两方面的特点：一方面，因其天然源于市场的特点而具有较强的“市场性”，符合政府治理创新的大方向；另一方面，也因其风险汇聚和风险分担的特点而具有较强的“社会性”，有助于实现政府治理的诸多社会政策目标。[②] 在环境责任保险关系建立初期，环境责任保险更多地呈现“不完全排他性”与“不完全竞争性”等公共产品特质，此时作为准公共产品购买方的投保人的边际成本为零。但是，随着环境责任保险理赔风险不断发生以及理赔保单逐渐增加，保险人必定会在受益人人数到达临界阈值时重新核算保费费率，通过提高保费将成本转移至投保人，从而达到控制成本收益比、实现盈利的经济目标。此时，投保人的边际成本转化为正值，环境责任保险转化为具有“竞争性”与“排他性”的“私人产品”。作为一种市场机制，环境责任保险除了具有分散风险、增强投保人责任意识和责任能力、弥补损害等传统的功能外，还具有为减轻政府财政负担的“正外部性”效益。[③]

---

① 参见《松花江污染事件国家买单80亿　中石油始终不言赔》，载中国新闻网，http：//www.chinanews.com/ny/2011/06－08/3096618.shtml。2011年6月1日，原环境保护部在其官方网站上透露，2005年松花江重大水污染事件发生5年来，国家已为松花江流域水污染防治累计投入治污资金78.4亿元。

② 参见杨惟钦：《责任保险在生态环境损害赔偿实现中的运用与完善》，载《学术探索》2021年第4期。

③ 参见麻昌华、郭晓虹：《生态环境损害复合救济模式探析》，载《法学杂志》2019年第3期。

三、我国现行环境责任保险制度的功能定位

诚如前文所述，作为环境侵权责任最终分担的一种法律技术，环境责任保险在理论上具有强化对受害人的损害补偿、分散侵权责任人的巨额损失、减轻政府财政负担、刺激潜在涉污企业提升环境管理水平等功能价值。为有效解决我国产业结构调整带来的严重污染问题，2007 年出台的《保险工作指导意见》阐明了环境责任保险的重要性，即“有利于分散企业经营风险，促使其快速恢复正常生产；有利于发挥保险机制的社会管理功能，利用费率杠杆机制促使企业加强环境风险管理，提升环境管理水平；有利于使受害人及时获得经济补偿，稳定社会经济秩序，减轻政府负担，促进政府职能转变”。《保险工作指导意见》中提到的这三点，实质上涵盖了环境责任保险的四种主要社会功能。基于对环境责任保险重要社会功能的充分认识，《保险工作指导意见》阐明了开展环境污染责任保险工作的“政府推动，市场运作”、“突出重点，先易后难”、“严格监管，稳健经营”及“互惠互利，双赢发展”四个指导原则；对我国环境责任保险制度的工作目标和发展步骤提出了设想，即建立环境污染责任保险制度，在重点行业和区域开展环境污染责任保险的试点示范工作。到 2015 年，环境污染责任保险制度相对完善。《保险工作指导意见》从“建立健全国家立法和地方配套法规建设”“明确环境污染责任保险的投保主体”“建立环境污染事故勘查、定损与责任认定机制”“建立规范的理赔程序”“提高环境污染事故预防能力”等方面提出具体的实施方案，并且从环保部门、保险监管部门、保险人的角度提出相应的支持保障要求，强调要提高环保部门监管能力，特别是对环境风险源监控能力、对污染事故调查和损失评估能力、对突发环境事件应急响应能力等，为环境责任保险制度实施提供基础支持。

在历时 5 年的自愿性环境责任保险试点基础上，2013 年有关部门公布《强制责任保险指导意见》。该意见同样阐明了环境责任保险的重要意义，即有利于促使企业加强环境风险管理，减少污染事故发生；有利于迅速应对污染事故，及时补偿、有效保护污染受害者权益；有利于借助保险“大数法则”，分散企业对污染事故的赔付压力。《强制责任保险指导意见》强调环境

责任保险的社会功能为促使企业减少污染事故发生，及时补偿、有效保护污染受害者权益，以及分散企业对污染事故的赔付压力，但是“减轻政府负担，促进政府职能转变”这一功能没有提及。在上述功能预设下，《强制责任保险指导意见》明确了环境污染强制责任保险的试点企业范围，要求保险监管部门引导保险人合理设计保险条款，科学厘定保费费率；对保险人委托或者自行开展环境风险评估、保险经纪机构提供环境风险评估和其他有关保险的技术支持和服务采取鼓励态度；从风险防范、事故报告、出险理赔、损害计算、争议案件处理等方面要求建立健全环境风险防范和污染事故理赔机制，强化环保部门、保险监管部门、保险人的信息公开职责或义务；从强化约束手段、完善激励措施、健全政策法规等方面提出促进企业投保的保障措施。

2018 年，生态环境部开会审议并原则通过的《管理办法（草案）》，明确在环境高风险领域建立环境污染强制责任保险制度的目的是“完善环境污染损害赔偿机制”，没有提及“分散侵权责任人的巨额损失”“激励企业提升环境管理水平”“减轻政府财政负担”等功能。在完善环境污染损害赔偿机制的功能预设下，《管理办法（草案）》的大部分条款系按照市场运作理念来安排，主要是对投保与承保、风险评估与排查、赔偿等保险程序进行规范。关于保险监管，《管理办法（草案）》第 4 条只是原则性地规定了由国务院保险监管部门对保险人的环境污染强制责任保险业务实施监督管理、国务院环保部门对环境高风险企业参加环境污染强制责任保险情况实施监督检查，以及地方各级环保部门监督检查本行政区域内环境高风险企业参加环境污染强制责任保险情况。在《管理办法（草案）》第五章罚则部分，仅明确了对应当投保而未按照规定投保或者续保的环境高风险企业给予较轻的处罚措施。

可见，我国对环境责任保险的功能定位在 10 年间发生了重心减缩的变化。在有关政策性文件中，国家将环境责任保险定位为“采取综合手段加强污染事故防范和处置”这一重要举措，从社会管理和经济补偿功能角度重点考虑涉污企业的经营风险分散和环境风险管理。而 2018 年的《管理办法（草案）》则将发展环境责任保险定位为“完善环境污染损害赔偿机制”的重要途径，考虑的是环境污染受害人的损害补偿。这可以从《管理办法（草案)》第22条第3款、第23条第1款关于保险金给付请求权、保险金给付的相关规定中得到有力证明。[①] 不难理解，将环境责任保险推动方式从政府文件倡导提议发展到部门规章约束，突出环境责任保险“完善环境污染损害赔偿机制”这一制度功能，是在学习域外环境责任保险制度，以及对我国环境责任保险试点成效进行反思后的积极回应，体现了国家对扩大保险覆盖面、补偿环境高风险领域污染事故受害人的经济损失的高度重视。但是，为何不再提“分散企业经营风险”“促使企业提升环境管理水平”“稳定社会经济秩序，减轻政府负担，促进政府职能转变”等功能目标？对此，生态环境部没有作出任何官方说明，是否是因为顾虑《保险法》第11条第2款规定（商业保险遵循自愿原则）因而在推出环境强制责任保险时持比较谨慎的态度也不得而知。

按理，立法或制定政策的目的（或宗旨），是制定一部法律或某项政策最根本的出发点、立足点和所要达到的任务目标，它统领一部法律或一项政策的价值取向，决定着一部法律或一项政策的具体内容，是法律或政策的灵魂、核心所在，贯穿于法律或政策制定的全过程，法律或政策其他条文均围绕功能性目标来设定。因此，从环境责任保险政策性文件到部门规章的功能缩减应该不是单纯从省事的角度考虑的结果。不管原因如何，功能的缩小必然会带来具体制度内容安排的变化。比如，《管理办法（草案）》没有基于环境责任保险是准公共产品的性质定位，设计详细的条款对环境责任保险进行特别的监督管理；没有基于环境风险防范、环境信息公开的重要性，对环保部门、保险监管部门、保险人应公开而未公开环境责任保险相关信息、企业应投保而未投保的情形规定严格的惩处措施；也没有对环境责任保险的投保人规定更高的告知义务标准；甚至没有设计保险人解除合同前应当书面通知及投保人进行补充告知的规定；[②] 等等。10多年来，尽管我国将环境责任保险模式从完全自愿购买转变到在高风险领域要求强制购买，推动方式也从政府文件倡导提议发展到部门规章约

① 根据《管理办法（草案）》第22条第3款的规定，环境高风险企业怠于向保险人请求赔偿保险金的，受害者也可以就其应获赔偿部分直接向保险人请求赔偿保险金。根据《管理办法（草案）》第23条第1款的规定，环境高风险企业依法支付赔偿款后，保险人可以向环境高风险企业赔偿保险金。保险人也可以直接向受害人赔偿保险金。

② 参见胡艳香：《环境责任保险投保人补充告知规则质疑——〈环境污染强制责任保险管理办法（草案）〉第13条评析》，载《湖南师范大学社会科学学报》2019年第4期。

束，但制度功能目标的范围趋于缩小、高度趋向调低。与之相比，法律性质同样是责任保险的机动车交通事故责任强制保险，其经济属性更偏向于私人产品，《机动车交通事故责任强制保险条例》将其制度功能目标定位于“保障机动车道路交通事故受害人依法得到赔偿，促进道路交通安全”，宽度和高度都胜于环境责任保险。

按照预期，2018 年《管理办法（草案）》实施以后，环境责任保险的发展会出现大转机。[①] 但遗憾的是，环境责任保险在我国仍然面临涉污企业投保数量少、保险人参与积极性不高的发展“瓶颈”，无法充分实现环境侵权损害救济的社会化以及对环境风险的有效管理。我国环境责任保险发展“瓶颈”是否与制度功能有关？主要原因到底是什么？环境责任保险法律制度应当如何构建与发展？这些问题值得每一位致力于环境责任研究的学者进行认真而理性地思考。正是基于这些疑问，本书将试图在实地调研基础上分析我国环境责任保险供需问题的基本特征，从环境责任保险产生基础、内部运行机制、外部保障体系等方面分析现有法律、政策背景下的根本原因，形成解决该问题的基本原则和策略，进而提出较为详尽具体的宏观、中观和微观法律对策。

---

① 2018 年 5 月 7 日，时任生态环境部部长李干杰主持召开生态环境部部务会议，审议并原则通过《管理办法（草案）》。会议指出，《管理办法（草案）》的出台是在前期试点实践经验基础上的总结提升，进一步规范健全了环境污染强制责任保险制度，丰富了生态环境保护市场手段，对打好打胜污染防治攻坚战，补齐全面建成小康社会生态环境短板具有积极意义。参见《生态环境部召开部务会议 审议并原则通过〈环境污染强制责任保险管理办法（草案）〉》，载生态环境部网，http：//www. mee. gov. cn/xxgk2018/xxgk/xxgk15/201805/t20180507_630147. html。

第二章

我国环境责任保险供需问题特征分析

一、环境责任保险不同发展时期的供需考察

环境责任保险缘起于20世纪60年代的环保浪潮，在西方发达国家经历了一个渐进发展的过程：从把污染风险排除在保险责任范围之外到有条件的承保；从只承保突发性环境污染事故责任到承保累积或复合性污染事故引发的环境责任。环境责任保险供需的有效平衡随着各国环境治理相关法律、政策的不断完善而逐渐达成。以美国为例，20世纪70年代以来，基于民众对遏制工业污染的强烈呼吁，美国在《国家环境政策法》基础上出台了《清洁水法》（1972）、《资源保全与恢复法》（1976）、《清洁空气法》（1977）、《综合环境反应、赔偿和责任法》（1980）等一系列环境保护法案；采用污染者付费原则和针对财产所有者的严格责任制度；部分法案更是要求企业提供“财务担保”，否则不予审批。在严格的法律环境下，企业为了转嫁环境风险和合法合规经营，纷纷购买环境责任保险作为“财务担保”，环境责任保险存在迫切需求。强烈的环境责任保险需求增加刺激了更多的保险人加入进来。截至1984年，美国有超过50家保险人提供环境责任保单。[①] 在经历了由法律强制推动的过程后，环境责任保险业逐渐发展壮大。但是，到20世纪80年代中后期，新泽西州杰克逊镇法院的一起环境责任保险索赔案件成为转折点，

① 参见王向楠：《美国环境污染责任保险的特点及借鉴意义》，载《金融与经济》2015年第9期。

该案的判决导致了环境责任保险的衰弱。[①] 1985 年，美国只有 2 家保险人承保环境损害风险。1986 年，公众责任保单开始增加“绝对污染排除”条款，大大改善了环境责任保险需求的市场条件。20 世纪 90 年代中后期，美国环境立法有序进行，损害数据平台建设逐渐完善，环境责任承保技术以及防损和索赔管理技术不断进步。尤其是 2002 年，《萨班斯—奥克斯利法》出台，强调了对企业环境责任的评价和信息披露，促使美国环境责任保险开始了新的繁荣。目前，环境责任保险在许多国家已能够为各领域涉污企业提供所需的经济赔偿能力证明。

相较而言，我国环境责任保险起步较晚，发展缓慢。从 20 世纪 80 年代初发展至今，环境责任保险在我国的实践历史大致可分为特殊行业引入环境责任保险、地方探索性环境责任保险试点、全国自愿性环境责任保险试点，以及全国强制性环境责任保险试点几个阶段。

（一）特殊行业引入环境责任保险

在专门性的环境责任保险展业之前，我国主要有船舶油污损害民事责任保险、海洋石油勘探环境责任保险、核事故第三者责任保险等少数特殊行业的污染损害民事责任保险。[②]

1. 船舶油污损害民事责任保险

1980 年，我国加入《1969 年国际油污损害民事责任公约》。该公约第 1 条第 7 款规定：“在缔约国登记的载运 2000 吨以上散装货油的船舶的所有人，必须进行保险或取得财务保证，如银行保证或国际赔偿基金出具的证书等。”1980 年 7 月 29 日，我国原交通部发出《关于认真贯彻执行〈1969 年国际油

① 1983 年，美国新泽西州杰克逊镇法院审理了一起环境污染责任保险案件，案件标的额多达数千万美元。案件中，保险人认为自己不用承担责任，原因是环境污染是源于渐进性环境污染物质渗透，而渐进性环境污染并非保单规定的赔偿义务，保单只规定保险企业承保“突发”性的、能够及时现场勘查的环境污染损害。但是，法院认为只要最后的环境污染事故并非主观刻意导致，保险人就应当承担损害赔偿责任。该案中，法官对相关词语做了扩张解释，认为“突发”不只是指保险人认为的一瞬间或者能够及时当场鉴定的。这种不利于保险人的司法解释让原本可以免责的除外条款成为空文，重创了美国的环境污染责任保险市场。参见卢志文：《美国环境污染责任保险制度的嬗变、特点及启示》，载《河北企业》2018 年第 8 期。

② 陶卫东：《论中国环境责任保险制度的构建》，中国海洋大学 2009 年博士学位论文，第 62 页。

污损害民事责任公约〉的通知》[①]。根据该通知第 1 条的规定，我国航行国际航线的载运 2000 吨散装货油的船舶，必须按照公约规定进行保险或取得其他财务保证。1982 年，我国《海洋环境保护法》第 28 条对载运 2000 吨以上的散装货油的船舶提出持有油污损害民事责任保险或其他财务保证的要求。1999 年，《海洋环境保护法》修订，为建立船舶油污损害赔偿机制奠定了法律基础。该法第 66 条规定："国家完善并实施船舶油污损害民事赔偿责任制度；按照船舶油污损害赔偿责任由船东和货主共同承担风险的原则，建立船舶油污保险、油污损害赔偿基金制度。实施船舶油污保险、油污损害赔偿基金制度的具体办法由国务院规定。"2008 年，《2006 年国际燃油污染损害民事责任公约》对我国正式生效。2009 年，国务院审议通过《防治船舶污染海洋环境管理条例》（以下简称《防污条例》），该条例按照《海洋环境保护法》的相关规定，参照相关国际公约，进一步规定船舶油污损害民事责任保险制度，以保障船舶在发生油污损害事故后具备与其赔偿责任限额相匹配的赔付能力。《防污条例》中明确了投保油污损害民事责任保险的船舶范围，即除 1000 总吨以下载运非油类物质的船舶无须投保外，航行于中国管辖海域内的其他船舶均必须投保船舶油污损害民事责任保险，具体来说就是包括所有载运持久性油类或非持久性油类物质的船舶，以及 1000 总吨以上载运非油类物质的船舶，不论其是国际航行船舶还是国内航行船舶，均须投保该种保险。[②] 由于《防污条例》对油污保险制度的规定较为原则，需要制定相应的配套规章予以细化和明确。2010 年，交通运输部出台《船舶油污损害民事责任保险实施办法》。该实施办法明确在我国管辖海域内航行的以下三类船舶应当按照规定参加保险：一是 1000 总吨以上载运非油类物质的船舶；二是所有载运非持久性油类物质的船舶；三是所有载运散装持久性油类物质的船舶。

通过以上分析可知，尽管国际公约与我国相关法律、法规及规章对船舶

---

① 该通知现已废止。

② 按照《防污条例》第 51 条的规定，在中华人民共和国管辖海域内航行的船舶，其所有人应当按照国务院交通运输主管部门的规定，投保船舶油污损害民事责任保险或者取得相应的财务担保。但是，1000 总吨以下载运非油类物质的船舶除外。船舶所有人投保船舶油污损害民事责任保险或者取得的财务担保的额度应当不低于《海商法》、中华人民共和国缔结或者参加的有关国际条约规定的油污赔偿限额。

油污责任强制保险进行了规定，但是船舶油污强制责任保险的覆盖范围并不全面，实施效果离国际公约要求较远。具体而言，我国现行法律、条例及相关办法未强制1000总吨以下载运非油类物质的沿海船舶所有人以及内河船东对船舶油污责任进行投保。在自愿保险模式下，基于成本计算，需求侧（潜在投保人）1000总吨以下载运非油类物质的沿海船舶所有人，以及内河船东对责任保险不具有强烈的内在需求，供给侧（保险人）的责任保险产品创新与推广动力不足。2008年，江苏省海事局、江苏省交通运输厅、江苏省安全生产监督管理局、原江苏省环境保护厅、原中国保监会江苏监管局共同公布《关于积极推进船舶污染责任保险实施工作的通知》，在全国率先启动内河船舶污染责任保险。2013年，江苏全省保险业共计承保油船、化学品船1500多艘，占全省从事营运船只总量的40%，为投保船东提供了30多亿元污染风险保障。2010年，上海市开始开展上海水域（内河和沿海）船舶污染责任保险试点。2013年《危险化学品安全管理条例》（国务院令第344号）、2015年《防治船舶污染内河水域环境管理规定》（交通运输部令2015年第25号）规定内河运输危险化学品船舶的所有人或经营人应投保船舶污染损害责任保险或取得财务担保。内河船舶污染责任保险从油污责任向化学品污染责任领域拓展。2017年，交通运输部门启动《船舶油污损害民事责任保险实施办法》的修订工作，旨在建立内河船舶污染强制责任保险制度以及整合我国沿海和内河水域船舶污染损害民事责任保险规定，以解决我国内河船舶污染环境的严重问题，但到目前为止仍未颁布。现阶段，内河船舶污染责任保险机构的承保意愿和内河船舶企业投保意愿普遍不高。①

2. 海洋石油勘探环境责任保险

1983年，我国颁布实施《海洋石油勘探开发环境保护管理条例》（以下简称《石油勘探管理条例》）。该条例明确规定，在我国管辖海域从事石油勘探开发的企事业单位和作业者应具有有关污染损害民事责任保险或其他财务保证，但该条例对责任范围、赔偿标准等事宜缺乏明确规定。《石油勘探管

① 参见关正义、严凌成：《内河船舶污染强制责任保险制度的完善——兼谈〈船舶油污损害民事责任保险实施办法〉修订》，载《世界海运》2020年第8期。

理条例》实施以来，中国人保、平安保险、太平洋保险、大地保险等保险人相继推出海洋工程作业综合保险，未将海洋石油勘探环境责任保险作为独立的环境责任保险产品。该类保险的承保范围涵盖钻井平台及勘探设备损害等第一方财产损失风险，以及作业过程中产生的第三方责任风险两个主要方面，后者包括环境污染责任风险。以中国人保的《石油勘探开发保险单》和大地保险的《石油勘探开发综合保险条款》为例，前者承保的保险利益包括“海上财产”和“第三方责任”两部分，其中第三方责任是指被保险人在作业过程中对第三方应承担的责任、渗漏和污染责任、保障和赔偿责任、租船人责任等；后者也承保两类责任风险，一类是“因被保险井的渗漏、污染或沾染所直接引起的补救、人身伤害（致命或非致命）、财产损失、损坏或丧失使用而支出的所有费用”，另一类是“任何移走、废弃、清除或试图清除被保险井溢出的渗漏、污染和沾染物质的费用，包括储存和转移及阻止这种物质接近海岸的费用”。在以上“一揽子”保险产品中，海洋石油勘探环境责任保险的范围仅包括对第三者的人身损害、财产损害及部分清污费用，渐进性污染、海洋生态损害等均属除外责任。

在我国海域内从事石油勘探开发的企业主要为中海油、中石油、中石化等大型国有石油企业及在我国有业务的外资石油公司。早期由于公众的环保意识不够高，加之我国的环境损害索赔机制不完善，污染损害成本相对较低，溢油污染风险未能引起石油勘探开发企业的高度重视。尽管这些企业自身具备雄厚的财力，但缺乏购买环境责任保险的积极性，仅在《石油勘探管理条例》强制约束下，象征性地购买相关的保险产品。2007 年 4 月，当时的国家环境保护总局政策法规司就开展环境污染责任保险的有关事宜与中海油、中石油、中石化等集团公司代表座谈，代表们认为不宜把大型化工企业纳入环境污染责任保险范围内，提出的理由是公司财力雄厚，可自行解决污染赔偿问题，而且与现有的保险和基金制度不好协调，如中石油、中石化设立的“安全生产保证基金”已涉及环保方面。①

---

① 参见《保监会拟推环境污染责任保险 中石油中石化质疑》，载中国宁波网，http：//news.cnnb.com.cn/system/2007/08/23/005338450.shtml。

3. 核事故第三者责任保险

核事故第三者责任保险的实践，始于1993年中国人保为大亚湾核电站1号机组签发第三者责任保险单。[①] 1999年，由原中再公司、中国人保、太平洋保险及平安保险发起成立“中国核保险共同体”，对各保险人承担的核第三者责任险实行再保险。与美国等国家以专门立法形式（如美国《普莱斯安德森法案》）推动核第三者责任保险制度建立不同，我国核第三者责任保险制度的发展基本依靠岭澳、秦山、田湾等核电站相继运营等具体事件来推动。2007年之前，保险人根据国务院《关于处理第三方核责任问题给核工业部、国家核安全局、国务院核电领导小组的批复》（国函〔1986〕44号）就核事故损害赔偿责任的最高限额规定，在相关核电站核第三者责任保险单中设计赔偿限额为1800万元。2007年，随着国务院《关于核事故损害赔偿责任问题的批复》（国函〔2007〕64号）将核事故损害赔偿限额提高，各核电站在续保时将保单赔偿限额相应提高到3亿元人民币。尽管未达到法律位阶，但该批复首次确定了强制性核第三者责任保险制度，[②] 对核设施营运人投保核第三者责任保险以及保险人承保该险种起到举足轻重的指引作用。2017年，国家颁布《核安全法》，最终以立法形式确立强制性核第三者责任保险的法律地位。[③]

尽管我国核事故发生率极低，[④] 但由于法律强制核设施经营者投保，核第三者责任保险存在刚性需求。在保险供给方面，目前已有29家保险公司参加“中国核保险共同体”，对境内外业务每一危险单位承保能力居全球第二，承保了境内全部运行核电机组的核运营期保险，保障的核工业财产和第三者责任价值达9000亿元，[⑤] 为境外26个国家和地区的约350台核电机组及各类

---

① 参见贾颖：《浅谈我国核责任保险》，载《中国保险》2011年第5期。

② 根据国务院《关于核事故损害赔偿责任问题的批复》（国函〔2007〕64号）的规定，在核电站运行之前或者乏燃料贮存、运输、后处理之前，营运者必须购买足以履行其责任限额的保险。

③ 根据《核安全法》第90条第3款的规定，核设施营运单位应当通过投保责任保险、参加互助机制等方式，作出适当的财务保证安排，确保能够及时、有效履行核损害赔偿责任。

④ 我国发展核事业以来，还未发生过一起核事故。从国家核安全局的核电厂的核事故统计获悉，2016年全年所有核电厂发生的执照运行事件中，除2016年8月30日宁德核电厂4号机组试运行期间发生一起1级执照运行事件外，其余均为0级。

⑤ 《2020中国核保险共同体年会召开 携手护航国家能源安全 共创中国核共体新未来》，载百家号“新华社新媒体”2020年10月23日，https：//baijiahao. baidu. com/s? id = 1681330190722351638&wfr = spider&for = pc。

核燃料循环设施提供再保险支持，国际业务的深度和广度持续增加，较好地实现了风险分散。①

（二）地方探索性环境责任保险试点

20 世纪 90 年代初期，我国粗放式经济发展带来的环境损害问题日益突出。出于发展经济、维持社会稳定及保障受害人利益的需要，辽宁省大连市、辽宁省沈阳市、吉林省长春市、吉林省吉林市等市环保部门与保险人合作，开始探索性地推出环境责任保险业务。彼时，环境责任保险是自愿保险，企业根据自身需要自愿投保。作为我国最早推广环境责任保险活动的城市，大连市在 1991 年至 1994 年中有 15 家公司购买了环境责任保险，保费共计 220 万元。此后，沈阳市、长春市、吉林市等城市也相继制定具体环境责任保险实施办法，开展相关保险业务。1992 年，长春市人保公司推出该项保险，但仅有 1 家公司购买。1993 年至 1995 年，沈阳市共计 10 家公司购买了保险。吉林市很早就酝酿开展环境责任保险，但直到 1995 年 10 月才开始正式启动，实施 1 年后无一家企业投保。总体而言，该时期我国环境污染责任保险试点情况不大理想，四个城市在 1991 年至 1995 年年底总共才有 26 家企业投保，1996 年因无企业投保而最终停止（详见表 2－1）。

表 2－1 我国地方探索性环境责任保险试点时期四个试点城市企业投保情况

试点城市	开始时间	试点时间	投保企业数	保险范围	理赔案件	
					数量	赔付率
辽宁省大连市	1991 年 10 月	4 年	15 家	突发性污染事故	1 件，12.5 万元	5.7%
吉林省长春市	1992 年 6 月	1 年	1 家	突发性污染事故	0	0
辽宁省沈阳市	1993 年 9 月	2 年	10 家	突发性污染事故	0	0
吉林省吉林市	1995 年 10 月	1 年	0 家	突发性污染事故	0	0

此阶段，虽然我国环境污染问题非常严重，但环境责任保险的供需关系却呈现出三个明显特点：一是保险业务展开的地域范围小且零散，商业保险人参与度低，涉污企业参与投保少；二是投保企业因突发性污染事故承担民

① 参见袁临江：《以史为鉴，发挥核保险共同体功能价值，护航中国核能事业安全发展》，载中国核保险共同体网，http：//www.chinapool.org.cn/zghbxgtt/hgtdt/20220107035242301 90/index.html。

事责任的风险小，因而获得环境责任保险的赔付机会小，缺乏续保意愿；三是承保责任保险的保险人提供的保险品种单一，承保范围狭窄，缺乏产品创新意愿。

（三）全国自愿性环境责任保险试点

进入21世纪，国家开始转变经济发展方式，倡导构建资源节约和环境友好型社会，鼓励运用经济手段解决环境问题。[①] 在此背景下，全国性自愿环境责任保险试点工作拉开帷幕。2006年6月15日，国务院出台《关于保险业改革发展的若干意见》，提出要“大力发展责任保险”，将保险纳入灾害事故防范救助体系；并通过采取“市场运作、政策引导、政府推动、立法强制”方式，发展包括环境责任保险在内的一系列保险业务。此后，国家相关部门及地方各级政府纷纷介入环境责任保险市场并进行大规模推广，出台了一系列环境责任保险政策。2007年，《保险工作指导意见》出台，再次强调通过政府推动、市场运作来发展环境责任保险。国家环保部门和原中国保监会在国务院的统一领导下，通过发布制定各种政策对环境责任保险市场进行宏观指导和规划管理，指导各级地方政府基于“环境责任属地原则”具体推动环境责任保险（详见图2－1）。

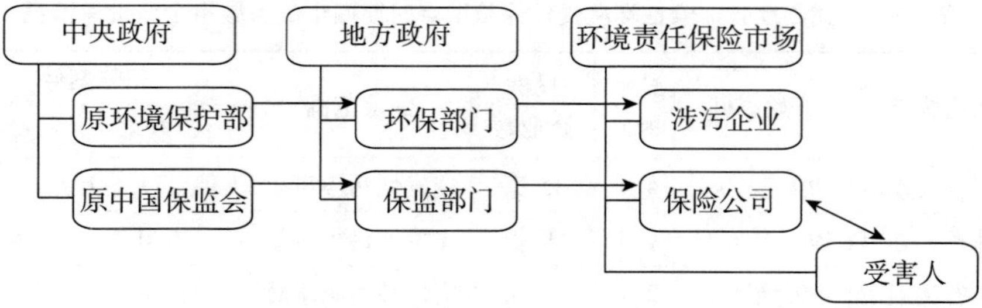

图2－1　2007年《保险工作指导意见》下我国环境责任保险市场运作体系

① 早在2003年11月，中央经济工作会议就强调要突出抓好节约资源、节约原材料、节约用水工作，积极开发利用新能源，搞好重要资源的综合利用，大力发展循环经济；2004年4月，国务院办公厅制定并公布了《关于开展资源节约活动的通知》（该国务院规范性文件现已废止），计划用三年的实践迈出资源节约的实质性步伐；2005年6月，国务院下发《关于做好建设节约型社会近期重点工作的通知》（该国务院规范性文件现已废止）和《关于加快发展循环经济的若干意见》两个文件；2006年3月，中央人口资源环境工作会议重申建立资源节约型国民经济体系和资源节约型社会的重要性；党的十六届五中全会上，明确提出要建设资源节约与环境友好型社会；党的十七届五中全会上强调，要坚持把建设资源节约型、环境友好型社会作为加快转变经济发展方式的重要着力点。

试点工作先后在江苏、湖北、湖南、重庆、深圳、宁波、沈阳、昆明等省市积极展开。继华泰保险 2007 年 12 月试水环境责任保险业务后，国内其他一些保险人也纷纷进入环境责任保险市场并推出不同的环境责任保险产品。华泰保险参与环境责任保险之初，推出的是“场所污染责任保险”及“场所污染责任保险（突发及意外保障）”两款产品,[①] 随后开发了其他类型的保险产品。截至 2011 年年底，环境责任保险试点范围从 8 个省市逐步扩大到 14 个省市。与探索性试点阶段相比，第三阶段的试点工作虽得到各级行政管理部门积极推动，但政府推动下的自愿性环境责任保险效果远低于预期目标。原中国保监会的数据显示，截至 2012 年年底，我国投保环境责任保险的涉污企业仅 2000 多家，承保金额约 200 亿元。[②] 但是，根据原环境保护部、国家统计局和原农业部联合公布的《第一次全国污染源普查公报》，全国污染源总数达 592.6 万个，其中工业污染源 157.6 万个、农业污染源 289.9 万个、生活污染源 144.6 万个、集中式污染控制设施 4790 个。因此，5 年累计的投保企业较之全国的涉污企业数量，显得微不足道。

（四）全国强制性环境责任保险试点

为打破自愿环境责任保险试点僵局，2011 年原环境保护部印发《“十二五”全国环境保护法规和环境经济政策建设规划》，国务院公布《关于加强环境保护重点工作的意见》，提出开展强制责任保险试点。2013 年，原环境保护部与原中国保监会联合公布《强制责任保险指导意见》，尝试以政策文件的形式推进强制责任保险试点。2015 年，中共中央、国务院公布《生态文明体制改革总体方案》，进一步要求在环境高风险领域建立环境污染强制责任保险制度。2016 年，为贯彻落实《生态文明体制改革总体方案》，中国人民银行、财政部、国家发展和改革委员会、原环境保护部、原中国银监会、中国证监会、原中国保监会 7 个部门联合印发《关于构建绿色金融体系的指导意见》，确定“由环境保护部门会同保险监管机构公布实施性规章”。2017

① 参见《华泰保险推出环境污染责任保险》，载新浪财经网，http：//finance. sina. com. cn/g/20080116/15284413096. shtml。

② 参见《高污行业试点强制投保环境污染责任》，载中国新闻网，http：//www. chinanews. com/cj/2013/03 – 29/4687679. shtml。

年，原环境保护部办公厅和原中国保监会办公厅对《环境污染强制责任保险管理办法（征求意见稿）》公开征求意见。2018 年 5 月 7 日，生态环境部开会审议并原则通过《管理办法（草案）》，对石油和天然气开采、基础化学原料制造与合成材料制造、化学药品原料药制造、危险废物收集贮存利用处置等 8 类高风险企业实行环境强制责任保险。

在《强制责任保险指导意见》及其他相关政策性文件推动下，全国 10 多个省市积极开展试点。2013 年，全国有 9322 家次企业投保环境责任保险，保费 1.9 亿元。[①] 到 2014 年，22 个省份近 5000 家次企业投保。[②] 2015 年，17 个省份近 4000 家企业投保。[③] 2016 年，全国参保环境污染责任险的企业达到 1.44 万家次，保费收入达 2.84 亿元，保险人为被保险人提供的风险保障金达 263.73 亿元。[④] 2017 年，全国投保企业 1.6 万家次，保险人提供风险保障金 306 亿元。2018 年以来，贵州省、山东省、海南省和广东省深圳市等省市纷纷开展新一轮地方试点，在投保责任范围、责任限额、风险管理等方面的实践和探索远远超出指导意见的要求。2021 年 5 月底，贵州省完成企业信息注册 177 家，完成企业环境风险评级 146 家，企业投保 75 家，保费共计 136.88 万元，提供风险保障金 5780 万元。[⑤] 2018 年 12 月 10 日，广东省深圳市统计其辖区内共 774 家企业投保，保费 1946.07 万元；2021 年，深圳市颁布实施《深圳市环境污染强制责任保险实施办法》后，深圳市生态环境局在 9 月公布了环境污染强制责任保险投保企业名单（第二批）334 家。[⑥] 在海南

---

① 参见王向楠：《美国环境污染责任保险的特点及借鉴意义》，载《金融与经济》2015 年第 9 期。

② 参见《22 省 5000 家企业投保环境污染责任保险 涉石化等行业》，载中国新闻网，http://www.chinanews.com/gn/2014/12-04/6845890.shtml；《环境保护部：今年近 4000 家环保责任险投保企业名单公布》，载中国政府网，http://www.gov.cn/xinwen/2015-12/23/content_5027071.htm。

③ 参见孙秀艳：《环境污染责任缘何难推广》，载人民网，http://zj.people.com.cn/n2/2015/1228/c186981-27411948-3.html。

④ 参见李晨阳：《绿色保险产品有待丰富》，载《经济日报》2017 年 6 月 26 日，第 7 版。

⑤ 参见《贵州省全面推行环境污染强制责任保险制度》，载无锡市弘复环保科技有限公司网 2021 年 8 月 25 日，http://www.chinaepli.com/front/articles/2556.html。

⑥ 参见《深圳市人居环境委员会关于公布环境污染强制责任保险投保名单（第一批）的通知》，载深圳市生态环境局网 2018 年 12 月 18 日，http://meeb.sz.gov.cn/xxgk/qt/hbyw/hjwrzrbx/content/post_2056662.html。

省，2018 年，原中国银保监会海南监管局与海南省生态环境厅联合印发《海南省环境污染强制责任保险试点实施方案》（琼保监函〔2018〕152 号），制定投保规则，确定首批试点企业名单。截至 2019 年 12 月底，试点的 5 家企业已完成投保，保费共计 71. 10 万元。2020 年，5 家企业全部续保，总保费 66. 09 万元。[①]

相较于先前三个试点阶段，第四阶段的投保企业数量明显增多，全国各省区均已开展环境污染强制责任保险试点，领域涉及印染、医药、电力、危险废物处置、危险化学品、石化、重金属等多个行业。然而，另一组数据则仍然与之形成鲜明对比：2013 年，全国共检查涉污企业 81 万家次，查处各类环境违法问题及风险隐患近 1 万个；[②] 2014 年，全国共查处环境违法企业 10 万余家次；[③] 2015 年，全国共检查涉污企业 177 万家次，查处各类违法企业 19. 1 万家次。[④] 2013 年至 2017 年，每一年中被确定为国家重点监控企业的数量分别为 15797 家次[⑤]、14410 家次[⑥]、14920 家次[⑦]、14312 家次[⑧]和 14200 家次[⑨]。尽管 2016 年和 2017 年投保企业的数量较前两年大幅提升，环境责任保险年度保费也在 2017 年开始突破 3. 15 亿元，但是此阶段的投保企

① 参见《海南省生态环境厅对政协海南省第七届委员会第三次会议第 0116 号提案的答复（复文分类：B）》，载海南省生态环境厅网，http：//hnsthb. hainan. gov. cn/xxgk/0200/0202/zwgk/zfwj/202007/t20200706_2814426. html。

② 参见《2013 年中国环境状况公报》，载生态环境部网，https：//www. mee. gov. cn/hjzl/sthjzk/zghjzkgb/201605/P020160526564151497131. pdf。

③ 参见《2014 年中国环境状况公报》，载生态环境部网，https：//www. mee. gov. cn/hjzl/sthjzk/zghjzkgb/201605/P020160526564730573906. pdf。

④ 参见《2015 年中国环境状况公报》，载生态环境部网，https：//www. mee. gov. cn/hjzl/sthjzk/zghjzkgb/201606/P020160602333160471955. pdf。

⑤ 参见《关于印发 2013 年国家重点监控企业名单的通知》，载生态环境部网，https：//www. mee. gov. cn/gkml/hbb/bgt/201303/t20130328_250064. htm。

⑥ 参见《关于印发 2014 年国家重点监控企业名单的通知》，载生态环境部网，https：//www. mee. gov. cn/gkml/hbb/bgt/201312/t20131231_265877. htm。

⑦ 参见《关于印发 2015 年国家重点监控企业名单的通知》，载生态环境部网，https：//www. mee. gov. cn/gkml/hbb/bgt/201501/t20150107_293958. htm。

⑧ 参见《关于印发 2016 年国家重点监控企业名单的通知》，载生态环境部网，https：//www. mee. gov. cn/gkml/hbb/bgt/201602/t20160204_329897. htm。

⑨ 参见公众环境研究中心：《31 省区市 2017 年国家重点监控企业名单》，载无忧固废网 2017 年 11 月 7 日，http：//www. 51gufei. com/news/show. php？ itemid = 1972。

业在污染源数量中的占比仍不到0.4%，[①] 环境强制责任保险的深入推广仍面临严峻挑战（详见表2-2）。

表2-2 2013年至2021年全国环境责任保险投保情况

年份	累计投保企业数/万家次	累计环境责任保险保费/亿元	全国污染源数/万个	投保企业占比估值（投保企业数/污染源数）/%
2013	0.9322	1.9	592.6（第一次污染源普查，标准时点为2007年12月31日，时期为2007年度。未包括香港特别行政区、澳门特别行政区、台湾地区）	0.16
2014	0.5	—		0.08
2015	0.4	—		0.07
2016	1.44	2.84		0.24
2017	1.6	3.15	358.32（第二次污染源普查，标准时点为2017年12月31日，时期为2017年度。不含移动源，不包括香港特别行政区、澳门特别行政区和台湾地区）	0.4
2018	—	—		—
2019	—	—		—
2020	1.9	—		0.53
2021	2.5	600		0.7

各级政府及相关行政部门在推行环境污染责任保险制度上态度积极，但是涉污企业的投保需求仍然很低，尽管国家出台了许多规范性文件鼓励企业投保环境污染责任保险，但许多企业为了节约成本而选择不予投保，导致环境污染责任保险难以形成规模效应。[②] 反过来，因缺乏起码规模的市场投保需求，环境责任保险产品的固定成本必然被畸形分摊，非基于大数法则精算

① 根据《全国污染源普查条例》的规定，每10年开展一次全国污染源普查工作。第一次全国污染源普查工作取得显著成果，发挥了重要作用。但经过10年的发展，我国工业经济和社会人口结构，以及污染源的类型、分布、规模和性质等都发生巨大变化。同时，农村面源、非道路移动源以及挥发性有机物等污染物对环境质量的影响逐渐显现，亟须对其排放情况开展系统性调查。因此，国务院于2016年10月20日公布了《关于开展第二次全国污染源普查的通知》（国发〔2016〕59号），决定于2017年开展第二次全国污染源普查。2020年6月9日，《第二次全国污染源普查公报》正式公布。

② 参见信春鹰主编，全国人大常委会法工委、原环境保护部政策法规司编写：《〈中华人民共和国环境保护法〉学习读本》，中国民主法制出版社2014年版，第215页。

而来的保费费率对潜在投保人产生不了足够的吸引力。但是，投保企业越是稀少，保险产品就越难开发，环境责任保险市场机制也越难建立并发挥作用。因此，我国环境责任保险的供需之间形成了僵持和恶性循环态势。[①]

二、我国环境责任保险供需问题的基本特征

环境责任保险作为一种市场化的调节手段，其需求和供给必须满足市场经济规律。企业购买环境责任保险要增加其经济成本，其需求是有限的；商业保险机构提供环境责任保险产品的目的是赚取利润，商品提供者不可能以长期亏损为代价来提供产品，这个问题最终会反映在价格上。当双方所能接受的价格区间没有交集时，就会产生供需双冷问题，环境责任保险的市场就无法自发形成（详见图2－2）。

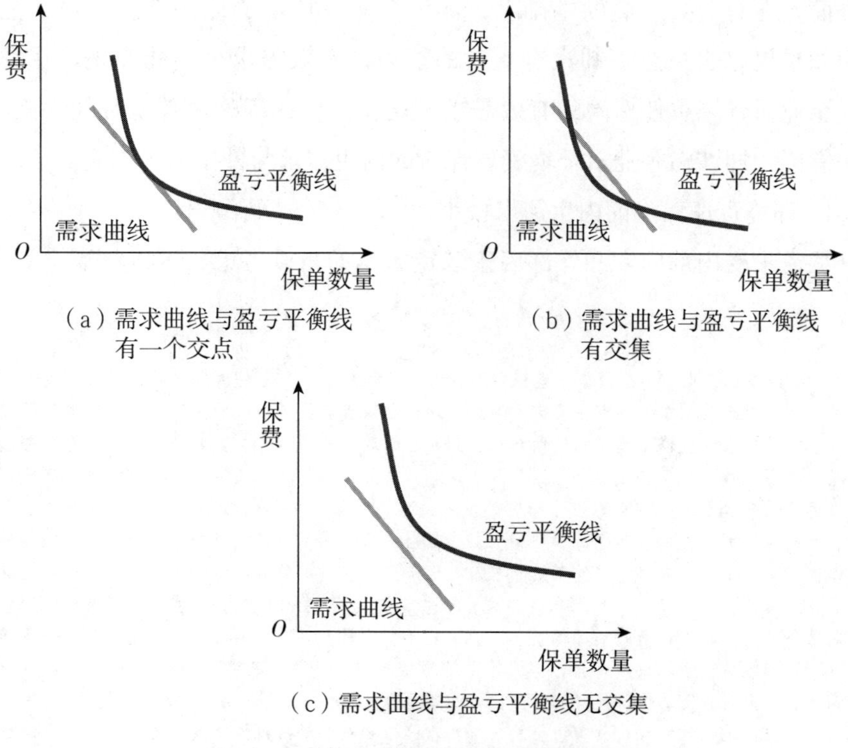

（a）需求曲线与盈亏平衡线有一个交点

（b）需求曲线与盈亏平衡线有交集

（c）需求曲线与盈亏平衡线无交集

图2－2　环境污染责任保险三种市场状况

① 参见竺效：《论环境污染责任保险法律体系的构建》，载《法学评论》2015年第1期。

从我国环境责任保险展业以来公开的投保企业数、保费收入及保险赔付率等数据看，我国涉污企业对环境责任保险的供需双向严重不足。通过进一步调研分析环境责任保险试点中涉污企业和保险人的意愿与行为，以及横向比较以美国为代表的西方发达国家环境责任保险发展初期的供需情况，本书将我国环境责任保险供需不足的特征予以具体呈现。

（一）环境责任保险有效需求严重不足

根据国内外学术界对有效需求的界定，[①] 所谓“有效需求”通常是指一国之内既有购买意愿又有支付能力的社会总需求。由此可知，环境责任保险“有效需求”的基本内涵主要包括两个方面：一方面，涉污企业必须有投保环境责任保险的意愿，如果涉污企业对环境责任保险没有投保意愿，即使企业有很高的收入，对保险产品有支付能力，也不会形成社会的有效需求。另一方面，在有购买意愿的基础上，涉污企业对环境责任保险有支付的能力。因为如果仅有购买意愿却没有支付的能力，有效需求也不能实现。在我国，涉污企业对环境责任保险的有效需求不足，主要原因为对环境责任保险缺乏投保意愿，即涉污企业对环境责任保险的内生需求与外生需求不高。

1. 环境责任保险的内生需求极小

从需求受内部因素和外部因素双重影响的角度考虑，可以将需求划分为

---

① 在经济思想史上，有效需求理论伴随自由主义和国家干预主义两大学派的发展而发展。西方自由主义学派对有效需求的界定主要有古典经济学派和新古典经济学派的两种界定，而国家干预主义学派关于有效需求的理论可追溯到重商学派，到凯恩斯时期达到顶峰。古典经济学派对有效需求的讨论，以“萨伊定律”尤为具有代表性。“萨伊定律”并没有对有效需求的内涵作出详细的界定，他只是在论述“商品处置”问题时采取了斯密的立场；而“有效需求”被斯密定义为一种对符合自然价格的所有商品的需求。新古典经济学理论中对有效需求的研究在瓦尔拉斯的一般均衡模型中得到了充分的体现。在该模型中，市场中的有效需求就是经济主体在考虑其他市场的约束之后能最大化其效用的交易。凯恩斯在其《就业、利息和货币通论》中认为与总供给价格相应的是总需求价格，即在一定就业量下社会愿意支付所购商品的价格。利润在有效供需的决定中起着核心的作用，“今设当取某定值时，预期收益大于总供给价格，即大于，则雇主见有利可图，必欲加雇工人必要时不惜抬高价格，竟购生产要素直至之值，使与相等后止。故就业量决定于总需求函数与总供给函数相交之点，盖在此点，雇主们之预期利润达到最大量。在总需求函数和总供给函数相交点时之值，称为有效需求”。参见郭丽娜：《有效需求理论演进及其发展研究》，辽宁大学 2011 年博士学位论文，第 12 页；［英］亚当·斯密：《国民财富的性质和原因的研究》（上卷），郭大力、王亚南译，商务印书馆 1974 年版，第 51 页；［英］约翰·梅纳德·凯恩斯：《就业、利息和货币通论》，徐毓枬译，商务印书馆 1983 年版，第 25 页、第 31 页。

内生需求与外生需求。[①] 环境责任保险的内生需求，主要指基于投保者自身因素所产生的需求。但是，这并不意味着环境责任保险的内生需求就完全不受外部因素影响。准确地说，内生需求是潜在投保者综合考虑自身因素与外部因素之后自觉产生的保险需求，主要受环境责任保险产品的价格、企业的风险偏好、企业规模以及环境侵权责任制度等多种因素影响。而环境责任保险的外生需求则纯粹是外部因素强加给投保者的保险需求，主要是国家的强制保险立法规定，或是利益相关团体的要求。比如，银行在给涉污企业发放贷款时会要求涉污企业为抵押的土地或经营设施购买环境责任保险。

一般而言，在环境责任保险产品价格越低、企业风险厌恶程度越高、企业规模越小、环境侵权责任立法越完善的时候，涉污企业对环境责任保险的内生需求越高。以环境责任保险发展较早的美国为例，其内生需求历经“兴起（1969 年至 1983 年）—衰落（1983 年至 1995 年）—繁荣（1995 年至今)”的发展过程。[②] 20 世纪 70 年代开始，为遏制日益严重的环境破坏，美国政府加强了环境保护力度，在《清洁大气法》《清洁水法》《综合环境反应、赔偿和综合法》等相关法案中，采取污染付费原则和针对财产所有者的严格责任制度。严格的环境侵权法律制度和财务担保要求，促使涉污企业自觉寻求转移环境风险和符合法律要求的有效途径，对当时兴起的环境责任保险具有强烈的内生需求；在不合理的司法判例导致保险人负担过重而减缩市场供给的衰退时期，涉污企业对环境责任保险的内生需求才因保费过高、保险范围过窄而有所减弱；后来，美国保险市场提供多种类型的环境责任保险，加上超过 40 个州出台法律强制企业在处理危险废物时必须购买保险，涉污企业遂开始产生对环境责任保险的内生需求。

在我国，无论是特殊行业被动引入环境责任保险时期，还是地方探索性环境责任保险试点时期以及全国自愿性环境责任保险试点时期，乃至后续的

---

① 参见刘宝宏：《内生需求 外生需求及其营销管理模式》，载《东北财经大学学报》2003 年第 5 期。

② 参见卢志文：《美国环境污染责任保险制度的嬗变、特点及启示》，载《河北企业》2018 年第 8 期。

全国强制性环境责任保险试点时期，几乎都是依靠环保部门和保险监管部门的外部推动。很少有涉污企业从自身利益出发，真正意识到要通过环境责任保险来提高经济效益和分散责任风险，从而向保险人主动购买保险。以试点成绩较为突出的广东省深圳市、浙江省和湖南省为例：2014 年 6 月，深圳市环境科学研究院钟琴道等学者组成的课题组对深圳市 239 家涉污企业开展环境责任保险投保问卷调查，63.5% 的企业投保了环境责任保险，其中 51.9% 的企业是自愿参加保险，投保企业的续保率达到 95.3%。而根据官方统计数据，深圳市 2014 年至 2015 年的涉污企业中有 45.2% 未参保环境责任保险，投保企业也只有 60% 的续保率。[①] 2014 年后，深圳市环境责任保险进入探索创新阶段，将企业投保情况与企业信用评定相结合，定期公布年度投保企业名单，并将企业投保信息报送工商等行政管理部门，但是效果并没出现大的起色。至 2016 年年底，深圳市投保环境责任保险的排污单位 332 家，而深圳市符合强制投保情形的排污单位约 1200 家，[②] 投保企业占比仅 27.7%；2017 年，投保环境责任保险企业的 277 有家，[③] 投保企业占比下降到 23%。2018 年起，深圳市试行高风险行业环境污染强制责任保险，涉污企业投保转为外生需求。在浙江，2014 年省环境监测协会向分布在衢州、丽水、金华、台州、嘉兴、宁波、杭州、绍兴等地的 55 家重点企业发放调查问卷，就企业环境风险情况、风险防范水平、环境责任保险了解程度、环境责任保险投保经历、参保环境责任保险的必要性、不愿投保该险种的原因等问题展开调查。在有效回收的 54 份问卷中，自愿购买环境责任保险的仅有 34 家，占总被调查企业的 63%。[④] 在湖南，2008 年至 2015 年共计 3560 家企业投保环境责任保险，总保费收入 6073.14 万元（详见表 2－3），但 2012 年至 2015 年仅有

---

① 参见钟琴道等：《环境污染责任保险投保意愿及需求分析——基于深圳的问卷调查》，载《特区经济》2016 年第 6 期。

② 参见《〈深圳市环境污染强制责任保险实施办法（征求意见稿）〉的说明》，载深圳市生态环境局网 2021 年 1 月 9 日，http://meeb.sz.gov.cn/hdjlpt/yjzj/answer/10203。

③ 参见《市人居环境委关于公布 2017 年投保环境污染责任保险企业名单的通知》，载深圳市生态环境局网 2017 年 12 月 25 日，http://meeb.sz.gov.cn/xxgk/qt/hbyw/hjwrzrbx/content/post_2056951.html。

④ 参见谢慧明、李中海、沈满洪：《异质性视角下环境污染责任保险投保意愿分析》，载《中国人口·资源与环境》2014 年第 6 期。

11 家企业连续 3 年续保、100 家企业连续 2 年续保，仅投保 1 次的企业超过 58%，且投保额度较低。[①] 湖南省环境责任保险的试点成果之所以在首批试点省市中比较突出，关键不是涉污企业主动要求购买环境责任保险，而是湖南省环保部门对环境责任保险的高度重视、积极落实和严格考核。这从笔者前几年对湖南省长沙市、株洲市、湘潭市三个城市涉污企业、地方环保部门的实地调研（其中湘潭市企业投保情况详见表 2－4）[②]，以及省级环保部门诸多工作简报、通知以及情况通报中得到了有力证明（详见表 2－5）。

表 2－3　2008 年至 2015 年湖南省环境责任保险投保情况

年份	投保企业数量/家	投保金额/万元	保费收入/万元
2008	14	2800.00	315.00
2009	42	8520.00	365.00
2010	244	17670.00	831.00
2011	553	25970.82	1285.72
2012	825	34220.53	1271.29
2013	815	27965.30	888.36
2014	761	30763.00	837.15
2015	306	11589.60	279.62

资料来源：赵亚琼等：《湖南省环境污染责任保险相关问题与对策》，载《安全与环境工程》2017 年第 3 期。

表 2－4　2009 年至 2014 年湖南省湘潭市环境污染责任保险投保情况

单位：家

年份	投保企业数量
2009	23
2010	19
2011	22

① 参见赵亚琼等：《湖南省环境污染责任保险相关问题与对策》，载《安全与环境工程》2017 年第 3 期。

② 2013 年 7 月、2014 年 7 月至 8 月，国家社科基金项目“环境责任保险供需问题及法律对策研究”（13BFX131）课题组赴湖南省的湘潭市、长沙市的望城区、浏阳市以及株洲市等地进行了环境责任保险实地调研，调研对象包括当地环境部门、平安保险环境责任保险负责人、涉污企业以及居民。

续表

年份	投保企业数量
2012	20
2013	7
2014	6

注：1. 投保方式主要为自愿投保。湘潭市环保部门按照国家和湖南省相关政策积极推行，每年召集涉污企业开会，由保险人向企业宣传环境责任保险，两者协商后签订保险合同。地方政府对此亦有顾虑：法律未规定推行强制责任保险，担心推行会引起企业不满而向上级政府部门投诉。

2. 地方政府对投保企业并无实际激励措施，仅于2010年将投保企业列为先进单位，后续并无其他长效奖励机制。

3. 涉污企业对江河造成的实际污染，如若无人举报，则不存在赔偿问题；就算赔偿，赔偿对象也不明确。涉污企业多为避免环保部门对其进行不利评价而购买保险，并非确因认识到环境责任保险的重要性而购买。

4. 2013年始，湘潭市按照《湘江流域重金属污染治理实施方案》，将拆停后的竹埠港区域化工企业列入省政府湘江保护与治理“一号重点工程”范畴。截至2014年9月底，28家涉污企业全部关停。企业关停后造成的后续污染治理费用全部由政府“埋单”。

表2-5 湖南省2008年至2012年环境责任保险相关政策文件

年份	文件名称	重点内容
2008	《湖南省环境污染责任保险试行方案》（征求意见稿）	拟成立环境责任保险工作领导小组和推动办公室，确定执行原则、操作流程和方法
2009	原湖南省环境保护局、原中国保监会湖南监管局《关于深入开展环境污染责任保险试点工作的通知》（湘环发〔2009〕18号）	明确试点工作重点，要求试点企业全部投保。长沙市、株洲市、湘潭市三市环保部门抽调专人负责、制定工作方案，确保任务完成。其他市州试点企业要求2010年以前全部投保，各市州环保部门要明确专人负责，确保目标任务完成
2010	原湖南省环境保护厅《关于认真落实2010年度环境污染责任保险试点工作的通知》（湘环函〔2010〕230号）	确定年度环境责任保险投保目标任务
	《湖南省环境污染责任保险试点工作简报》（第一期）（第二期）（第三期）	公布各市州企业投保情况，要求各市州确保年底之前全省范围内的有色、化工、砷制品、金属矿采选、涉镉等高环境污染风险的企业，以及全省环境安全隐患大排查确定的存在环境安全隐患的重点涉污企业全部投保

续表

年份	文件名称	重点内容
2011	原湖南省环境保护厅《关于开展 2011 年度环境责任保险工作的通知》（湘环函〔2011〕181 号）	规定各市州须完成投保的企业数，要求各市州环保部门采取有效措施，在年底前完成投保企业数量任务，并要求 2010 年前已投保企业全部续保
	原湖南省环境保护厅《关于 2011 年 1－6 月环境责任保险工作进展情况的通报》（湘环办〔2011〕103 号）	对照原湖南省环境保护厅《关于开展 2011 年度环境责任保险工作的通知》的要求，对各市州投保情况进行通报，督促各市州环保部门与保险人进一步加大工作力度，确保 2011 年任务完成
2012	原湖南省环境保护厅《关于深入开展 2012 年度环境污染责任保险试点工作的通知》（湘环发〔2012〕40 号）	要求各市州切实加强对环境污染责任保险工作的领导，明确 2012 年环境污染责任保险工作目标，投保数量不低于 2400 家并分解到各市州。要求各地保证已投保企业全部续保、制定保障性措施并开展保险宣传。各地每月报送工作进度，省级环保部门定期考核并通报，考核成绩纳入各市州环保工作年度目标考核计分事项
2012	《湖南省湘江保护条例》	鼓励湘江流域的重点排污单位购买环境责任保险或者缴纳环境污染治理保证金，防范环境污染风险 规定该流域涉重金属等环境污染高风险企业按照国家有关规定购买环境责任保险

2. 环境责任保险的外生需求有限

因 2007 年的《保险工作指导意见》强调市场化运作，2008 年至 2011 年各试点省市环保部门对涉污企业投保形成的推动力非常有限，环境责任保险的需求总量很小。以试点较早的深圳市为例，2009 年至 2011 年，参加环境责任保险的企业数量未发生明显改变，保持试点开始时的 13 家。在自愿性保险试点进展缓慢的基础上，2013 年公布的《强制责任保险指导意见》，对各地在高风险行业推进环境污染强制责任保险试点进行重要指导。2013 年，全国投保企业数达到保险试点以来的第一个高峰，投保企业占国家首次公布的污染源的 1.6‰左右。但随后两个年份，保单流失严重，投保和续保比例降低，投保企业占国家公布的污染源的比例均未超过1‰，环保部门强制参保的作用在2014年后明显减弱。以2013年才开始试点的甘肃省和贵州省为例。2013年下半年至2015年，甘肃省重点在化工、重金属等领域的国家级至县级重点监控企事业单位中推广环境责任保险，通过招标确定由中国平安、中国人保、中华联合、太平洋保险4家财产保险人开展试点。尽管有《强制责任保险指导意见》等政策性文件为推广依据，但2013年至2015年全省的投保企业数分别为27家、212家、267家，保费收入分别为264万元、490万元、572万元。相较而言，甘肃省内从县级至国家级监控的重点涉污企业多达2800多家，但投保环境责任保险的企业不足1/10，且投保企业中多数投保的是最低一档。在贵州省，自2013年10月启动环境责任保险试点工作至2014年8月，被列入环境强制责任保险试点企业范围的高风险企业共489家，却只有53家投保环境强制责任保险，投保率仅为10.84%，投保金额也仅有239.79万元①（详见表2－6）。

表2－6　贵州省2013年10月至2014年8月环境责任保险投保情况

试点地区	试点企业/家	参保企业/家	投保率/%	投保金额/万元	保险责任限额/万元
贵阳市	89	15	16.85	85.62	4080.83
遵义市	43	26	60.47	53.49	3800.00
六盘水市	10	2	20.00	36.43	1500.00
安顺市	17	2	11.76	8.28	400.00
黔南布依族苗族自治州	96	2	2.10	12.53	800.00
黔东南苗族侗族自治州	47	2	4.26	3.44	300.00
黔西南布依族苗族自治州	32	4	12.50	40	1988.00
毕节市	15	0	0	0	0

① 参见原贵州省环境保护厅《关于全省环境污染强制责任保险试点工作情况的通报》。

续表

<table>
<tr><th>试点地区</th><th>试点企业/家</th><th>参保企业/家</th><th>投保率/%</th><th>投保金额/万元</th><th>保险责任限额/万元</th></tr>
<tr><td>铜仁市</td><td>24</td><td>0</td><td>0</td><td>0</td><td>0</td></tr>
<tr><td>贵安新区</td><td rowspan="3">116</td><td>0</td><td>0</td><td>0</td><td>0</td></tr>
<tr><td>仁怀市</td><td>0</td><td>0</td><td>0</td><td>0</td></tr>
<tr><td>威宁彝族回族苗族自治县</td><td>0</td><td>0</td><td>0</td><td>0</td></tr>
</table>

注：本表中，贵安新区、仁怀市、威宁彝族回族苗族自治县的相关数据独立统计。

2015 年 9 月，《生态文明体制改革总体方案》公布实施，明确提出在环境高风险领域建立环境污染强制责任保险制度，2016 年至 2017 年全国投保环境责任保险的涉污企业数量有所增长。但是，从投保企业与污染源数量的悬殊对比来看，《强制责任保险指导意见》对企业投保环境责任保险的刺激有限，涉污企业的投保积极性远未形成，《保险工作指导意见》提出的建立环境风险管理长效机制目标尚未实现，大力发展环境责任保险还任重道远。2018 年 5 月 7 日，生态环境部审议并原则通过《管理办法（草案）》后，少数省市企业投保的外生需求情况发生明显变化，但总体需求仍未达到理想状态，地区发展差异明显。企业投保环境责任保险情况较好的地区主要集中于贵州省、广东省深圳市及江苏省无锡市等地。2017 年 10 月，中共中央办公厅、国务院办公厅印发了《国家生态文明试验区（贵州）实施方案》后，探索建立了“保险服务管家 + 五个统一”的环境污染责任保险新模式，旨在实现环境污染强制责任保险试点全面覆盖。① 2019 年 1 月，贵州省生态环境厅制定印发《贵州省环境污染责任保险风险评估指南（试行）》，为投保环境污染强制责任保险的企业开展保前风险评估提供科学依据。截至 2021 年 5 月底，投保环境责任保险企业在完成信息注册企业中占比 42.4%。根据《2021 贵州省生态环境状况公报》，全年共有 126 家企业投保环境责任保险，保费规

① 参见《贵州省全面推行环境污染强制责任保险制度》，载无锡市弘复环保科技有限公司网 2021 年 8 月 25 日，http：//www. chinaepli. com/front/articles/2556. htm。

模118.04万元，提供保险保障5500万元。[①] 2021年是贵州省强制环境责任保险企业投保的“天花板”。较之2015年，投保企业数量翻了一番有余，但总体上投保企业占比仍不足25.8%（以2015年统计的试点企业数489家计算）。2022年7月18日，中国环境责任保险网刊登《贵州日报》的一篇报道《贵州“绿色保险”创新路径为化解环境风险筑牢屏障》中称：“截至2020年4月13日，全省在保险有效期内的投保企业共计175家，应投保企业占比78.28%，保费总计170.22万元，提供保险保障9310万元。”[②] 如果按此投保企业数，在489家试点企业中，投保企业比例应该是35.8%。相比贵州省，强制环境责任保险在广东省深圳市和江苏省无锡市进展较快一些。2018年起，深圳市人居环境委员会和原市银保监局在全市试行高风险行业强制环境责任保险，投保企业共774家，保费1946.07万元，保额11.52亿元。[③] 2019年，深圳市人居环境委员会联合原深圳市银保监筹备组，继续推进纳入试点名录的企业应保尽保，足额投保，并根据绿色金融推进工作安排，探索研究保费补贴激励制度、形成稳定的保险市场。2021年7月1日颁布《深圳市环境污染强制责任保险实施办法》后，深圳市生态环境局公布了环境污染强制责任保险投保企业名单（第二批）334家，要求其在2021年9月底之前完成投保。在江苏省无锡市，截至2021年6月末在保企业1701家，其中，累计参保企业超过1.06万家次，承担责任风险100.36亿元；累计处理环境污染责任保险案件130多起，涉及赔款金额1327万元；累计保费收入1.53亿元，全国地级市排名第一。投保企业行业覆盖面从刚开始风险较高的化工行业扩展至22个行业。[④] 除此之外，最初开始环境责任保险试点的湖北省、湖南省、重庆市、

---

① 参见《2021贵州省生态环境状况公报》，载贵州省生态环境厅网2022年6月2日，https：//sthj. guizhou. gov. cn/hjsj/hjzlsjzx_5802731/hjzkgb_5802732/202206/P0202206023096969940 66. pdf。

② 参见《我省环境污染责任保险进入“强制时代”》，载无锡市弘复环保科技有限公司网2022年7月18日，http：//www. chinaepli. com/front/articles/2603. htm。

③ 参见《深圳市人居环境委员会关于公布环境污染强制责任保险投保名单（第一批）的通知》，载深圳市生态环境局网2018年12月18日，http：//meeb. sz. gov. cn/xxgk/qt/hbyw/hjwrzrbx/content/post_2056662. html。

④ 参见《环责险“无锡模式”实现多方共赢，制度创新、参保规模、推行力度走在全国前列》，载百家号“扬子晚报”2021年8月23日，https：//baijiahao. baidu. com/s? id = 1708877254227471790&wfr = spider&for = pc。

浙江省宁波市、辽宁省沈阳市、云南省昆明市等省市的环境责任保险投保需求未见新的起色。在云南省，涉重金属企业、按地方有关规定已被纳入投保范围的102家试点企业中，仅有39家完成在线环境风险评估填报，8家投保环境责任保险，提供保险保障3100万元，投保率仅为8%。[①] 就连最先开展地方探索性环境责任保险试点的吉林省，截至2021年6月，5家共保体公司仅为全省7家企业承保，收入保费仅80余万元。[②] 在湖南省，2021年12月印发《湖南省环境污染强制责任保险试点工作实施方案》，直到2022年5月17日才正式启动环境污染强制责任保险试点工作，全省8类高风险行业企业被纳入试点范围。[③]

（二）环境责任保险有效供给不足

通常，需求的不足与供应的不足相匹配。有效供给，是指与环境责任保险投保人保险需求和投保能力相适应的供给，即达到供需平衡。理论上，环境责任保险的市场均衡产量和价格由该保险产品的供给曲线和需求曲线的交点决定。当需求曲线与该环境责任保险投保方的边际效用曲线相一致、供给曲线与保险人的边际成本曲线相一致时，社会边际收益等于社会边际成本，即实现帕累托最优。考察美国环境责任保险的三个发展阶段，保险人对环境责任保险的有效供给只在衰退时期存在严重不足，主要表现为承保的保险人急剧减少、[④] 保费过高、保险范围过窄。[⑤] 反观我国，环境责任保险试点三个阶段均存在有效供给不足，主要表现为：

一是保险人承保环境责任保险的意愿不足。以湖南、江苏、贵州、河北

① 参见《省生态环境厅：94家未投保试点企业月底前需投保环责险》，载无锡市弘复环保科技有限公司网2019年1月14日，http：//www.chinaepli.com/front/articles/2403.htm。

② 参见《吉林省生态环境厅组织召开环境污染责任保险项目共保体工作推进会》，载中国吉林网2021年8月4日，http：//news.cnjiwang.com/jwyc/202108/3422013.html。

③ 参见陶佳：《我省环境污染责任保险进入“强制时代”》，载微信公众号“湖南生态环境”2022年5月18日，https：//mp.weixin.qq.com/s/KbeCABWMJJu5jpXIvZNRvA。

④ See Joseph Tanega, *Implications of Environmental Liability on the Insurance Industry*, Journal of Environmental Law and Policy, Vol. 8, p.127 (1996).

⑤ See Eugene R. Anderson et al., *Liability Insurance: a Primer for Corporate Counsel*, Journal of Business Law, Vol. 48, p.264－265 (1993)；卢志文：《美国环境污染责任保险制度的嬗变、特点及启示》，载《河北企业》2018年第8期。

四省为例：在湖南省，2008 年开始试点时，由平安财险湖南分公司承保环境责任保险，之后人保财险湖南省分公司也加入承保机构行列。但是，至 2012 年原湖南省环境保护厅组织经纪公司通过竞争性谈判的方式组建保险共保体时，承保机构主要还是这两家，其他保险人基于各种原因未参与进来。在江苏省，2013 年南京财经大学王顺庆等学者就“对环境责任保险的了解程度”“近期是否有试点承保意愿”“未承保的具体原因”“《强制责任保险指导意见》对承保的影响”等问题对江苏省 30 家保险人进行问卷调查。从其统计数据看，对环境责任保险非常熟悉的保险人仅占 10%，比较了解的占 35%，有所了解的占比 50%，甚至还有 5% 的保险人并不知悉环境责任保险；在近期是否有承保意愿问题上，只有 65% 的保险人选择“有意愿”；在收到或了解《强制责任保险指导意见》以及有意愿近期承保的保险人中，只有 47% 的公司拟自愿承保，29% 的公司主要是因为地方政府要求而承保，24% 是因总公司下达任务要求而承保。[①] 2021 年，江苏省无锡市才完成新一轮环境责任保险共保体招标工作，由 9 家保险公司组成新一轮环境责任保险共保体。在贵州省，环境责任保险于 2013 年开始试点，当时参与承保的保险人只有平安财险、人保财险、阳光财险、太平洋保险 4 家，[②] 直到 2018 年 6 月原贵州省环境保护厅还在公布《关于公开组织申报环境污染强制责任保险试点统保工作保险人的公告》，面向社会公开组织申报环境污染强制责任试点统保工作的保险人，组建共保体，为贵州省环境污染强制责任保险试点工作提供保险服务。因为缺乏保险人的积极承保，为完成环境责任保险的试点工作，贵州省生态环境保护厅决定通过公告的方式征集环境责任保险人。在河北省，环境污染责任保险采取“保险经纪人运作、被保险人集体投保、保险人共同承

---

① 参见王理、龚丽君、王顺庆：《江苏省环境污染责任保险调查数据分析》，2014 中国环境科学学会学术年会论文，2014 年 8 月于成都。

② 从各保险公司工作开展情况看，作为主承保的平安财险贵州分公司共计承保 18 家企业，累计保费收入 154.89 万元，总保险金额 7300 万元。人保财险贵州省分公司独立承保 32 家企业，保费收入 78.86 万元，总保险金额 5099 万元。阳光财险承保 11 家企业，保费收入 28.60 万元，总保险金额 1350 万元。太平洋保险贵州分公司承保 3 家企业，保费收入 13.2 万元，总保险金额 650 万元。

保”模式,[①] 通过长城、圣源祥、安信、奇圣四家保险经纪公司运作，主要由人保财险、平安财险、燕赵财险、中华联合财险、永诚财险五家公司来负责全省的环境污染责任保险，其他保险人对承保环境责任保险缺乏热情。

二是保险人提供的环境责任保险品种传统、单一。从 20 世纪 90 年代发展至今，我国环境责任保险的承保险种极为有限。首先，以湖南、河北两省为例对试点省份的保险品种供给进行分析。湖南被称为“有色金属之乡”，其工业产业结构特点是偏重重金属和化工。目前，湖南的环境责任保险试点主要涉及有色金属矿采选、化工、冶炼、砷制品、涉镉等高环境污染风险企业。按理说，不同行业面临的环境风险各异，同行业不同企业面临的风险也各有不同。因此，保险人应当进行供给侧研究，开发和提供符合不同投保人需求的环境污染责任保险产品。但事实上，2012 年，原湖南省环境保护厅却组织由平安财险和人保财险两家保险公司的湖南省分公司组成共保体，搭建保险条款、保费费率、保障范围、赔偿标准和操作方案五个方面统一运行的机制，承保湖南省范围内的突发性污染损害责任。尽管统一运行机制可以提高保险人的工作效率，但不利后果就是缺乏具有个性化和有吸引力的环境责任保险产品。在河北省，钢铁、建材等重工业企业资源消耗量和污染物排放量大，造成严重的水环境污染、大气环境污染和固体废物污染。2014 年 7 月，河北省制定了环境强制责任保险试点实施方案，将环境责任保险试点主要集中在一些重工业企业。尽管有 5 家保险公司承保，但各家保险公司的险种趋同性强，保险条款设计也是大同小异，满足不了该省不同行业、不同企业对环境责任保险的个性需求。[②] 其次，从保险市场提供的险种规模角度进行分析。在承保的公司当中，长安责任保险和人保财险两家公司开发的险种较其他公司更多：前者包括环境污染责任保险[③]、绿色装饰装修工程责任险、水域船舶污染责任险，后者除了环境污染责任险，还推出了危险化学品安全

① 参见李鸿敏、杨雪美：《河北省环境污染责任保险供求现状及其优化》，载《环境保护与循环经济》2016 年第 8 期。

② 参见李鸿敏、杨雪美：《河北省环境污染责任保险供求现状及其优化》，载《环境保护与循环经济》2016 年第 8 期。

③ 此处的环境责任保险，是指一般意义上的保险，即以被保险人因损害环境而应承担的环境侵权损害赔偿或治理责任为标的的保险。

责任险、高新技术企业环境污染责任险；安心农险和太保财险均只推出危险化学品安全责任险；平安财险推出了环境污染责任险；华泰财险除承保环境污染责任险外，还推出了场所污染责任险。以上险种共计6类。与国外（以美国为例）品种多样的环境责任保险相比，我国保险人承保的环境责任保险品种少，专业性不强，无法满足涉污企业的个性化要求。美国的环境责任保险的主要产品和保险范围，笔者以表格的形式总结了出来（详见表2－7）。

表2－7　美国主要环境责任保险产品及保险范围一览表

产品名称	保险范围
清洁费用限额保险	承保超出补救计划预期的清理费用
承包商经营和专业服务保险	承保承包商的污染责任、因错误和遗漏造成的污染
承包商污染责任险	承保因承包商或分包商的建设和补救行为产生污染而造成第三方人身伤害、财产损失和环境损害
环境和一般法律责任险	是一种联合的全面的环境责任保险，提供一系列定制的伤亡保险和特定的环境保险，该保险可以选择新的和已存在的污染、现场和场外污染损害
错误和遗漏险	承保针对专业服务选择的过失和疏忽造成的污染责任
总承包商的污染责任险	承保总承包商因次承包商行为而产生的意外责任和当承包商在执行项目过程中发生的突发性污染责任
铅消减的承包商责任险	承保因补救承包商的铅消减活动而致人损害的责任
所有人控制环境保险	承保工人的赔偿、雇主责任、商业一般责任
污染法律责任险	承保被保险人因保险场地的污染或源自保险场地的污染导致的损失，损失通常包括第三方的财产损失、人身伤害和清理费用
有担保的债权人/环境损害的债权人的求偿险	承保以不动产提供信贷担保的公司因遭受环境污染索赔导致的损失
储罐污染保险	承保人身伤害、财产损失和因地上、地下的储罐释放污染而采取补救和清理行为的损失
补充环保汽车责任保险	承保因汽车装载的货物在运输途中释放污染物导致的人身伤害、财产损失和清洁费用

资料来源：贾爱玲：《环境责任保险制度研究》，中国环境科学出版社2010年版，第115－117页。

三是环境责任保险的承保范围过窄。与欧美国家的环境责任保险承保范围相比，我国环境责任保险试点时期的承保范围比较狭窄，无法达到让投保人分散生产和经营风险的目标，企业缺乏投保积极性。分析各家保险公司的环境责任保单，可以发现，我国的保单主要是在美国环境责任保险保单的基础上修改而成，承保的环境责任风险不外乎“被保险人”因在“承保地点”的偶然、突发性环境污染事故导致的“索赔”所致其依法应承担的“经济赔偿责任”、“清污费用”、“紧急应对费用”及相关“法律费用”（详见表2－8）。

表2－8 国内几大主要保险公司的保险范围条款内容

保险公司名称	责任保险范围条款及其主要内容
中国人保	1. 第三者的人身伤亡或直接财产损失（第3条） 2. 被保险人因发生保险事故而支出的合理的、必要的清污费用（第4条）
平安保险	1. 第三者因污染损害遭受的人身伤亡或直接财产损失（第3条） 2. 第三者的合理必要的清理费用（第3条） 3. 紧急应对费用（48小时内的应急施救、污染物应急转移费用，第三方人员应急转移费用，应急检验、应急监测费用，其他依法应由被保险人承担的费用）（第4条） 4. 法律费用（第5条）
太保财险	1. 受害方的财产的直接损失或损害，被保险人应当承担的经济赔偿责任（第3条） 2. 事故造成环境的直接损害，以及合理恢复措施的费用（第3条） 3. 为防止被保险船舶面临污染物排放或泄漏后即将出现的危险局面而采取合理施救措施产生的费用（第3条） 4. 为防止或减轻污染而造成被保险船舶进一步损失或损害，或由此产生的费用或责任，这种损失、损害、费用或责任以不能从被保险船舶的其他保险处得到赔偿的部分为限（第3条） 5. 被保险船舶与其他船舶发生碰撞事故并造成污染损害，应由被保险人承担的经济赔偿责任，以及所有无法合理分开的连带责任（第3条）

续表

保险公司名称	责任保险范围条款及其主要内容
阳光财险	1. 第三者因污染损害遭受的人身伤亡或直接财产损失（第 3 条） 2. 合理必要的清理费用（第 3 条）
安诚财险	1. 第三者因污染损害遭受的人身伤亡或直接财产损失（第 3 条） 2. 合理必要的清污费用和施救费用（第 4 条） 3. 法律费用（第 5 条）

资料来源：《中国人民财产保险股份有限公司江苏省分公司环境污染责任保险条款》，载百度文库，https：//wenku. baidu. com/view/f299e583b9d528ea81c779dc. html，2016 年 8 月 10 日访问；《中国平安财产保险股份有限公司环境污染责任保险条款》，载百度文库，https：//wenku. baidu. com/view/ca74c029b8f67c1cfbd6b864. html，2016 年 8 月 10 日访问；《中国太平洋财产保险股份有限公司船舶污染责任保险条款》，载百度文库，https：//wenku. baidu. com/view/a8442d1b10a6f524ccbf85b7. html，2016 年 8 月 10 日访问；《阳光财产保险股份有限公司环境污染责任保险条款（2013 年版）》，载原创力文档，https：//max. book118. com/html/2017/0609/112668834. shtm；《安诚财产保险股份有限公司重庆市环境污染责任保险条款》，载原创力文档，https：//max. book118. com/html/2016/0526/44056020. shtm。

具体而言，保险范围长期以来限于因突发意外事故导致的人身伤亡、直接财产损失和必要的清理费用。这意味着，渐进性污染产生的一切损失都不在保险范围中，且意外事故导致的间接经济损失和生态损害均不承保，精神损害责任则以附加险的形式存在。对如何判断意外事故，合同条款仅解释为“突发的、非本意的、不可预见的事故”，实践中难以对其进行定性和定量。在保险金额上，合同对人身伤亡、直接财产损失和清理费用通常设有分项限额。事实上，因保险试点城市发生的大多是渐进式污染，意外事故发生概率非常小，有些城市甚至尚未发生过一起意外事故，因此涉污企业获得赔付机会很小；有些保险人甚至严格规定赔偿范围为“被保险人经营场所外围 1 千米以内”。2017 年，因中共中央办公厅、国务院办公厅印发《生态环境损害赔偿制度改革方案》（以下简称《改革方案》），2018 年贵州省、深圳市[①]等少数试点省市的环境责任保险保单中才开始设计生态环境损害赔偿责任风险类项。[②]

① 参见《深圳开展环境污染强制责任保险试点》，载人民网，http：//gd. people. com. cn/n2/2018/0712/c123932 – 31806672. html。

② 参见《深圳市开展环境污染强制责任保险试点 1066 家企业纳入参保名录，力争 9 月份实现应保尽保》，载深圳市循环经济信息化服务平台网 2018 年 7 月 12 日，http：//xhjjxh. cn/news/show – 3 – 892. htm。

2021年7月公布的《深圳市环境污染强制责任保险实施办法》，以《民法典》第1235条规定为根据，明确保险责任除了突发性第三者人身、财产保险责任之外，还将突发性或累积性环境污染造成生态环境损害赔偿包括进承保范围。[①]

四是环境责任保险的保费高。我国试点省市的环境责任保险的保费费率为1.5%~3.5%，远远高于欧美国家环境责任保险的保费费率（0.007%~0.07%），[②] 也比我国其他普通责任保险的保费费率的平均水平（0.3%~0.8%）高。在我国，环境责任保险的保费费率是投保双方基于投保方的行业特点、生产工艺、生产规模、环境管理水平、环境风险等级等参考因素协商决定。同行业的涉污企业具有相同的基本保费费率，在此基础上，再根据企业的现场环境隐患排查和环境风险等级划分等情况，确定费率调整系数。

现以人保财险和平安保险的保单为例来说明这个问题。人保财险（甘肃省分公司）的环境责任保险的保费费用整体上涵盖主险和附加险，是主险保费与附加险保费之和再与各类调整系数相乘之积，其中主险保费由第三者损害责任、清污费用及法律费用三部分构成，均包含累计责任限额调整系数；附加险保费部分包括精神损害赔偿责任和其他附加险保费（自然灾害、盗窃抢劫、特别约定等责任险）。具体而言，若设总保费费用为P，主保险费为P_1，附加保险费为P_2（精神损害险）、P_3（自然灾害险）、P_4（盗窃抢劫）、P_5（特别约定）等，8种调整系数分别设为A_1（行业系数）、A_2（地区系

---

① 这个问题可以参见《深圳市环境污染强制责任保险实施办法》第8条的规定。根据该条的规定，环境污染强制责任保险的保险责任应当包括：（1）第三者人身损害。投保单位因突发环境事件或者生产经营活动中污染环境，导致第三者生命、健康、身体遭受侵害，造成人体疾病、伤残、死亡等，依法应当承担的赔偿费用。（2）第三者财产损失。投保单位因突发环境事件或者生产经营活动中污染环境，造成第三者财产损失，依法应当承担的赔偿费用。（3）生态环境损害。投保单位因突发环境事件或者生产经营活动中造成生态环境损害应当承担的赔偿费用，包括生态环境受到损害至修复完成期间服务功能丧失导致的损失，生态环境功能永久性损害造成的损失，以及生态环境损害调查、鉴定评估等费用，修复生态环境费用，防止损害的发生和扩大所支出的合理费用。（4）应急处置与清污费用。投保单位、第三者或者政府有关部门，为避免或者减少第三者人身损害、财产损失或者生态环境损害，支出的应急监测及处置费用、污染物清理及处理费用。（5）其他费用。环境事件或者生产经营活动污染环境引发的必要的、合理的诉讼费、仲裁费、律师费等法律费用。

② 参见於方、牛坤玉、贾倩：《论环境责任保险中的环境风险与环境损害评估》，载《环境保护》2017年第14期。

数)、A_3(规模系数)、A_4(承保区域系数)、A_5(环境敏感区系数)、A_6(风险管理系数)、A_7(续保系数)、A_8(浮动系数),则 $P = (P_1 + P_2 + P_3 + P_4 + P_5) \times A_1 \times A_2 \times A_3 \times A_4 \times A_5 \times A_6 \times A_7 \times A_8$。其中,$P_1$ = (单次事故第三者责任限额×第三者责任基准费率+单次事故清污费用责任限额×清污费用基准费率)×累计责任限额调整系数+法律费用累计责任限额×法律费用基准费率。[①] 根据平安保险的环境责任保险合同,其保费的计算思路与人保财险大体相同,都是在其保费计算公式中分为主险和附加险进行计算。在平安保险的主险保费设计中,以合同约定的赔偿限额为基础,与保险基准费率和各类风险因子相乘,所得结果即是涉污企业应当缴付的保费。在精神损害附加险保费设计中,其保费率被额定为主保险费率的30%。具体而言,若设总保险的保费费用为P,约定的累计赔偿限额为Q,基准费率为Rs,总风险因子为F,各类风险因子分别设为 F_1(追溯期因子)、F_2(地区分类因子)、F_3(企业规模因子)、F_4(标的处所位置因子)、F_5(企业环境管理能力),则 $F = F_1 \times F_2 \times F_3 \times F_4 \times F_5$;$P = Q \times Rs \times F$。其中,基准费率=行业基准费率×赔偿限额及免赔额调整比例,赔偿限额及免赔额调整比例=保单累计赔偿限额调整比例×每次事故限额比例调整比例×免赔额调整比例。[②] 以湖南省某一位于城乡结合区的中型炼焦企业为例。假设该企业与保险人签订环境责任保险合同,约定累计赔偿限额1000万元,且每次事故赔偿限额为500万元,每次事故免赔额为1万元。根据保险人提供的各类风险因子,按以上公式计算,则其风险因子=1×1.1×1.2×1.1×0.95=1.3794,其赔偿限额及免赔额调整比例=1×1×0.95=0.95,其基准费率=2.184%×0.95=2.0748%。进而,保费=1000万元×2.0748%×1.3794=28.62万元。若附加精神损害责任险,则附加保费按照“每次事故精神损害赔偿限额×主险费率的30%×风险因子”的公式进行计算。显然,根据人保财险及平安保险的环境责任保险费率计算公式,环境责任保险的收费标准远高于其他财产险种。

---

① 参见王亚丽:《人保财险甘肃省分公司环境污染责任保险营销策略研究》,兰州大学2013年硕士学位论文,第36页。

② 参见侯旭华、朱正、陈美桂:《湖南省长株潭“两型社会”建设与低炭经济发展的调查》,载《保险研究》2011年第8期。

在投保人看来，花昂贵的费用换来的只是极为有限的保障，不符合自身的经济目标。因此，很多涉污企业对环境责任保险望而止步。反过来，因缺乏涉污企业的积极投保，保险人对损失数据、事故发生概率、事故防范等无法基于大数法则作出更为客观的掌握和分析。从成本出发考虑，保险人提供环境责任保险的类型和数量自然也有限。

2018 年，深圳市保险同业公会公布《环境污染强制责任保险费率及费率调整系数方案》（深保同秘〔2018〕45 号），按照污染类型将涉污企业划分为印制线路板/印染/镉镍电池/电镀（含电镀工序）/重金属企业、生产/仓储/运输/使用危险化学品、储存/运输/处理/处置危险废物/铅蓄电池/再生铅企业、污水处理/垃圾填埋/垃圾焚烧发电等环境公共服务企业四类，每类企业又分为六个风险等级（详见表 2 –9），综合考虑污染行业类型和风险等级确定基础保费费率，基本位于 1.152% ~6.272%。

表 2 –9　深圳市环境责任保险保费

风险评估等级	保险限额	保费数额			
		印制线路板/印染/镉镍电池/电镀（含电镀工序）/重金属企业	生产/仓储/运输/使用危险化学品	储存/运输/处理/处置危险废物/铅蓄电池/再生铅企业	污水处理/垃圾填埋/垃圾焚烧发电等环境公共服务企业
六级	100 万元	22400 元	25600 元	29440 元	62720 元
五级	200 万元	43520 元	44920 元	51200 元	115200 元
四级	300 万元	58500 元	51200 元	57920 元	120960 元
三级	500 万元	64000 元	76800 元	86400 元	179200 元
二级	800 万元	96000 元	115200 元	128000 元	230400 元
一级	1000 万元	115200 元	128000 元	140800 元	256000 元

资料来源：《深圳市环境污染强制责任保险费率及费率调整系数方案》（深保同秘〔2018〕45 号）。

在划分企业类型、划分风险等级，以及综合考虑污染行业类型和风险等级确定基础保险费率的基础上，设定了如下的费率优惠因子：（1）上一年未因环境问题而受到行政处罚；（2）配备突发环境事件应急预案；（3）通过 ISO14001 认证或环保信用等级达到绿牌或蓝牌。根据具备优惠因子的多少设定具有梯度的调整系数（详见表2－10）。

表2－10 深圳市环境污染强制责任保险费率优惠因子及其调整系数

满足安全管理条件情况	环境风险管理调整系数
仅满足费率优惠因子中一项条件的	1
满足费率优惠因子中两项条件的	0.95
满足费率优惠因子三项条件的	0.9

此外，该方案还按不同时限设定续保无事故调整系数（详见表2－11）。

表2－11 续保无事故调整系数

序号	保险理赔情况	调整系数
1	上一年投保未发生污染事故及理赔	0.95
2	连续两年投保未发生污染事故及理赔	0.9
3	连续三年投保未发生污染事故及理赔	0.85
4	连续四年及四年以上投保未发生污染事故及理赔	0.8

资料来源：《深圳市环境污染强制责任保险费率及费率调整系数方案》（深保同秘〔2018〕45号）。

注：在保险期间内发生污染事故并出现理赔情况，出险后第二年此系数将从第一档开始计算。

此外，该方案还根据上一年度发生保险事故的频率设定了上浮费率调整系数（详见表2－12）。

表2－12 深圳市上浮费率调整系数

序号	保险理赔情况	调整系数
1	上一年投保且发生一次污染事故及理赔	1.2
2	上一年投保且发生两次及以上污染事故及理赔	1.5

资料来源：《深圳市环境污染强制责任保险费率及费率调整系数方案》（深保同秘〔2018〕45号）。

从各省市环境责任保险的实践情况来看，试点时期的环境责任保险费率明显偏高，不能满足涉污企业低成本计算。

第三章

理论分析：环境责任保险供需的影响机理

试点30年来，涉污企业对环境责任保险的需求、保险公司对环境责任保险的供给均存在不足，使我国环境责任保险面临举步维艰的发展困境，从而影响我国环境损害救济的社会化进程及环境风险的有效管理。然而，对我国环境责任保险试点中的投保需求、保险供给进行一般性的描述和简单的数据罗列，不足以产生使我国环境责任保险进一步发展的科学决策。因此，必须透过这些现象和数据本身来做“问题化”理论处理，也就是从理论上探寻环境责任保险制度的影响因素，以及这些因素如何影响环境责任保险的供需。

根据经济学中的“理性人假设”，涉污企业及商业保险人的行为目的，就是以最小的投入获取最大的收益。企业对环境责任保险的投保意愿，主要取决于参保能否给自身带来效益最大化。实证研究表明，能否实现这一目标，一方面取决于企业自身因素；另一方面取决于整个社会环境所提供的客观条件。从涉污企业自身因素看，企业的规模大小、收入多少、污染程度、对环境责任保险的认知程度、[①] 防范意识和环境知识水平都会直接或间接影响其选择偏好和意愿。[②] 具体而言，涉污企业规模越大，抗风险能力越强，面对环境污染造成的经济损失，基于自身较强的风险管理资源能更容易从危机中缓过来，因而投保环境责任保险的意愿相对不足。[③] 从涉污企业的收入状况

---

① 参见王康、孙健：《环境责任保险投保意愿实证研究》，载《保险研究》2016年第5期。

② 参见谢慧明、李中海、沈满洪：《异质性视角下环境污染责任保险投保意愿分析》，载《中国人口·资源与环境》2014年第6期。

③ 参见王康、孙健：《环境责任保险投保意愿实证研究》，载《保险研究》2016年第5期。

看，企业的收入水平越高则投保环境责任保险的积极性越高。① 从涉污企业的环境风险程度、风险意识和知识水平看，风险程度较高、防范意识较强，以及环境知识水平较高的企业，其购买环境责任保险的意愿相对较强。② 从社会环境提供的客观条件看，国家的环境立法与政策、执法效率③、国家对环境责任保险的重视及投入程度、现有环境责任保险的保障程度及范围④等，都会对涉污企业投保环境责任保险产生影响。

学界现有相关研究成果为进一步研究环境责任保险需求问题奠定了坚实基础，但多囿于学科界限，对环境责任保险影响因素的作用机理研究不深，因而难以给诸多因素赋予权重并准确道出症结所在；或多对单个或某几个具体制度构建进行研究，较少从整个环境责任保险法律体系加以系统研究，因而提出的对策难免具有片面性。因此，有必要运用合理的经济分析方法，结合相关法学和经济学原理，将环境责任保险置于风险产生基础、内部运行机制及外部保障体系组成的大系统中进行深入分析，探究侵权责任制度、具体保险制度、配套机制、财政政策对环境责任保险需求的影响机理。在需求的影响机理分析基础上，基于保险的规模效应，分析决定环境责任保险需求的环境侵权法律制度、环境责任保险体系以及环境责任保险外部保障机制等因素对环境责任保险供给的影响；基于环境责任保险的外部经济性，分析政府采取针对保险人的经济政策，以及这些政策的实施程度是否能对环境责任保险供给产生直接影响；基于保险公司的经营能力，分析保险公司财力提升的机会与环境责任保险的供给具有何种相关性。

---

① 参见王康、孙健：《环境责任保险投保意愿实证研究》，载《保险研究》2016 年第 5 期。

② 参见谢慧明、李中海、沈满洪：《异质性视角下环境污染责任保险投保意愿分析》，载《中国人口·资源与环境》2014 年第 6 期。

③ 参见熊英、别涛、王彬：《中国环境污染责任保险制度的构想》，载《现代法学》2007 年第 1 期；周道许：《环境污染风险的社会化管理手段研究：我国环境污染责任保险发展的路径选择与制度构想》，载《环境经济》2011 年第 5 期；王朝梁：《论我国环境责任保险制度的依法构建》，载《中国政法大学学报》2012 年第 2 期。

④ 参见张瑞纲、许谨良：《新侵权责任法实施背景下环境责任保险发展的博弈分析》，载《保险职业学院学报》2011 年第 3 期；吴冲：《我国建立环境责任保险制度需要攻克的几个难点》，载《上海保险》2011 年第 7 期；周珂、刘红林：《论我国环境侵权责任保险制度的构建》，载《政法论坛》2003 年第 5 期；王朝梁：《论我国环境责任保险制度的依法构建》，载《中国政法大学学报》2012 年第 2 期。

一、影响环境责任保险需求的主要制度因素及其作用机理

（一）从责任风险产生基础探析需求影响因素及作用原理

与其他任何形式的保险一样，环境责任风险的客观存在及风险存在不确定性是环境责任保险得以发展的逻辑起点。通常情况下，涉污企业面临的环境责任风险越大，对环境责任保险的需求越大；反之，则需求不足甚至无需求。[①] 用概率论来阐释，即在一定时期内环境侵权责任发生的概率在确定不发生（0）与确定会发生（100%或者1）之间的开区间内，公式即为 $P(A)=(0,1)$。当 $P(A)=0$ 时，表示不存在环境侵权责任风险。此种情况下，涉污企业基于成本收益考虑不会产生环境责任保险消费需求。当 $P(A)=1$ 时，表示必定存在环境侵权责任。此种情况下，涉污企业会产生强烈的保险消费需求，但"必定会产生侵权责任"有悖于保险人经营风险的不确定性的质的要求，因此不会产生相应的保险供给。只有 $P(A)$ 位于0和1之间，即环境责任风险客观存在，且保险人和潜在的投保人（通常是环境污染者）对后者承担环境侵权责任的频率和大小程度具有可预测的可能性时，环境责任保险才会在保险人和环境污染者之间形成供给与需求的良性对接。

鉴于环境侵权责任风险的有无及高低是决定涉污企业是否购买环境责任保险的前提，因此决定涉污企业是否要承担责任，以及承担多大责任的环境侵权法律制度就至关重要。在确定的、至少是可以预期的法律环境下，环境污染者的违法成本高，潜在的投保人才会重视环境责任风险、产生保险需求，保险人才能够估计环境责任风险，环境责任保险才能够有效地运作，成为环境风险管理的有力工具。如果没有相应的环境侵权法律制度，或者各种环境侵权法律的具体制度要素对污染者的民事责任规定过于轻松，涉污企业都不会对环境责任保险产生内在需求。笔者将这种情况绘成了函数图（详见图3-1）。

① See Benjamin J. Richardson, *Mandating Environmental Liability Insurance*, Duke Environment Law & Policy Forum, Vol. 12, p. 293-329 (2002).

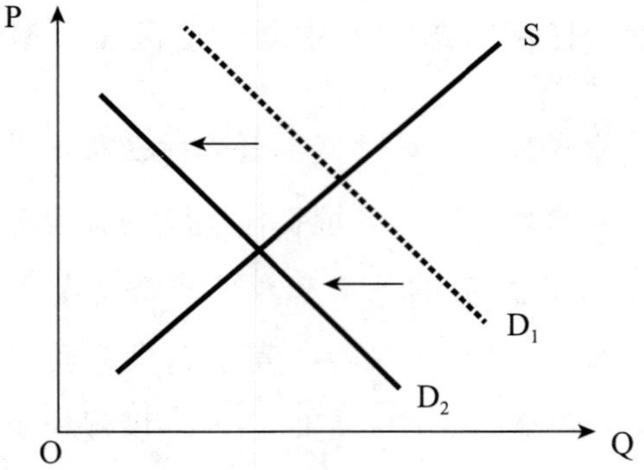

图 3－1　违法成本低导致需求曲线左移

环境责任风险的产生，主要有归责原则是否严格、因果关系证明是否严苛、损害赔偿是否完全和环境执法是否适当四个方面的基础。下面我们从这四个方面出发，看看它们对环境责任保险的需求有什么影响。

1. 归责原则是否严格影响环境侵权责任风险的发生频率和可预测程度

在侵权法领域，侵权行为的归责原则是核心，它决定侵权责任的构成要件、举证责任负担以及免责事由等重要内容。[①] 根据现代各国侵权行为法的理论与实践，侵权行为的归责原则主要包括过错责任原则和严格责任原则。从法定义务视角，过错责任归责原则实质上是关注造成损害的行为是否符合某种程度的行为模式，也即法律对行为人提出了“与行为人同样态的人”、“理性人”或“善良家父”所能达到的注意义务要求。[②] 如果行为人达到了法律预设的行为标准要求，即使其行为导致他人严重受损，法律也不会对其进行否定性评价。[③] 追本溯源到价值判断层面上，建立在“理性人”等行为标准基础上的过错责任原则，更多的是考虑行为人意志自由而较少地考虑受害人权利恢复或不幸损害之合理补偿的一种评价机制。与过错责任原则相

① 参见刘建民：《论商事侵权责任的归责原则》，载《上海商学院学报》2013 年第 1 期。

② 参见胡艳香：《严格责任与过错责任之关系论》，载《社会科学家》2007 年第 2 期。关于何种标准的人是“理性人”，理论界几乎没有确定的答案，参见胡艳香：《侵权法中严格责任地位研究》，经济科学出版社 2008 年版，第 36－37 页。

③ 参见胡艳香：《外国侵权法中严格责任地位研究——兼论中国的相关问题》，厦门大学 2007 年博士学位论文，第 3 页。

区别，严格责任原则实质上是以近乎“超人”的标准规范和调节人们的行为。[①] 严格责任原则对行为人提出如此高的行为标准，考虑的是某些特殊行为领域的巨大“危险性”以及风险信息的明显不对称性。在此归责原则下，造成他人损害的危险越大，风险信息的不对称性程度越强，行为人需要履行的法定注意义务程度越高。[②] 严格责任原则是更多地考虑受害人权利恢复或不幸损害之合理补偿而较少地考虑行为人意志自由的一种评价机制。[③]

与一般侵权行为不同，环境侵权的原因行为具有负外部性，其私人成本小于由该行为造成环境污染而带来的社会成本。另外，其私人收益大于因该行为带来的社会收益。而且，环境污染往往不直接作用于受害人，而是需要借助空气、水或者土壤等环境媒介对人身、财产以及生态系统造成损害。除突发性事故外，引发环境责任风险的污染事故通常需要科学理论、实验和测量工具等“感受器”来将污染物或行为变成可见和能解释的危险，[④] 加上环境污染损害通常具有长期性、潜伏性和复杂性，经常需要经过较长时间积累以及复杂的物理或化学变化才最终显示出来。如果环境侵权责任法律实行过错责任原则，那么对环境污染者而言，损害他人人身、财产及生态环境权益后，是否要承担侵权责任与其是否存在“过错”密切相关，即首先会考察行为人的侵害行为是否达到法律预设的注意义务标准。[⑤] 鉴于过错责任归责原则下“理性人”的注意义务标准多是些模棱两可的影像，通常缺乏确定的内容，所以环境污染者最终是否承担侵权责任风险，依靠于法院能否准确判断何为注意义务的最佳水准以及侵害者履行注意义务的实际水平，[⑥] 这无疑会

---

① 参见胡艳香：《侵权法中严格责任地位研究》，经济科学出版社 2008 年版，第 36 页。

② 参见胡艳香：《外国侵权法中严格责任地位研究——兼论中国的相关问题》，厦门大学 2007 年博士学位论文，第 27 页。

③ 参见胡艳香：《侵权法中严格责任地位研究》，经济科学出版社 2008 年版，第 153 页。

④ 参见［德］乌尔里希·贝克：《风险社会》，何博闻译，译林出版社 2004 年版，第 22 页、第 73－75 页。

⑤ 参见胡艳香：《环境侵权法律制度对环境责任保险的影响》，载《法学杂志》2011 年第 6 期。

⑥ See Benjamin J. Richardson, *Mandating Environmental Liability Insurance*, Duke Environment Law & Policy Forum, Vol. 12, p. 293－329 (2002).

增加污染者对自身环境责任风险进行准确评估的难度。更为重要的是，如果法律预设的“理性人”注意义务标准太低，环境污染者几乎不用承担不利的法律后果，环境责任风险趋近于零的情形下行为人不会产生风险消费的内在需求。[①] 而如果实行严格责任原则，受害人不需要通过昂贵的代价来证明行为人存在“过错”，只要能够初步证明是污染行为造成的损害后果，环境污染者必须承担损害赔偿的不利法律后果，除非污染者具有“已尽到最大谨慎”以外的法定抗辩理由。[②] 因此，严格责任原则下的环境侵权行为人承担民事责任就具有较强的预见性。[③] 实践证明，在许多国家和地区，环境责任保险市场之所以能够发展起来，与对环境侵害行为适用严格责任原则分不开。[④]

2. 因果关系证明是否严苛影响环境责任风险的严重程度和可预测性

在侵权法中，因果关系就是不当行为或危险源的存在与可赔偿性损害之间的前因后果的客观联系，它是确定侵权责任的必要条件。由于因果关系的复杂化和多样化，理论上对于如何确定因果关系，便产生了多种学说，传统侵权法中主要有条件说[⑤]、必然因果关系说[⑥]、相当因果关系说[⑦]、近因说[⑧]、

---

① 参见胡艳香：《环境侵权法律制度对环境责任保险的影响》，载《法学杂志》2011 年第 6 期。

② 参见胡艳香：《环境侵权法律制度对环境责任保险的影响》，载《法学杂志》2011 年第 6 期。

③ See Jeffrey Kehne, *Encouraging Safety through Insurance – Based Incentives*: *Financial Responsibility for Hazardous Wastes*, the Yale Law Journal, Vol. 96, p. 419 – 450 (1986).

④ See Russ Banham, *Pollution Protection Gets Easier*, Treasury & Risk MGMT, 1999, p. 61; Lisa S. Howard, *EIL Covers are Catching on in United Kingdom*, Nat'l Underwriter: Prop & Casualty Risk & Benefits, G, T, February 1, 1999, p. 3.

⑤ 条件说由德国学者弗·布里于 19 世纪 70 年代首创，该学说认为凡是引起损害结果发生的条件，都是损害结果的原因。参见杨立新：《侵权法论》，人民法院出版社 2004 年版，第 171 页。

⑥ 必然因果关系说区分条件与原因，主张当损害结果与行为人的行为具有内在的、本质的、必然的联系时，才构成法律上的因果关系，条件只是为结果发生提供了可能性，原因则为结果的发生提供了现实性。我国法院在审判实践中多采此种学说；我国台湾地区学者史尚宽、胡长清、何孝元等赞成必然因果关系说。参见吴兆祥：《侵权法上的严格责任研究》，中国人民大学 2001 年博士学位论文，第 21 页。

⑦ 相当因果关系说主张，行为人的行为对损害结果构成适当条件时，行为人应当负责。该说现为多数大陆法系国家所采。参见杨立新：《侵权法论》，人民法院出版社 2004 年版，第 173 – 174 页。

⑧ 近因说主张，在解决因果关系时区分近因和远因，行为与损害后果距离过远，损害成为不可预见的结果时，此种原因便为远因，不构成责任承担的条件。此种学说主要为英美法系国家所采。参见杨立新：《侵权法论》，人民法院出版社 2004 年版，第 175 – 176 页。

推定因果关系说[①]等。在英美法上，传统侵权责任下的因果关系主要采用近因说，[②] 而大陆法系主流观点采用“相当因果关系说”。[③] 虽然在因果关系学说上存在差别，但对因果关系的具体确定，两大法系存在相通性：不仅要进行事实判断，而且要进行价值判断；前者解决事实上的必要条件问题，后者解决法律上的可归责性问题。随着现代社会文明中的风险越来越难以被轻易感知，对侵权行为与损害后果之间的严格因果关系进行探寻的可能性越来越小。各国纷纷通过立法或判例来发展出诸如“企业责任理论”“市场份额理论”“因果关系推定”“规范目的理论”“或然性因果关系”“积极行为理论”“盖然性因果关系”“疫学因果关系”等新的侵权责任因果关系理论。在具体法律技术采用上，只重点考察事实的因果关系，对最近原因进行排除或通过推定的方式加以确定。即使是事实的因果关系的判断，也基本排除对“疏忽”（omission）问题的探讨和假设，直接将责任和普遍认可的行为联系起来。[④] 对此，帕尔默（Palmer）将其归纳为两类：一是扩展时间和相关行为范围，将损害与发生特殊事故之前存在的行为联系起来；二是只要证明有积极的行为就足以产生法律责任。[⑤]

很显然，凭借普通人的直接感知能力无法觉察到环境风险。在必须通过化学、生物和技术术语引导的现代环境风险面前，环境侵权受害人几乎没有能力通过自己的经验和学识，来证明行为与结果之间存在因果关系。[⑥] 因果关系的确立，往往需要依靠科学实验和论证。然而，高昂的实验代价以及费

---

① 推定因果关系说主张，由受害人证明所指控的侵权行为与损害后果之间存在某种程度的因果关系的可能性，然后由被告举反证，以证明其行为与原告损害之间无因果关系；不能反证或者反证不成立，即可判断因果关系成立。各国适用该理论的案例已逐渐增多。参见杨立新：《侵权法论》，人民法院出版社 2004 年版，第 175 页。

② See Epstein Richard, *a Theory of Strict Liability*, the Journal of Legal Studies, Vol. 2, p. 151 – 204 (1973).

③ 参见王泽鉴：《侵权行为法》，中国政法大学出版社 2001 年版，第 191 页。

④ See Malone Wex, *Ruminations on Cause – in – Fact*, Stanford Law Review, Vol. 9: 1, p. 60 – 99 (1956); Becht Arno & Miler Frank, *the Test of Factual Causation in Negligence and Strict Liability Cases*, St. Louis: Washington University Studies, p. 23 – 24 (1961).

⑤ See Palmer Vernon, *a General Theory of the Inner Structure of Strict Liability: Common Law, Civil Law, and Comparative Law*, Tulane Law Review, Vol. 62, p. 1303 – 1355 (1988).

⑥ 参见［德］乌尔里希·贝克：《风险社会》，何博闻译，译林出版社 2004 年版，第 22 页、第 73 – 75 页。

时的论证过程通常让受害人望而止步；更为重要的是，因实验者或论证者学识的非完全性，或者他们与环境污染施加者的共谋，“可接受值”或“潜在的副作用”等科学结论往往导致因果关系的缺失。如果对因果关系的证明要求严格，对受害人来说莫不是一道无法逾越的高墙，容易将环境污染者阻挡在损害赔偿之外，因而对其产生不了责任风险消费的内在需求。反过来，如果放松对因果关系判断的严格要求，对最近原因进行排除并以推定方式对因果关系加以确定，或是重点考察事实的因果关系，或是运用或然性因果关系理论、疫学因果关系理论、企业责任理论、市场份额理论等来确定行为与损害之间的因果关系，“防止通过‘相当性理论’削弱严格责任的‘严格’‘客观’性而使其接近甚至成为过错责任”，[①] 便可以增加污染者承担环境侵权损害责任的可能性。也正因如此，涉污企业才有转嫁环境侵权责任风险的需求。

3. 损害赔偿是否完全影响责任风险的严重程度和可预测性

根据考特和尤伦在其著述《法和经济学》中阐述的无差异概念，当受害人遭到损害却能得到赔偿的状态与其在未受到损害但也得不到任何赔偿的状态之间不存在区别时，其得到的补偿是完全的。[②] 简单来说，完全赔偿就是指发生了事故却能获得相应赔偿。[③] 与一般的侵权损害不同，环境侵权损害通常是一种远期的或者累积的损害，其损害范围不仅包括人身损害、财产损害、精神损害，还涉及生态环境损害。根据传统的侵权法理论，人们不难理解环境侵权损害应当包括前三类损害，但是对将生态环境损害纳入赔偿范围则心存疑惑。实质上，环境资源兼具经济、生态及由生态衍生的精神属性，其中生态属性和精神属性是人类赖以生存、发展和享受审美情趣的基础条件。在此意义上，生态环境是人们共同所有的基本生活、生产资源，人们享有在健康、安全的生态环境下生存与发展的权益，任何人不得为私利而破坏这一

---

① 参见［德］克雷斯蒂安·冯·巴尔：《欧洲比较侵权行为法》（下卷），焦美华译，张新宝审校，法律出版社2004年版，第566页。

② 参见［美］罗伯特·D. 考特、［美］托马斯·S. 尤伦：《法和经济学》，施少华、姜建强等译，上海财经大学出版社2002年版，第525页。

③ 参见［美］罗伯特·D. 考特、［美］托马斯·S. 尤伦：《法和经济学》，施少华、姜建强等译，上海财经大学出版社2002年版，第499页。

共有资源利益。[①] 因此，现实生活中的生态环境损害，虽然表现为环境危害行为导致生态系统结构或功能发生不利改变，实质上是环境危害行为侵犯了人们在健康、安全的环境下生存与发展的生态法益。[②] 鉴于法律的目的在于达成公平正义，环境侵权损害赔偿法律体系必须综合考量生态资源的公共属性及污染行为的负外部性，在具体制度设计中严格遵循“污染与破坏者担责”与“完全赔偿”原则。如果在设计环境损害赔偿制度时严格遵守完全赔偿原则，对人身、财产、生态环境权益等损害的具体赔偿范围和赔偿标准予以明确和细化，基于环境利益整体主义理念科学设计环境损害赔偿诉讼制度，将会在损失程度上加大污染者的环境侵权责任风险，同时也能使保险人和潜在投保人对环境责任风险进行科学预测。[③] 相反，如果环境损害赔偿制度的设计未遵循完全赔偿原则，侵权人据以进行的损害补偿远远小于受害人的损失额，即环境污染事故成本没有被完全内化，则不会对环境污染者形成经济压力进而环境污染者会缺乏购买环境责任保险的动力。[④] 赔偿范围不明确、赔偿标准模糊、诉讼制度不科学也会影响环境污染者对自身环境风险的预测，从而影响其对购买环境责任保险必要性的判断。

4. 环境执法是否适当影响环境侵权责任风险的大小

正如法理学家博登海默所言，“除非在法律未能作出一般规定从而允许人治的情形下，法律对于每个问题都应当具有最高权威性”。[⑤] 只有得到严格的执行，环境侵权法律才能够实现其补偿损害、预防损害的制度功能。环境侵权法律的执行，在广义上包括国家行政机关、司法机关及其公职人员依照法定职权和程序实施环境侵权法律的活动。对于国家行政机关，其重要的职责包括但不限于从源头上预防和控制环境污染和生态破坏，调查处理污染事故和生态破坏事件，对突发性环境事件采取应急、预警工作，协调解决环境侵权纠纷。发生环境污染事故后，如果行政机关不能正确把握政府与市场之

---

① 参见胡艳香：《构建生态环境损害赔偿制度》，载《光明日报》2016年11月16日，第13版。

② 参见胡艳香：《构建生态环境损害赔偿制度》，载《光明日报》2016年11月16日，第13版。

③ 参见胡艳香：《环境侵权法律制度对环境责任保险的影响》，载《法学杂志》2011年第6期。

④ 参见胡艳香：《环境侵权法律制度对环境责任保险的影响》，载《法学杂志》2011年第6期。

⑤ ［美］E. 博登海默：《法理学：法律哲学与法律方法》，邓正来译，中国政法大学出版社1999年版，第10页。

间的合理边界，对环境侵权纠纷进行不当干预，甚至以行政上的轻微处罚代替涉污企业应当承担的民事赔偿，那么治污成本将会转嫁给社会，让政府和广大群众为企业污染“埋单”。[①] 亦不可有对环境污染事故勘查、定损与责任认定不科学规范的情形，让环境污染受害人因缺乏相关技术能力和专业知识进行举证从而得不到赔偿或得到远远小于损害的赔偿数额，这样一来涉污企业面临的环境侵权责任风险将会很小甚至趋向于零。在政府严格执法的前提下，环境侵权损害的司法救济程序公平与否将直接影响涉污企业环境责任风险的有无和大小。若起诉、举证、审理、鉴定和执行各环节的制度安排不合理，受害人起诉难、举证难，司法机关不能依照法定职权和程序来确定污染者的责任，便会导致涉污企业只承担少量的污染损失甚至不承担损害赔偿责任。当涉污企业无须为自己的污染行为后果“埋单”或者负担极小的时候，自然缺乏将环境风险管理纳入经营成本的动力，也就不具有购买环境责任保险的内生需求，[②] 即在 P（A） =0 时，环境责任保险的需求也等于零。

基于以上分析，合理的环境侵权法律制度，是涉污企业对环境责任保险形成内生需求的原动力。如果环境侵权法律能够秉承“污染者担责”理念，采取严格责任原则、放松因果关系判断标准、实行完全补偿原则，且能在实践中将上述准则严格执行，那么环境污染者面对的将是较高的环境责任风险。基于成本与收益，以及自身经济实力的考虑，涉污企业会对环境责任保险产生较大的内在需求。在此法律环境下，保险人和环境污染者对环境污染造成赔偿的频率和大小程度具有可预测的可能性。[③] 欧美国家的环境责任保险发

---

① 山东省青岛市原环境保护局在其官方微博晒出了对青岛崂特啤酒有限公司的罚单：青岛市原环境保护局崂山分局在夜间突击执法检查中发现，该公司排放的水污染物氨氮、COD 浓度分别为 15.2 毫克/升、66 毫克/升，分别超过国家规定的排放标准 2.04 倍和 0.32 倍。根据《水污染防治法》有关处罚的规定，崂山分局对其处以罚款 654 元。这一看似荒诞的处罚金额，恰恰反映了环保处罚的现状。这样的处罚金额，怎么能震慑企业？“紫金矿业在 2010 年发生重大污染事故当时专家估计生态环境损失高达数亿元，但最后企业的民事赔偿只有 3000 余万元。根据《水污染防治法》的规定，如果发生重大污染事故，按照直接经济损失的 30% 进行罚款。所以，对紫金矿业的罚款只有 900 余万元，对企业的震慑力很低。”原环境保护部政策法规司政策处时任处长燕娥如是说。目前，发生污染事故后，民事赔偿实际上只承担直接财产损失和应急处置费用，大部分生态损失是没有承担的。

② 参见胡艳香：《环境侵权法律制度对环境责任保险的影响》，载《法学杂志》2011 年第 6 期。

③ 参见胡艳香：《环境侵权法律制度对环境责任保险的影响》，载《法学杂志》2011 年第 6 期。

展历程也充分证明，健全的环境立法和严格的侵权责任制度，将产生环境责任保险的有效需求。

（二）从保险运行机制要素探析需求影响因素及作用原理

环境责任保险具有准公共产品属性，企业购买环境责任保险的投入和产出，特别是由此而产生的社会后果，往往没有或者没有完全折合成与企业经营效益有关的成本和收益。因此，对涉污企业而言，尽管存在一定的环境侵权责任风险，但购买环境责任保险需要增加私人成本。以其理性经济人特质，涉污企业必然会在考虑投保后的收益与不投保的收益并进行对比博弈后，才最终作出需求抉择。以简单的博弈模型分析：假设涉污企业 A 选择投保且保险人承保情况下的企业收益为 R（需考虑企业在支付保费等成本后的收益），选择不投保或与保险人未形成保险关系时的企业收益为 R′（需考虑节省保费以及支付政府排污处罚费用等因素）。若 $R<R'$，涉污企业会为寻求利益最大化而选择不投保；若 $R>R'$，涉污企业则会自觉投保。鉴于环境责任保险是潜在投保人和保险人围绕环境责任保险运行机制要素展开的利益博弈，所以以下各要素对环境责任保险需求的影响不言而喻。

1. 环境责任保险的法律地位对保险需求的影响

发展环境责任保险是一项系统工程，不仅需要有完善的环境侵权责任制度作为基础，还与环境责任保险本身的法律制度和法制环境息息相关。换句话说，国家层面是否为环境责任保险提供法律框架以及提供何种程度的保障和支撑，将决定环境责任保险的发展是否具备必要的法制条件。总体来看，一个国家对环境责任保险的规制态度无外乎在下面两个极端之间逡巡：一种是将环境责任保险作为一种完全的市场行为对待，法律尊重和保障保险行业合法发展环境责任保险业务的自由意志，但也仅止步于此，以避免立法上的争扰。另一种是将环境责任保险视为环境侵权损害赔偿社会化以及强化环境管理的有效手段，在法律层面确立环境责任保险的合理地位，建立环境责任保险长效运转的制度机制。相应地，环境责任保险发展模式主要体现为自愿性责任保险和强制性责任保险两种。自愿保险，是指投保人和保险人通过协商一致，完全自愿订立保险合同建立保险关系；强制性责任保险，是指根据国家颁布的有关法律和法规，凡是在规定范围内的企业，不管愿意与否都必须参加的责任保险。不同的保险模式会对涉污企业产生不同的投保需求影响。

自愿性保险模式充分尊重涉污企业的自主选择，保险需求依赖于对保险范围、保费费率、赔付金额、索赔时效和保险机构等具体要素的对比博弈。其最大的特点是由专门的保险人完全按照市场规律进行运作的纯商业行为，着眼于私人利益，在当事人自愿缔结保险合同的前提下，不仅以营利为目的，而且要获取最大限度的利润，同时也要保障被保险人享受最大限度的经济保障。此种模式的优势是可以降低道德风险的发生概率。自愿性保险模式的局限性在于容易引发因信息不对称所导致的逆向选择等市场失灵问题。投保阶段是保险人和涉污企业相互了解和双向选择的过程。一方面，企业要从成本、获益等方面考虑是否投保；另一方面，保险人也希望能够选择风险性小、信誉高、有资金实力的企业承保。在这个过程中，双方交换的信息必然存在不对称，如投保企业通常会因自身原因或者各种不确定因素对自己的投保风险信息有所隐瞒，保险人因无法鉴别哪些企业具有高风险，哪些企业具有低风险，便只能采用大概相同的标准，将所有潜在投保人的风险程度都预设为某个平均程度。① 而事实上，同一保险产品的投保质量并不一定相同，高风险的涉污企业想和低风险的涉污企业一样以均衡的保费进行投保，却因高污染造成的巨额赔偿拉高了保险人的保费，于是就将出险率低的企业渐渐拒之门外，最终致其退出保险市场，而高风险企业投保比例上升，又进一步增加了保费，在这种情况下风险不仅不能得到分散，反而加剧了逆向选择的发生。

若采取强制性保险，则涉污企业必须按法律、法规要求购买保险，否则将承担违法的不利后果。此时，保险需求不受企业真实购买意愿左右且表现为常数，保费费率、保险范围、赔付限额及索赔时效诸要素对涉污企业是否投保影响甚微。强制性保险最大的特点在于政府干预程度较高，非常依赖国家宏观经济环境，通常着眼于实现社会整体利益，是带有很强政策性的政府行为，一般也不以营利为目的。通过相关立法，国家要求某些具有较高环境污染风险行业的企业必须投保环境责任保险。并且，强制性模式下环境责任

① 参见王蓉：《中国环境法律制度的经济学分析》，法律出版社2003年版，第19－21页。

保险的投保金额和保费费率不能由保险人和投保人自由协商后决定，而是应当由国家法律按照统一标准进行规定。强制性模式从制定保费标准开始就需要对环境污染进行严格的界定，对具体的实施过程也要进行管理和监督，所以强制性投保模式的成本较高。而且，强制性模式在保证环境责任保险需求充足的同时，其带来的足额购买率会导致道德风险增加，当企业被强制投保后，其应当承担的损害赔偿责任便全部或部分转嫁给了保险人，实质上相当于环境责任保险为企业披上了一件合法的“防弹衣”，让其在造成严重环境污染事故后得以继续生存。① 投保企业除交纳为数不多的保费外不需要付出其他代价，所以其对投保后的风险规避不会采取小心谨慎的态度，一般也不会主动进行风险自救，甚至有可能采取更冒险然而收益更大的行为，使环境污染损害更为严重。② 强制环境责任保险下的市场供需状况，已整理成函数图（详见图3－2）。

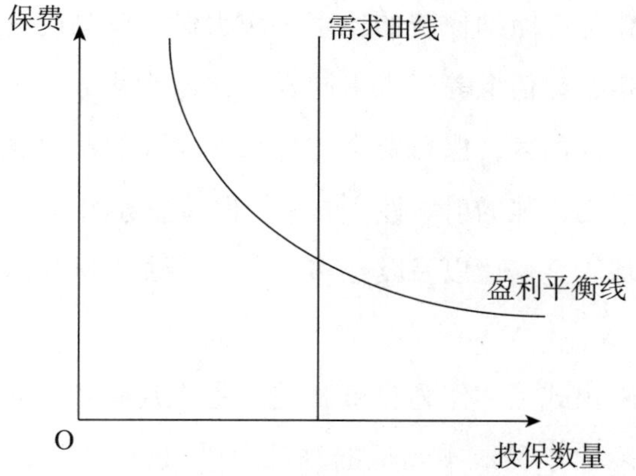

图3－2 强制环境责任保险下市场供需状况

2. 环境责任保险微观制度对保险需求的影响

（1）保险范围规则对保险需求的影响

在制度上确定环境责任保险的保险范围，实质上是明确以下两方面内容：

① 参见胡艳香、刘宏武：《我国强制性环境责任保险制度的SWOT分析》，载《法学杂志》2014年第4期。

② 参见胡艳香、刘宏武：《我国强制性环境责任保险制度的SWOT分析》，载《法学杂志》2014年第4期。

其一，被保险人因突发性事故或累积性事故造成的环境损害赔偿责任是否都为环境责任保险的保险标的；其二，保险人是否应当将某一污染事故造成的损害赔偿、清理费用都计算在赔付范围之内。如果保险制度对保险范围有明确规定，保险人从自身利益出发，一般不会主动突破制度限制而在保险合同中扩大承保范围。因此，如果制度设计的保险范围过窄，则意味着投保人的环境责任风险难以大量地转移到保险人，涉污企业在权衡之后便不会对投保环境责任保险产生很大的兴趣。此时，自愿性保险模式下的投保需求小。反之，要求保险人的承保范围加宽，将累积性事故和突发性事故造成的人身损害、财产损害、精神损害、生态损害全部纳入保险范围，将会促使涉污企业基于利益最大化的考量而投保环境责任保险。

（2）保费费率规则对保险需求的影响

保费费率是保险人用以计算保险费用的标准，在计算公式上可以表达为每一保险金额单位与应缴纳保费的比率。作为保险商品的价格，保费费率异于一般的商品价格，数值上等于未来同类全体保险业务损失率的期望值。因此，就单个保险合同而言，保费费率与将来保险金的赔付额并无必然的正比关系。基于保险活动很强的射幸性，同一类保险业务的投保人都缴纳了保费，但最后能否得到保险金赔偿以及赔偿多少，则取决于保险事故的发生与否及其损失情况。

在自愿性保险模式下，作为自身利益的主要判断者，涉污企业和保险人将在各自衡量风险大小和成本高低的基础上采取行动，[1] 彼此利益博弈下形成的规则与秩序最终反映在价格上。涉污企业投保环境责任保险秉承这样一个法则：只有通过保险能获得期待的回报，企业才会购买保险。当保险人提供的责任保险价格与企业所能接受的价格区间没有交集时，就会产生保险需求不足（详见图3－3）。

---

① 参见胡艳香、刘宏武：《我国强制性环境责任保险制度的 SWOT 分析》，载《法学杂志》2014 年第 4 期。

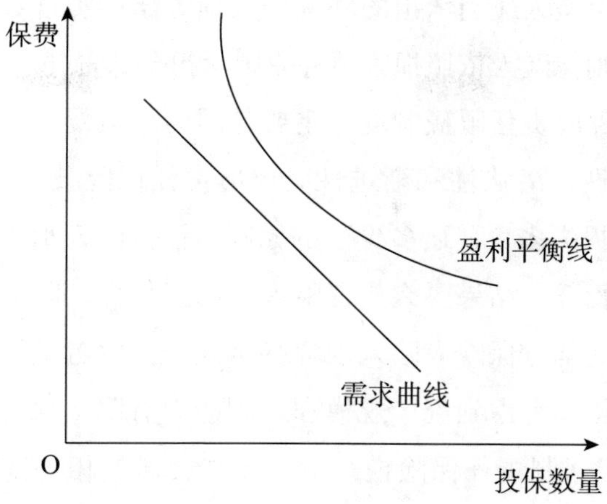

图 3－3　责任保险保费过高时保险需求不足

在强制性保险模式下，虽然保费费率高低对企业的投保需求基本没有影响，但是如果任由保险人厘定保费，则会造成保险人牟取暴利的冲动以及涉污企业选择最低要求的额度进行投保，进而影响环境责任保险的总体需求。实践中，不管是自愿性还是强制性环境责任保险，其保险条款和保费费率一般由保险公司统一制定，投保人只有选择接受或不接受的权利。因此，国家是否建立相关制度，对保险公司用以确定费率的风险类别及费率构成要素比例是否进行管制，制度约束下的环境责任保险的保费费率是否适当、合理和公正，无不对环境责任保险的需求产生影响。

（3）保险责任限额规则对保险需求的影响

保险责任限额是被保险人在保险期间或保险合同载明的追溯期内可从保险机构累计赔付的最高额度，不管是发生一次还是多次环境污染事故。细分之，包括每次事故责任限额、每次事故第三者责任限额、每次事故生态环境损害责任限额、每次事故应急处置与清除污染费用责任限额、每次事故应急责任补偿费用限额、每次事故法律费用责任限额，具体数额一般由投保人与保险人协商确定，并在保险合同中载明。对保险人而言，保险责任限额意味着在保险期间或保险合同载明的追溯期内只在最高限额下负担赔偿风险。如果保险期内被保险人应当承担环境侵权损害赔偿责任的数额高于保单中规定的责任限额，保险人仅在责任限额内承担保险责任，超出部分由被保险人自行承担；如果被保险人应当承担的环境侵权损害赔偿责任数额低于保险合同中的责任限额，则保险人依照损害填补原则承担全部责任。

之所以产生保险责任限额制度，主要是因为环境侵权行为产生的危害后果通常具有严重性、潜伏性和渐进性。环境责任保险技术要求高、风险大，如果严格遵循“损失多少，赔多少”的原则，让保险人承担环境侵权人应当承担的全部赔偿责任，结果要么是保险人不愿意承保，除非被保险人缴纳昂贵的保费，要么是部分保险人陷入困境甚至破产。两者最终都会严重影响环境责任保险的供给。考虑到资产规模和盈利能力有限，保险人通常会严格限制其赔偿数额。[①] 强制责任保险模式下，往往会通过相关制度明确规定保险责任限额；自愿保险模式下，则通过保险人与被保险人签订保险合同的方式约定保险责任限额。强制责任保险模式下，如果责任限额不高而保费不低，保险人的承保意愿较强。对投保人而言，保险责任限额有以下两个方面的意义：一方面，意味着必须按照保险责任限额交付相应的保费（保费 = 责任限额 × 基准费率 × 调整系数）；另一方面，意味着环境责任保险只提供相应限度的赔偿，其希望借助保险分散风险、分担损失的愿望只能部分达成。从自身利益计，在其他条件相同情况下，保险责任限额越高，涉污企业得以分散的风险比率越大，其投保意愿越强。如果影响其利益的其他条件改变，那么在保费费率不高且保险责任限额不低的情况下，涉污企业有较强的投保意愿；如果保费费率偏高而保险责任限额过低，则涉污企业投保环境责任保险的意愿不会强烈。如果保费费率过高，即使在强制责任保险模式下投保人被要求按照最低责任限额必须投保，环境责任保险的外生需求也将局限于最低责任限额。因此，在强制责任保险模式下，相关制度出于考虑保险大数法则及保险负担而设定责任保险限额时，必须兼顾潜在投保人的利益而科学设计限额的大小。在自愿保险模式下，作为格式合同条款的提供者，保险人既要兼顾自身的营利性和承保能力，也要考虑潜在投保人“更大程度填补受害人损失、分散环境侵权责任风险”的期望。

---

① 参见周纪昌：《我国开发环境责任保险的战略选择》，载《金融理论与实践》2007 年第 5 期。

（4）保险索赔时效规则对保险需求的影响

所谓保险索赔时效，就是指被保险人在保险标的发生损失后，向保险人提出赔偿请求的有效期限，[①] 在法律性质上属于“消灭时效”。当环境责任保险合同约定的保险事故发生后，被保险人或者受益人请求保险人赔付保险金具有法定时限。一旦法定时限经过，保险人不再向被保险人承担保险责任。由于环境污染后果往往具有潜伏性和累积性，故而其所引起的损害尤其是对身体的伤害一般要在几年或几十年后才会发生。环境责任保险制度中的索赔时效规定得越长，意味着涉污企业转移环境责任风险的可能性越大。如若采取以侵权索赔提出为基础的“期内索赔”制度，不论造成第三人损害的事件或侵权行为是否在保险单生效后发生，只要受到侵害的第三人在保险期限内向被保险人第一次提出有效索赔，保险人就要依照保险合同承担支付保险金的责任。在其他因素不变的情况下，索赔时效越长，企业购买保险的可能性越大。反之，规定的索赔时效短，则不利于被保险人的环境责任风险分散，涉污企业基于利益最大化原则，对购买环境责任保险的意愿则会降低。

（5）保险赔付能力保障规则对保险需求的影响

环境责任依靠环境责任保险制度有效化解污染事故带来的环境和社会矛盾的另一个前提，是保险人拥有足够的财力应对索赔。[②] 站在涉污企业角度，保险人是否具有环境责任保险偿付能力，是其投保前必须考量的一个因素。由于环境污染损害对象的广泛性和损害后果的严重性，保险机构也往往面临巨灾巨损的威胁。如果保险机构缺乏足够的偿付能力，投保企业生产经营行为引发的侵权赔偿和环境治理所需资金负担将得不到分散，除非被转嫁到政府财政。因此，保险机构是否对环境责任风险具有消化能力，将影响涉污企业对环境责任保险的需求。在其他条件相同的情况下，保险机构的风险消化能力越强，涉污企业投保的可能性越大；反之，则意愿小。因此，环境责任保险制度中的保险机构偿付能力评估、管理、监管及风险分散等系列保险赔付能力保障要素制度至关重要。

---

① 参见杨剑波：《财产保险中常见的几种时效》，载《保险研究》1994 年第 5 期。

② See Benjamin J. Richardson, *Mandating Environmental Liability Insurance*, Duke Environment Law & Policy Forum, Vol. 12, p. 293 – 329 (2002).

综上分析，在环境责任风险不确定前提下，强制性责任保险模式、保险责任限额会促使涉污企业对环境责任保险产生刚性需求，保险运行机制中诸要素对涉污企业的需求意愿影响微弱。自愿性责任保险模式下，保险范围、索赔时效、责任限额、保险能力保障等要素制度与涉污企业的保险需求呈正相关性，保费费率制度则与保险需求呈负相关性。

（三）从外部保障体系探析需求影响因素及作用机理

1. 信息披露及风险损害评估机制对环境责任保险需求的影响

环境责任保险决策是基于大量识别风险作出的科学判断。与其他保险一样，环境责任保险最基本的规则是“大数法则”，这需要采集大量的风险样本并对其进行分析。换句话说，环境污染、生态破坏的侵权责任风险数据是保险业的核心资产，保险行业想要实现高质量发展就必然要以大体量、高精准的风险数据信息为基础。事实上，环境责任保险的保费是在投保对象环境风险评估结果的基础上拟定的，所以相关数据的准确性、充分性及保险人对数据的分析能力决定了保险产品质量的高低。若环境责任保险市场主体掌握的信息完全相同，则环境责任保险产品的价值规律和市场供求规律将充分发挥作用。根据乔治·阿克洛夫的柠檬市场理论，信息不对称将导致逆向选择。[①] 现实中，投保人通常比保险人更加了解企业的风险特性，或者拥有更多的环境责任风险信息，而这些信息却不能被保险人完全观察到。信息不对称容易促使涉污企业对环境责任保险产生“逆向选择”，大量低风险企业远离保险市场，导致环境责任保险的有效需求不足。涉污企业的投保形不成规模效应，导致保险人无法通过大量识别企业环境责任风险的方式来调整保险产品及其费率设计；反过来，保费费率设定不当、产品结构不合理则会导致产品成本畸形分摊，进一步降低了企业投保意愿。[②] 若有建构良好的环境信息披露制度、风险评价和环境损失评估机制，保险人则能较多地掌握涉污企业的风险信息，对其进行识别和评估，形成科学合理的保费费率和保险金额，

---

① See George A. Akerlof, *the Market for "Lemons": Quality, Uncertainty and the Market Mechanism*, Quarterly Journal of Economics, Vol. 84. No. 3, p. 235 – 500 (1977).

② 参见赵述越：《基于大数据的环境污染强制责任保险制度完善》，载《海南金融》2021年第2期。

从而吸引不同风险层次的涉污企业投保环境责任保险。德国、美国等国的环境责任保险的实践经验表明，完善的市场主体诚信体系、环境信息公开平台以及风险和损害评估机制，能有效规避信息不对称产生的逆向选择。①

2. 风险联动管理机制对环境责任保险需求的影响

将环境责任保险放置于环境风险管理的大系统中考察，可以发现其他市场化或行政化联动管理措施对环境责任保险的市场需求也产生影响。市场化联动措施者诸如绿色信贷，主要是商业银行等金融机构依据国家环境经济政策和产业政策，对研发和生产治污设施，从事生态保护与建设，开发和利用新能源，从事循环经济生产、绿色制造和生态农业的企业或机构提供贷款扶持并实施优惠性的低利率，同时对涉污企业的新建项目投资贷款和流动资金进行额度限制并实施惩罚性高利率的金融政策手段。② 为实现银行资金的“绿色配置”，银行一般会在信贷审核中将环境风险纳入其信贷审核标准和程序，并在信贷战略分析中纳入环境机遇风险。③ 目前，赤道原则④已成为国际银行业开展绿色信贷的指南。如果让绿色信贷与环境责任保险形成联动，即通过将生态环境要素纳入信贷、投资的核算和决策，在借贷和投资策略中考虑企业是否购买环境责任保险，将在一定程度上刺激涉污企业的投保需求，这在美国的环境责任保险发展过程中得到证明。⑤ 行政化联动管理措施，诸如环保部门将企业投保环境责任保险作为污染治理资金支持或税收减免等优惠政策的先决条件，也将在一定程度上激发涉污企业的投保意愿。另外，在

---

① See Elizabeth Ann Geltman, *Disclosure of Contingent Environmental Liabilities by Public Companies under the Federal Securities Law*, Harvard Environmental Law Review, Vol. 16, p. 129 – 173 (1992).

② 参见陈冬梅：《环境污染责任保险：理论与实践》，复旦大学出版社2019年版，第118页。

③ 参见原庆丹等：《绿色信贷与环境责任保险》，中国环境科学出版社2012年版，第17页。

④ 赤道原则是2002年10月国际金融公司（IFC）和荷兰银行在伦敦召开的国际知名商业银行会议上提出的一项企业贷款准则。这项准则要求金融机构在向一个项目投资时，要对该项目可能对环境和社会的影响进行综合评估，并且利用金融杠杆促进该项目在环境保护以及周围社会和谐发展方面发挥积极作用。

⑤ See Eugene R. Anderson & Jordan Stanzler, *Insurance Coverage for Environmental Cleanup*, Bank Lending, Vol. 72, p. 10 – 32 (1990); Eugene R. Anderson & Jordan Stanzler, *Maybe You' re Not Really Naked: Existing Insurance Policies May Protect You Against Environmental Liability*, American Bankers Assosiation Banking Journal, Vol. 8, p. 9 – 51 (1991).

评估环境责任保险风险、确定环境责任保费费率时，保险机构通常会将涉污企业环保信用评价结果作为评估涉污企业环境风险的依据之一。根据环保信用评价信息，保险机构会加强涉污企业预警分析、授信和风险管理全流程监控，设定适用于涉污企业的环境污染责任保险条款，对环保信用等级为绿色的企业根据实际情况在费率方面实行优惠，对环保信用等级为黄色、红色、黑色的企业实行不同程度的费率上浮。因此，加强保险机构与环保部门间交流合作，如共同推动环保信用建设、严格落实环保信用评价要求、及时共享环保信用评价信息等措施，能够使保险机构较多地掌握涉污企业的风险信息，对其进行识别和评估，形成科学合理的保费费率和保险金额，从而吸引不同风险层次的涉污企业投保环境责任保险。

（四）小结：影响环境责任保险需求的可能性制度障碍

基于系统论视角，环境责任法律制度、环境责任保险制度以及相关配套政策体系在不同层次并从不同角度影响着环境责任保险的需求，这使环境责任保险需求不足的制度障碍存在多种可能性。理论上，环境责任法律体系是环境责任保险产生的基石，其中任何一个不合理的微观制度和执行程序都可能导致环境责任风险过小，从而导致涉污企业缺乏分散企业成本的原动力。如此，环境责任保险制度和外部联动机制设计得再完美也都发挥不了效用。若具有健全的环境法律体系和严格的执行程序，在无其他侵权责任分担技术的前提下，涉污企业对环境责任保险会具有较强的需求动力。有此基础，自愿性保险模式下环境责任保险微观制度的不合理才会在不同程度上影响环境责任保险的实际需求。另外，缺乏绿色金融等外部联动机制以及相关信息技术支撑，环境责任保险的需求也将受到一定程度的消极影响。

二、影响环境责任保险供给的主要制度因素及其作用机理

（一）从保险规模效应分析供给的影响因素及其作用原理

从单个涉污企业的角度来说，发生环境污染事故并承担侵权责任具有随机性和偶然性，但统计相当数额的具有同类风险特征企业的环境污染事故发生情况后，则不难发现污染事故的发生频率通常具有规律性，且处在0～1的

开区间，这便是环境责任保险赖以产生的“大数法则”。根据这一法则，环境责任风险单位数量越多，涉污企业的实际损失结果就会越接近从无限风险单位数量中得出的预期损失的可能结果。若在环境侵权法律制度健全的前提下，环境责任保险人就可以据此较为精确地预测环境责任风险发生的概率及损失程度，从而科学地厘定保费费率，使保险人在承保期限内收取的保费与实际损失赔偿及其他经营成本相平衡。[①] 换句话说，如果环境责任保险投保的人数少、金额小，保险人将无法收集到足够多同质风险的保险标的，从而无法产生所需要的数量规律来确定某一类型企业环境污染事故责任的发生概率。同时，较少的损失数据和样本也让其难以厘定该类型企业的环境责任保险的保费费率。因此，从风险控制视角，保险人承保环境责任保险的前提是：市场上愿意投保环境责任保险的企业达到一定数量，保险人能够运用“大数法则”来分散经营风险。因不同行业企业的污染责任风险具有明显的异质性，保险人开展环境责任保险业务需要投入大量的人力、物力、财力和时间，经营成本非常高，如果投保的涉污企业数量过少，缺乏起码规模的投保需求，保险人从自身利益计，将提供有限的环境责任保险产品并收取高额的保费，或者干脆不提供环境责任保险；而高昂的保费又会使理性的企业不选择投保或减少投保，投保企业越少，保险产品越难开发，从而形成供求上的恶性循环。当投保人的数量足够多，单位保险产品的营运成本下降，收益则会上升，其平均成本也会逐渐降低。因此，基于利润考虑，保险人会逐渐扩大环境责任保险产品的供给规模。以上分析，反映出环境责任保险经营具有规模效应，环境责任保险的市场需求规模直接影响保险供给弹性。

鉴于环境责任保险的市场需求规模影响其供给弹性，那么决定环境责任保险需求的重要因素必然影响环境责任保险的供给。前文已述，环境责任保险的市场需求分为内生需求和外生需求。影响涉污企业环境责任保险内生需求的因素除了来自企业本身的因素，如规模大小、收入多少、污染程度、对环境责任保险的认知程度、风险防范意识等因素以外，环境侵权法律的健全

① 参见张伟、粟榆、罗向明：《中国环境污染保险供需“双冷”的经济解释》，载《保险研究》2014 年第 5 期。

与否是影响环境责任保险内生需求的最重要因素。从经济学角度分析，涉污企业的经营行为具有外部不经济性，其私人边际成本低于社会边际成本。无论在完全竞争还是在垄断竞争条件下，涉污企业的生产总量都会超过社会可接受水平。[①] 在环境监管法律及环境侵权法律不健全的情况下，尽管涉污企业在经营中发生环境污染事故具有规律性，但是这些企业若根据现有环境侵权法则无须承担损害赔偿责任和环境治理责任。换句话说，根本无须将外部成本内化，或者即使企业的环境污染成本非常低廉，从自身的利益出发，涉污企业一般不会愿意购买环境责任保险以增加自身经营成本。即使有政策或法律强制涉污企业购买保险，企业也只会象征性地购买最低额的保险以表交差。结果是，环境责任保险投保数量不足或低额投保导致环境责任保险供给不足。若环境立法和侵权责任制度健全，涉污企业承担环境侵权损害的风险较大，为节约成本，作为理性经济人的涉污企业将会有强烈的环境责任保险购买欲求。投保环境责任保险的涉污企业越多，投保的额度就越大，保险人承保的平均成本越低，越有积极性提供合理价格的保险和开发新的保险产品。因此，环境侵权法律不仅会对环境责任保险的内生需求产生直接影响，而且还会通过保险的需求来间接影响保险的有效供给。

（二）从保险外部经济性分析供给影响因素及其作用原理

所谓外部经济性，是指某主体进行某项经济活动的边际社会成本比边际私人成本小，而所产生的社会收益比私人收益大。[②] 在此意义上观察，因不同行业企业的污染责任风险具有明显的异质性，保险人开展环境责任保险业务需要投入大量的人力、物力、财力和时间；加上风险信息上存在严重的不对称性以及损害评估上的强技术性，保险人的经营成本非常高，边际私人收益较小。另外，环境责任保险在补偿环境污染受害人、优化配置企业间的保险金资源以及预防环境污染损害上具有公益性，是准公共产品。发展环境责任保险，可以使政府无须付出任何成本，就能通过保险有效化解被保险人与环境受害人之间的矛盾，可以通过保险人的过程监督、保费的高低调节来预

① 参见王哲：《环境污染责任保险供需不足成因及解决策略》，载《保险研究》2009 年第 5 期。
② 参见王哲：《环境污染责任保险供需不足成因及解决策略》，载《保险研究》2009 年第 5 期。

防环境污染事故发生。简单来说，发展环境责任保险，可以在边际社会成本投入较小的同时实现较大的边际社会收益。因此，环境责任保险具有很强的外部经济性。作为追求效用最大化的理性经济人，环境责任保险的保险人必然会从自身利益出发进行成本收益博弈分析，其提供环境责任保险产品是为了赚取利润，当存在外部经济的情况下，保险人不可能长期亏损自己来为社会提供充足的保险产品，其保险经营行为水平通常会低于社会所要求的最优行为水平。我们假设，MC 表示环境责任保险人的私人边际成本，ME 代表边际外部经济，则社会边际成本 = MC - ME。“在完全的市场竞争条件下，环境责任保险人的最优产品提供量为 X_*，社会对环境责任保险的最优需求量为 X_{***}，社会需求量远远大于保险供给量。若处于垄断性的竞争条件下，环境责任保险的需求曲线 d（AR）和边际收益曲线 MR_2 为向右下方倾斜的直线，其中需求曲线与平均收益曲线 AR 重合。[①] 此种情况下，保险人的最优产品提供量为 X_{*2}，社会的最优需求量为 X_{***2}。同理可见，垄断竞争条件下保险供给量也小于社会需求量。”[②] 以函数图表示这个问题，更为清楚（详见图 3-4）。

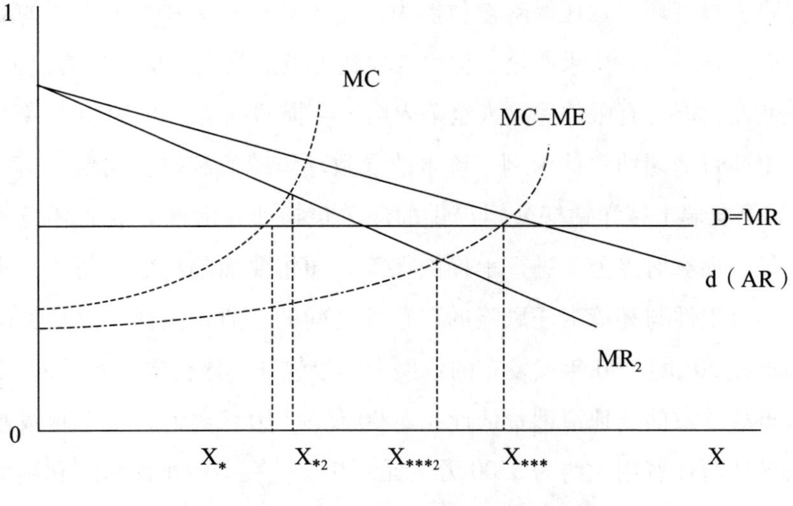

图 3-4　保险人的外部经济性分析

① 参见王哲：《环境污染责任保险供需不足成因及解决策略》，载《保险研究》2009 年第 5 期。
② 参见王哲：《环境污染责任保险供需不足成因及解决策略》，载《保险研究》2009 年第 5 期。

在边际私人收益小于边际社会收益、边际私人成本大于边际社会成本的情况下，无论是处于完全竞争条件还是垄断竞争条件，保险人都不会提供与社会所需相匹配的保险产品数量，从而让社会福利达到最大化。那么，要让保险人提供社会需要的环境责任保险产品量，必须有来自外界的支持以消除边际私人成本与边际社会成本的差值，即让 ME =0。因此，代表社会公共利益的政府是否采取适当的经济政策或制定相应的法律制度来消除这种背离，如为环境责任保险人提供相应的税收补贴或其他的财政支持，会直接影响环境责任保险的供给。以美国的实践经验为例，政府通过各种税收激励政策以及风险评估中的信用减免税费机制、成熟的风险评估机制和技术来鼓励保险人提供环境责任保险以及开拓新的保险品种，加大保险供给。

（三）从保险经营能力分析供给影响因素及其作用原理

除了完善的环境侵权责任法律制度、强有力的环境责任保险政策支持，要使保险人提供社会需要的环境责任保险产品，有效化解环境事故带来的环境和社会矛盾的另一个前提，就是保险人拥有足够的财力应对索赔。[①] 换句话说，提供足额的环境责任保险产品，以实现其补偿损害和分散风险的功能，需要保险人具有环境责任保险偿付能力。由于环境污染和生态破坏的对象通常具有广泛性且损害后果严重，保险人要代替被保险人承担巨额的损害赔偿，这往往使经营能力有限的保险人也陷入巨灾巨损的威胁。以 2010 年 4 月发生的美国墨西哥湾漏油事件为例，该事故导致环境善后和损害赔偿达 120 亿美元，[②] 如果向瑞士越洋钻探公司提供的保单包括油井泄漏导致的环境破坏方面的责任，那么对该公司进行承保的保险公司将要面临巨额赔付。保险人经营能力的有限性与环境责任风险的严重性之间的矛盾，同样可以从美国环境保护局早在 20 世纪 90 年代发布的数据中得以佐证：该机构在此后的 50 年内因环境事故导致的场地清理费估计在 5000 亿 ~1 万亿美元，用于超级基金下的个人场地清理费用大约为 3500 万美元。相反，在美国承保财产和巨损保险

---

① See Benjamin J. Richardson, *Mandating Environmental Liability Insurance*, Duke Environment Law & Policy Forum, Vol. 12, p. 293 – 329 (2002).

② 参见《漏油事件让保险商大出血　海洋石油开发保险受关注》，载中国日报网，http://www.chinadaily.com.cn/hqcj/bx/2010-06-03/content_405294.html。

的公司所有的资金储备在同期仅为以上费用总数的1/5～1/3。[①] 由于保险人财力的有限性，尽管各国的保险法律通常会明确规定保险人必须有最低资本充足率，加强自身偿付能力管理，但保险人同其他公司一样不能幸免于破产的风险，当遭遇巨额的环境损害责任索赔时完全有可能破产或倒闭。如果保险人破产，被保险人导致的环境复原所需资金的提供便转嫁到了政府财政，从而最终增加广大纳税人的负担。为应对巨灾巨损的威胁，各国保险法律制度中规定了偿付能力保障措施，其中最为传统的手段就是运用再保险机制来转移部分风险。再保险机制主要是从四个方面增强环境责任保险人的赔付能力和提高市场效率：一是再保险可以减轻原保险人承保损失的波动性，并使其在不筹集新资金的情况下大大增强其承保能力。在再保险机构参与下，保险人可以承保一个超大型的环境责任风险，或提供一个超过其自有资本允许水平的环境责任保险保障。二是再保险可以为集团内部各保险机构的风险和资本转移提供方便。再保险允许集团集中管理资金并能把资金有效迅速地分配到各个子公司，以应对这些不断变化的条件和实现资源的最佳配置。三是再保险关系的建立可以使保险公司之间的联系和合作得到进一步加强。四是再保险机构可以运用其高度专业化的风险管理知识为保险人提供复杂的风险建模和数据分析服务。[②]

当然，再保险同样存在风险分散的局限性。尤其是随着环境污染的范围不断扩大、污染方式变化多样，再保险人面临的巨灾责任风险也越来越多，其偿还风险随之加大。因此，保险人必须有法律认可的创新方式增强其保险偿付能力。自20世纪90年代以来，国外一些颇具远见的保险人和再保险人，开始投入大量财力来研究如何利用金融衍生工具来进行套期保值，以便将风险从保险市场转移到容量更大的资本市场。[③] 到目前为止，国际上主要存在巨灾债券、灾害期货和期权、外汇交易、巨灾期货合约、风险证券等增强保

① See Benjamin J. Richardson, *Mandating Environmental Liability Insurance*, Duke Environment Law & Policy Forum, Vol. 12, p. 293 – 329 (2002).

② 参见陈冬梅：《环境责任保险市场发展的配套政策》，载《上海保险》2019年第3期。

③ See Graciela Chilchilnisky & Geoffrey Heal, *Managing Unknown Risks*, Journal of Portfolio Management Vol. 4, p. 70 – 95 (1998).

险能力的创新方式。所有这些证券化的过程实质上是使保险人与投资者一道分担巨灾风险。以巨灾债券为例，其是指在某些特定保险合同初期，由保险人向投资者发行债券来筹集将来的保险资金。按照发行债券时的约定，如果保险期限内发生了巨大污染事故，保险人对投资人偿还本金的义务将被免除。如此，保险人便可以用发行债券得到的资金和保费收入一起来支付赔款；如果在保险期内没有发生巨灾事故，保险人需要向投资人支付本金和高于市场平均水平的利息。通过巨灾债券，环境损害风险便从保险市场转移到金融市场，保险人对巨灾损害更具强大的消化能力。① 不仅如此，标准化、上市交易的巨灾债券比传统再保险的交易成本更为便宜。自 1995 年产生于美国以来，巨灾债券已被许多国家采用来扩大保险保险人的偿付能力。

（四）小结：影响环境责任保险供给的可能性制度障碍

根据凯恩斯定律，环境责任保险供给是以保险需求为前提的，因而决定环境责任保险内生需求的环境立法和环境侵权法律制度，必然影响环境责任保险的有效供给。环境立法越严格，环境侵权法律制度越完善，涉污企业的环境责任风险越大，其对环境责任保险等风险分散机制的需求越强烈。投保的企业数量越多，保费金额越多，保险人越有可能性和积极性提供价廉质优的保险产品。另外，环境责任保险的外部经济性和有限的经营能力决定了保险人在没有外界干预的情况下不会提供社会需要的足额保险产品数量，国家对环境责任保险的财政政策和风险分散机制直接影响环境责任保险的供给。政府对保费进行过分限制，也会影响保险人依据企业风险特征灵活厘定保费、进行保险产品创新的动力，进而影响环境责任保险的有效供给。

① 参见刘红、赵忠良：《利用资本市场分散保险风险》，载《保险研究》2003 年第 12 期。

第四章

制度反思：我国环境责任保险供需困境的引致因素

自2007年原国家环境保护总局与原中国保监会联合公布《保险工作指导意见》后，又相继公布《强制责任保险指导意见》《管理办法（草案）》，规定对环境高风险领域行业的企业实行强制环境责任保险，旨在通过部门规章推动环境责任保险发展。在《管理办法（草案）》出台之前，部分地方政府依据国务院及原环境保护部、交通运输部等部门的原则性规定，制定本地的地方性法规。但是，全国性试点20余年，我国环境责任保险仍然面临政府推动热情高而涉污企业投保数量少、保险人承保不积极的发展"瓶颈"，严重影响环境损害救济的社会化进程及环境风险的有效管理。何以出现如此局面？到底是哪些制约因素阻碍了我国环境责任保险的发展？基于上文对环境责任保险需求和供给的影响机理分析，不妨从如下几方面考察相关立法和政策的发展，借以分析我国环境责任保险多年来供需不足的主要制度原因。

一、环境侵权法律制度中存在的弱项

我国环境侵权制度肇始于传统民事侵权，并随着环境问题的演变而不断更新完善。1986年《民法通则》① 首次将环境侵权责任区别于一般侵权责任，2009年《侵权责任法》② 较为全面地规定了环境污染侵权责任，2014年《环境保护法》明确将生态破坏纳入环境侵权责任体系，2021年开始实施的《民法典》在侵权责任编中专章规定了环境污染和生态破坏责任。可见，我

① 该法现已废止。

② 该法现已废止。

国环境侵权制度并非从一开始就制定得相当完备，而是随着环境治理的迫切需要以及环境法律体系的不断完善才逐步走向成熟。

在“污染者负担”原则下，《民法通则》《民法典》《环境保护法》等法律法规和司法解释规定了环境侵权责任（详见表4－1）。

表4－1　我国现行环境污染侵权责任有关法律法规及司法解释

法律法规、司法解释名称	与环境污染侵权责任相关的条文及主要内容
《民法通则》（1987年1月1日起施行）	第124条：确立实施环境污染行为应承担民事责任的原则
《侵权责任法》（2010年7月1日起施行）	第八章 第65条：确立环境污染行为的严格归责原则 第66条：明确污染者应举证其行为与损害之间不存在因果关系 第67条：两个以上污染者的责任确定标准 第68条：因第三人过错造成损害时被侵权人的赔偿请求选择权
最高人民法院《关于审理环境侵权责任纠纷案件适用法律若干问题的解释》（2015年6月3日起施行）	第1条：对严格归责原则法律适用的解释及污染者不承担责任或者减轻责任情形的法律适用 第2条：两个以上污染者共同实施污染环境、破坏生态行为造成损害的处理 第3条：两个以上污染者分别实施污染环境、破坏生态行为造成同一损害的处理 第4条：两个以上污染者的责任确定标准 第5条：被侵权人因第三人的过错污染环境遭受损害时的赔偿请求选择权 第6条：被侵权人请求赔偿应当提供的证据材料 第7条：污染者的行为与损害之间不存在因果关系的确定标准 第8条：环境事故司法鉴定 第9条：专家作证 第10条：认定案件事实的根据 第11条：证据保全 第12条：责令停止侵害或者采取防治措施 第13条：承担环境侵权民事责任的形式 第14条：污染者的环境修复责任 第15条：污染者赔偿被侵权人合理支出的义务

续表

法律法规、司法解释名称	与环境污染侵权责任相关的条文及主要内容
《环境保护法》（1989年12月26日公布，2014年4月24日修订）	1989年《环境保护法》 第41条：规定环境污染者排除危害、赔偿损失等民事责任；环境损害赔偿纠纷的几种处理方式；免责事由 2014年《环境保护法》 第6条第3款：对企业事业单位和其他生产经营者提出预防环境污染和生态破坏的要求，并规定其对所造成的损害依法承担责任 第58条：环境公益诉讼制度 第64条：规定了环境侵权的两种主要形态，并对污染环境和破坏生态两种环境侵权行为造成损害的，指引适用《侵权责任法》的有关规定承担责任
《水污染防治法》（1984年5月11日公布，1996年5月15日第一次修正，2008年2月28日修订，2017年6月27日第二次修正）	第96条：水污染受害者的排污方排除危害和赔偿损失请求权，污染方的侵权责任免除事由，第三方造成污染损害的责任承担 第97条：水污染侵权纠纷处理途径 第98条：排污方承担举证责任 第99条：水污染纠纷共同诉讼，有关主管部门和社会组织支持受害人诉讼，以及水污染诉讼法律援助 第100条：环境监测机构接受委托提供监测数据的法定义务
《海洋环境保护法》（1982年8月23日公布，1999年12月25日修订，2013年12月28日第一次修正，2016年11月7日第二次修正，2017年11月4日第三次修正）	第89条第1款：造成海洋环境污染损害的责任者，应当排除危害，并赔偿损失；若由第三人造成海洋环境污染损害的，则由第三人承担赔偿责任
《大气污染防治法》（1987年9月5日公布，1995年8月29日第一次修正，2000年4月29日第一次修订，2015年8月29日第二次修订，2018年10月26日第二次修正）	第125条：规定实施排放大气污染物的行为应当承担侵权责任

续表

法律法规、司法解释名称	与环境污染侵权责任相关的条文及主要内容
《民事诉讼法》（1991 年 4 月 9 日公布，2007 年 10 月 28 日第一次修正，2012 年 8 月 31 日第二次修正，2017 年 6 月 27 日第三次修正，2021 年 12 月 24 日第四次修正）	1991 年《民事诉讼法》 第 53 ~ 55 条：共同诉讼、代表人诉讼、集团诉讼制度 2007 年《民事诉讼法》 第 53 ~ 55 条：共同诉讼、代表人诉讼、集团诉讼 2012 年《民事诉讼法》 第 52 ~ 54 条：共同诉讼、代表人诉讼、集团诉讼 第 55 条：民事公益诉讼制度（法律规定的机关和有关组织、人民检察院可以起诉） 2017 年《民事诉讼法》 第 55 条：民事公益诉讼制度（法律规定的机关和有关组织、人民检察院可以起诉） 2021 年《民事诉讼法》 第 58 条：民事公益诉讼制度（法律规定的机关和有关组织、人民检察院可以起诉）
最高人民法院《关于适用〈中华人民共和国民事诉讼法〉的解释》（2014 年 12 月 28 日公布实施，2020 年 12 月 23 日第一次修正，2022 年 3 月 22 日第二次修正）	第 75 ~ 78 条：对共同诉讼、代表人诉讼、集团诉讼制度适用的相关解释
最高人民法院《关于审理环境民事公益诉讼案件适用法律若干问题的解释》（2014 年 12 月 8 日公布，2020 年 12 月 23 日修正）	第 1 ~ 35 条：就环境民事公益诉讼的提起主体、案件管辖、环境侵权责任承担范围及方式等的解释
最高人民法院《关于审理环境侵权责任纠纷案件适用法律若干问题的解释》（2015 年 2 月 9 日公布，2020 年 12 月 23 日修正）	第 1 ~ 18 条：配合《民法典》的制定进行了相应的修改，明确了环境污染和生态破坏造成他人损害的严格责任（无过错责任）、共同侵权的连带责任、数个侵权人的责任承担、环境侵权责任纠纷举证责任等
最高人民法院《关于审理生态环境损害赔偿案件的若干规定（试行）》（2019 年 5 月 20 日公布，2020 年 12 月 23 日修正）	第 1 ~ 23 条：对司法实践中亟待明确的生态环境损害赔偿诉讼受理条件、证据规则、责任范围、诉讼衔接、赔偿协议司法确认、强制执行等问题予以规定

续表

法律法规、司法解释名称	与环境污染侵权责任相关的条文及主要内容
《固体废物污染环境防治法》（1995 年 10 月 30 日公布，2004 年 12 月 29 日第一次修订，2013 年 6 月 29 日第一次修正，2015 年 4 月 24 日第二次修正，2016 年 11 月 7 日第三次修正，2020 年 4 月 29 日第二次修订）	第 5 条：规定固体废物污染环境的侵权责任 第 121 条：固体废物污染环境、破坏生态的公益诉讼规则 第 122 条：固体废物污染环境、破坏生态损害赔偿磋商
《民法典》侵权责任编第七章（环境污染和生态破坏责任）	第七章 第 1229 条：环境污染、生态破坏造成他人损害的严格责任 第 1230 条：因污染环境、破坏生态发生纠纷的举证责任 第 1231 条：数个污染者的责任承担 第 1232 条：环境污染、破坏生态的惩罚性赔偿 第 1233 条：因第三人过错污染环境、破坏生态的不真正连带责任 第 1234 条：生态环境修复责任 第 1235 条：生态环境损害公益诉讼的赔偿责任范围

关于环境侵权责任的各项微观制度，《环境保护法》（第 64 条）和《侵权责任法》（第 65 条）、《民法典》（第 1229 条）明确规定实行严格责任归责原则。从损害赔偿制度看，按照《侵权责任法》（第 16～22 条）的规定，环境侵权损害的赔偿范围包括人身损害赔偿、财产损害赔偿和精神损害赔偿；《民法典》（第 179 条、第 1232 条）、最高人民法院《关于审理环境侵权责任纠纷案件适用法律若干问题的解释》规定了环境污染、生态破坏造成他人损害的责任承担方式和范围；《民法典》（第 1234 条、第 1235 条）、最高人民法院《关于审理生态环境损害赔偿案件的若干规定（试行）》规定了生态环境损害的民事责任承担方式和范围。从救济程序看，2012 年《民事诉讼法》在原有私益诉讼制度基础上新增了公益诉讼制度，最高人民法院《关于适用〈中华人民共和国民事诉讼法〉的解释》和《关于审理环境民事公益诉讼案件适用法律若干问题的解释》进一步完善了该制度；最高人民法院《关于审

理生态环境损害赔偿案件的若干规定（试行）》新增了生态环境损害赔偿诉讼制度。按理说，在这样一个相对完整的环境侵权责任法律体系下，涉污企业应存在较大的环境责任风险，但事实并非如此简单，无论是环境侵权责任归责原则、因果关系判断标准、损害赔偿范围制度，还是环境侵权法律执行制度，都存在一些不足。

（一）环境侵权责任归责原则尚未统一

正如前所述，环境侵权行为造成的损害不同于传统侵权行为，其侵犯的客体不仅包括他人的人身权、财产权，还包括生态权益。对生态权益的侵害，轻则表现为以噪声、震动等形式影响他人安宁，妨害正常休息、工作和学习，或者违章建筑非法挡住他人的住房采光、通风等，① 重则导致生态系统结构或功能发生不利改变，从而损害了他人在健康、安全的环境中生存和发展的生态利益。② 环境的永续存在与运动性决定了这种损害不仅可以存在于当代，还有可能跨越代际的界限而延续至后代，从而影响后代人的利益。环境民事侵权的归责原则应该体现对这些利益的严格保护态度。仔细分析我国环境侵权法律及相关司法解释可知，现行各项合理的环境责任微观制度并非自始就被设计好，而是不断地在法律实践中逐渐完善。目前为止，我国环境侵权责任制度在私益损害与公益损害上存在归责原则的差异。

根据《民法通则》第124条，环境侵权行为造成他人损害的情形，并不必然导致民事责任，只有在违反国家相关法律规定的情况下，污染者才承担民事责任。据此，《民法通则》对环境污染行为实行的是客观过错归责原则。直到1989年《环境保护法》公布实施，法律才没有规定只有环境污染行为人在违反国家法律情形下才对他人造成的人身、财产损害承担责任。《侵权责任法》与《环境保护法》保持一致，采用严格责任归责原则。按理说，在归责原则上，我国环境侵权法律已开始力图恢复因加害行为遭受损害的权益，而无论造成这种损害的行为人究竟有无过错。2020年公布的《民法典》，打破传统民法对环境侵权损害的规定，将生态环境公共利益的损害责任纳入

---

① 参见马骧聪：《国际环境法导论》，社会科学文献出版社1994年版，第6页。

② 参见胡艳香：《构建生态环境损害赔偿制度》，载《光明日报》2016年11月16日，第13版。

“环境污染和生态破坏责任”一章中，与污染环境和破坏生态导致他人人身、财产的损害并列。但是，《民法典》对两类损害采用不同的归责原则，即对环境污染、生态破坏造成民事主体人身损害、财产损失的情形采取严格责任归责原则，而对侵害生态环境本身从而损害环境公共利益的情形实行“违反国家规定”的客观过错归责原则。因此，除海洋生态环境损害按照严格责任归责原则追责外，依据《民法典》第1234条和第1235条，对生态环境损害行为的归责以“违反国家规定”为前提，实质上是客观过错归责原则，与造成人身、财产损失的环境污染、生态破坏行为的归责原则不相一致。《改革方案》曾以“违反法律法规”为归责前提，无疑降低了环境污染、生态破坏行为人的注意义务。《民法典》规定的“违反国家规定”前提则更为模棱两可，如果进行扩张解释将所有造成生态环境损害结果的行为都归为“违反国家规定”，那么就使这一表征行为人过错的要件丧失了独立价值；[①] 而如果将“国家规定”限缩为国家的法律法规，则除了与《改革方案》规定措辞不一致外，没有从实质上改变行为人较低的注意义务标准。按照前文关于环境责任保险影响因素及其作用机理部分所述，如果法律预设的“理性人”注意义务标准太低，生态环境破坏者几乎不用承担不利的法律后果，环境责任风险趋近于零的情形下行为人不会产生风险消费的内在需求。[②] 尽管有学者提出“违反国家规定”应解释为“违反国家有关环境、生态保护的法律、国家政策、行政法规、部门规章和地方规定，以及基于此等规定制定的具体排放标准、控制指标等”，[③] 但目前我国法律或司法解释并没有作出明确说明。

（二）行为与损害之间的因果关系判断标准偏于严格

《民法典》颁布之前，依据《民法通则》的规定，环境侵权损害纠纷由被侵权人承担举证责任。由于信息极不对称，在传统的“必然因果关系说”理论下，环境侵权受害人难以证明污染行为与损害之间存在因果关系。后来，

---

① 参见徐以祥：《〈民法典〉中生态环境损害责任的规范解释》，载《法学评论》2021年第2期。

② 参见胡艳香：《环境侵权法律制度对环境责任保险的影响》，载《法学杂志》2011年第6期。

③ 参见张新宝：《中国民法典释评：侵权责任编》，中国人民大学出版社2020年版，第227页；最高人民法院民法典贯彻实施工作领导小组主编：《中华人民共和国民法典侵权责任编理解与适用》，人民法院出版社2020年版，第553－554页。

迫于理论质疑和实践需求，相当因果关系说开始被引入我国，并逐渐在环境侵权纠纷处理的司法实践中开始发挥作用。2001 年 12 月，最高人民法院公布《关于民事诉讼证据的若干规定》，在当时的司法解释文本中，根据第 4 条第 1 款第 3 项的规定，在环境侵权损害诉讼中由加害人负责举证“免责事由”及“行为与损害结果之间不存在因果关系”，这是司法解释对因果关系推定理论的初步性规定。[①] 2009 年公布的《侵权责任法》，正式以法律的形式明确排污者应就其行为与损害之间不存在因果关系承担举证责任，但规定非常简陋；《民法典》沿袭了《侵权责任法》关于举证责任的规定，除了将条文中的“污染者”改为“行为人”之外，条文内容没有本质变化。实践中，司法机关在审判纷繁复杂的环境纠纷案件时，有机械套用和误用因果关系理论的情况出现。直到 2015 年 6 月，最高人民法院公布《关于审理环境侵权责任纠纷案件适用法律若干问题的解释》，才开始让污染者证明污染行为与损害之间“不存在因果关系”，被侵权人只需对环境侵权行为与损害后果之间具有关联性承担举证责任。也就是说，被侵权人只需对环境侵权行为与损害后果之间的因果关系承担初步的证明责任。但是，关于因果关系“关联性”的证明度问题，或者说初步证明责任的判断标准，相关法律和司法解释均未予明确，致使实践中出现诸如“地下水污染物和洗桶行为的特征污染物完全对应，足以认定行为人的行为造成地下水污染”“主张环境污染损害者仅需证明被主张者存在污染环境的可能性”等多种裁判主张。[②]《侵权责任法》第 66 条、《民法典》第 1230 条规定的举证责任倒置只能针对环境污染侵害他人人身、财产权益的环境民事私益诉讼案件，并不适用于环境公益诉讼和生态损害赔偿诉讼。最高人民法院《关于审理环境民事公益诉讼案件适用法律若干问题的解释》并没有明确环境公益诉讼的举证责任。最高人民法院《关于审理生态环境损害赔偿案件的若干规定（试行）》第 6 条规定原告应就被告污染环境、破坏生态的行为与生态环境损害之间具有关联性承担举

① 参见宋宗宇：《环境侵权因果关系判断标准的理论歧向与体系建构》，载《重庆大学学报（社会科学版）》2009 年第 1 期。

② 参见常州市中级人民法院民事判决书，(2015) 常环公民初字第 1 号；江苏省泰州医药高新技术产业开发区人民法院民事判决书，(2013) 泰高新环民初字第 0001 号。

证责任，措辞与最高人民法院《关于审理环境侵权责任纠纷案件适用法律若干问题的解释》第6条的规定类似，但第7条只规定“被告反驳原告主张的，应当提供证据加以证明。被告主张具有法律规定的不承担责任或者减轻责任情形的，应当承担举证责任”。那么，如果被告以排污符合国家或者地方污染物排放标准为由反驳原告主张的，能否足以反驳原告关于存在关联关系的主张？还是必须通过科学理论、实验和测量工具来详细证明行为对私益和公益都不可能产生可见和可以解释的危险？因此，尽管我国现行环境侵权诉讼法律中引入了举证责任倒置制度，但仍然缺乏对因果关系、关联关系认定标准的明文规定，从而导致司法实践在因果关系、关联关系判断上的混乱局面，类似的案件处理结果大不相同。正是因为举证责任倒置制度长期粗线条规定，以及因果关系“必然性”证明向“关联性”证明淡化的缓慢进程，让环境污染受害人的权益得不到有效救济，让涉污企业具有太多机会逃脱环境侵权责任，进而缺乏购买侵权责任保险的内在动力。

（三）损害赔偿制度未严格遵从完全赔偿原则

长期以来，我国涉污企业在生态环境破坏上违法成本极低，导致环境损害赔偿制度与完全赔偿原则相差甚远。实践中，在环境污染案件中，因污染导致的损失形态呈现多元化的特点，不但可能造成人身伤害和有形财产损害，而且还可能造成纯粹经济损失（pure economic loss），以及可能给特定区域的生态环境带来灾难性损害，典型者有如化工企业污染了邻近水域，导致邻近的海鲜餐厅因渔民无法捕鱼而歇业，同时也影响一定范围的居民享受良好环境、追求舒适生活的权利。在《民法典》实施前，我国环境损害赔偿法律体系侧重规制环境污染导致的人身、财产损害赔偿。除海洋环境保护相关法律对海洋生态损害赔偿进行原则性规定外，其他领域的生态损害救济法律规定基本处于空白。

对于环境污染导致的纯粹经济损失，根据《民法通则》第106条第2款，人民法院可以通过扩充解释将环境污染导致的纯粹经济损失纳入“财产”范畴进行保护。[①] 最高人民法院《关于贯彻执行〈中华人民共和国民法通则〉

① 按照《民法通则》第106条第2款的规定，公民、法人由于过错侵害国家的、集体的财产，侵害他人财产、人身的，应当承担民事责任。

若干问题的意见（试行）》[①] 规定的护理人员误工费就属于人身损害引发的纯粹经济损失，应当获得赔偿。但是，根据《侵权责任法》第 2 条、第 6 条第 1 款，[②] 纯粹经济损失不属于绝对权性质的权益受到侵害的情形，所以无法得到救济。在随后制定的《民法总则》[③] 中，没有设计规范调和《民法通则》第 106 条第 2 款与《侵权责任法》之间的紧张关系。最高人民法院《关于审理环境污染刑事案件具体应用法律若干问题的解释》中，环境污染导致的财产损失范围也不包括纯粹经济损失和生态环境损害。[④] 而且，依据《侵权责任法》（第 19 条），环境污染的财产损失按照损失发生时的市场价格或者其他方式计算。[⑤]《民法典》实施后，该法典总则编（第 3 条、第 113 条、第 126 条）、侵权责任编（第 1164 条、第 1229 条）虽为纯粹经济损失的赔偿范围保留了一定空间，[⑥] 但是由于没有明确规定纯粹经济损失的概念、性质及其外延，司法实践中法官处理错综复杂的纯粹经济损失赔偿案件时自由裁量的空间较大。正是因为缺乏明确的法律依据，实践中环境污染者目前不需要对纯粹经济损失予以赔偿，导致环境污染的外部不经济效应内部化程度低。

对于生态环境损害，2015 年 2 月，最高人民法院《关于审理环境侵权责任纠纷案件适用法律若干问题的解释》公布，污染者承担环境修复责任从此

---

① 该司法解释现已废止。

② 根据《侵权责任法》第 2 条的规定，侵害民事权益，应当依照本法承担侵权责任。本法所称民事权益，包括生命权、健康权、姓名权、名誉权、荣誉权、肖像权、隐私权、婚姻自主权、监护权、所有权、用益物权、担保物权、著作权、专利权、商标专用权、发现权、股权、继承权等人身、财产权益。根据《侵权责任法》第 6 条第 1 款的规定，行为人因过错侵害他人民事权益，应当承担侵权责任。

③ 该法现已废止。

④ 根据最高人民法院《关于审理环境污染刑事案件具体应用法律若干问题的解释》第 4 条的规定，本解释所称“公私财产损失”，包括污染环境行为直接造成的财产损毁、减少的实际价值，为防止污染扩大、消除污染而采取必要合理措施所产生的费用。

⑤ 参见胡艳香：《环境侵权法律制度对环境责任保险的影响》，载《法学杂志》2011 年第 6 期。

⑥ 根据《民法典》第 3 条的规定，民事主体的人身权利、财产权利以及其他合法权益受法律保护，任何组织或者个人不得侵犯。根据《民法典》第 113 条的规定，民事主体的财产权利受法律平等保护。根据《民法典》第 126 条的规定，民事主体享有法律规定的其他民事权利和利益。根据《民法典》第 1164 条的规定，本编（《民法典》侵权责任编）调整因侵害民事权益产生的民事关系。根据《民法典》第 1229 条的规定，因污染环境、破坏生态造成他人损害的，侵权人应当承担侵权责任。

有据可循。[①] 之前，在中石油吉林石化分公司双苯厂“11·13”爆炸事故、紫金矿污水渗漏、大连新港石油泄漏等重大污染事件中，涉污企业都因缺乏法律依据而无须承担生态损害赔偿责任，仅依据行政处罚条款承担数额微小的行政罚款，与污染造成的实际损害相去甚远。2015 年 12 月，中共中央办公厅、国务院办公厅印发《生态环境损害赔偿制度改革试点方案》[②]（以下简称《改革试点方案》），2017 年年底印发《改革方案》，生态环境损害赔偿制度在政策层面得以建构。但遗憾的是，《改革方案》中明确“国务院授权省级、市地级政府（包括直辖市所辖的区县级政府，下同）作为本行政区域内生态环境损害赔偿权利人”，是基于国务院代表国家对国有土地、自然资源、野生动植物资源行使所有权。倘若政府以所有权作为请求权基础提起私益诉讼，则表明生态环境损害赔偿诉讼的提起具有任意性，且在诉讼中政府可以变更、放弃诉讼请求，无法将一些生态环境损害问题纳入该类诉讼制度实践当中，最终导致民事主体利益处于不安定状态。《改革方案》以及相关试点让我们看到环境损害赔偿制度不断完善，但《民法典》实施之前仅有少数环境污染案件获得生态环境损害赔偿。

事实上，自《改革方案》公布后一年半，生态环境损害赔偿诉讼案件总计不足 30 件。[③] 以济南市章丘区“10·21”重大非法倾倒危险废物事件生态环境损害赔偿案为例，根据山东省地矿工程勘察院永清环保股份有限公司出具的《山东省济南市章丘区普集街道上皋村污染场地修复治理项目施工方案》，2018 年 1 月至 4 月的地下水井观测水位埋深在 65 米左右，而地下巷道在 75 米左右，由此推断地下巷道内充满了水，废弃物已经对地下水造成了严重的污染。另外，根据山东省环境保护科学研究设计院作出的《环境损害评估报告》，当时预测受污染水量约 292600 立方米。该事故造成应急处置阶段

---

① 2015 年福建省南平中级人民法院（一审）和福建省高级人民法院（二审）审理了北京市朝阳区自然之友环境研究所、福建省绿家园环境友好中心诉谢某锦等四人破坏林地民事公益诉讼案，首次通过判决明确支持生态环境受到损害至恢复原状期间服务功能损失的赔偿请求，提高了破坏生态行为的违法成本。

② 该党内法规现已废止。

③ 参见《最高法发新规 首次将“修复生态环境”作为生态环境损害赔偿责任方式》，载央广网，http：//china. cnr. cn/gdgg/20190606/t20190606_524640820. shtml。

环境损害直接经济损失约为4109.27万元，生态损害费用合计约19991.05万元。这些废弃物对当地生态环境的影响，其范围和程度均不可估量。而这些，仅是该非法倾倒受到损害的生态环境之一部分。废硫酸对地下水的危害远大于一般的化工废水，它在渗入地下的同时，还使岩石、土壤中的重金属化合物经反应溶解进入河流或地下，对河流或地下水造成严重污染，用这些被污染的水灌溉，又对土壤造成了严重污染。① 2017年2月至6月，原山东省环境保护厅先后与山东万达有机硅新材料有限公司、山东麟丰化工科技有限公司、山东宜坤新能源开发有限公司、山东利丰达生物科技有限公司4家企业达成协议，签订了赔偿合同书，赔偿金额共计1357.54万元。山东利丰达生物科技有限公司签订赔偿协议逾期不履行，经催告履行后仍不履行。2017年8月4日，原山东省环境保护厅向济南市中级人民法院递交了起诉材料，请求判令山东金诚重油化工有限公司、山东弘聚新能源有限公司等2家企业承担赔偿金2.3亿元。济南市中级人民法院于2017年12月12日和2018年4月18日二次开庭审理。2018年12月，济南市中级人民法院判决弘聚公司和金诚公司赔偿山东省生态环境厅共计2.3亿元，并责令两公司公开赔礼道歉。② 该案件的生态环境损害采用虚拟治理成本法计算得出。③ 2018年，备受社会

---

① 参见《山东济南2.3亿元生态损害赔偿案真相，4名工人中毒身亡》，载人民号“民主与法制时报”2019年7月29日，https://rmh.pdnews.cn/Pc/ArtInfoApi/article?id=5887608。

② 参见《山东将建生态环境损害赔偿案例库》，载舜网，http://news.e23.cn/shandong/2018-07-07/2018070700018.html。

③ 虚拟治理成本法是环境价值评估方法之一。虚拟治理成本，是指按照现行的治理技术和水平治理排放到环境中的污染物所需要的支出。虚拟治理成本法适用于环境污染所致生态环境损害无法通过恢复工程完全恢复、恢复成本远远大于其收益或缺乏生态环境损害恢复评价指标的情形。以公式表示虚拟治理成本法计算要素如下：单位治理成本×污染物排放量×系数。关于虚拟治理成本法的相关规范主要有：(1) 2011年原环境保护部《关于开展环境污染损害鉴定评估工作的若干意见》(环发〔2011〕60号)及其附件《环境污染损害数额计算推荐方法（第Ⅰ版)》；(2) 2014年《环境损害鉴定评估推荐方法（第Ⅱ版)》(环办〔2014〕90号)和《突发环境事件应急处置阶段环境损害评估推荐方法》(环办〔2014〕118号)；(3) 2017年9月15日，原环境保护部《关于虚拟治理成本法适用情形与计算方法的说明》。2020年12月29日，生态环境部同有关部门制定《生态环境损害鉴定评估技术指南 总纲和关键环节 第1部分：总纲》《生态环境损害鉴定评估技术指南 总纲和关键环节 第2部分：损害调查》《生态环境损害鉴定评估技术指南 环境要素 第1部分：土壤和地下水》《生态环境损害鉴定评估技术指南 环境要素 第2部分：地表水和沉积物》《生态环境损害鉴定评估技术指南 基础方法 第1部分：大气污染虚拟治理成本法》《生态环境损害鉴定评估技术指南 基础方法 第2部分：水污染虚拟治理成本法》等6项国家标准。

关注的江苏省人民政府诉安徽海德公司生态环境损害赔偿案，泰州市中级人民法院8月27日作出一审判决，被告安徽海德公司向原告赔偿环境修复费等费用5482.85万元，其中靖江的生态环境损失费1760.26万元（江苏省环境科学学会评估），类比靖江的损害对兴化的生态环境损失费则估计为1877.64万元。[①] 从生态环境损害赔偿制度试点政策的缓慢出台以及为数不多的实践案例，不难得知长期以来我国因不考虑生态损害赔偿，环境损害赔偿制度严重偏离了完全赔偿原则，导致涉污企业污染环境的违法成本极低，无法使其产生强烈的环境责任保险需求。[②] 即使后来法律将生态损害赔偿纳入环境侵权赔偿范围，而且大多数案件主要采用虚拟治理成本损害评估法，但仍在单位治理成本确立、污染物排放量的计算与确定、虚拟治理成本系数选择、应急处置费用是否抵扣等问题上存在不确定性，引发生态环境损害赔偿数额准确评估上的新障碍。最为重要的是，即使2020年《民法典》公布后，因缺乏法律条款对民事主体生态环境利益的明确规定，生态环境损害赔偿诉讼、环境公益诉讼等程序法上的权利缺乏原权利基础，再加上《民法典》对生态环境损害实行过错归责原则，行为人未违反国家规定但造成生态环境损害的，并不需要承担相应的损害修复责任和赔偿责任，环境侵权领域的损害赔偿还是未严格执行完全赔偿原则。在这里，笔者将近年来运用虚拟治理成本法的司法判例总结了出来（详见表4－2）。

表4－2　虚拟治理成本法在司法判例中的运用典例

裁判年份	案件	虚拟治理成本法适用依据
2014	江苏省连云港市中级人民法院民事判决书，（2014）连环公民初字第00002号，连云港市赣榆区环境保护协会与王某杰环境污染民事公益诉讼案	原环境保护部《关于开展环境污染损害鉴定评估工作的若干意见》（环发〔2011〕60号）

① 《江苏省人民政府诉安徽海德公司生态环境损害赔偿案被判赔5482万元》，载天晴资讯网2018年8月29日，https：//www. tianqing123. cn/jinri/13750. html。

② 参见胡艳香：《环境侵权法律制度对环境责任保险的影响》，载《法学杂志》2011年第6期。

续表

裁判年份	案件	虚拟治理成本法适用依据
2015	最高人民法院民事判决书，（2015）民申字第1366号，泰州市环保联合会诉泰兴锦汇化工有限公司等环境污染侵权赔偿纠纷案	《环境污染损害数额计算推荐方法（第Ⅰ版）》
2015	江苏省常州市中级人民法院民事判决书，（2015）常环公民初字第1号，江苏省常州市人民检察院诉许某惠、许某仙环境公益诉讼纠纷案（检例第28号）	《环境污染损害数额计算推荐方法（第Ⅰ版）》
2016	江苏省高级人民法院民事判决书，（2016）苏民终1357号，江苏省徐州市人民检察院诉徐州市鸿顺造纸有限公司环境侵权公益诉讼案	原环境保护部《关于开展环境污染损害鉴定评估工作的若干意见》（环发〔2011〕60号）、《环境损害鉴定评估推荐方法（第Ⅱ版）》
2016	重庆市第二中级人民法院民事判决书，（2016）渝02民终772号，恩施土家族苗族自治州建始磺厂坪矿业有限责任公司与重庆市绿色志愿者联合会、环境污染联合会环境民事公益诉讼纠纷上诉案	《突发环境事件应急处置阶段环境损害评估推荐方法》（环办〔2014〕118号）
2016	河北省秦皇岛市中级人民法院民事判决书，（2016）冀03民初40号，中国生物多样性保护与绿色发展基金会诉秦皇岛方圆包装玻璃有限公司大气污染责任民事公益诉讼案（最高人民法院指导案例132号）	《环境损害鉴定评估推荐方法（第Ⅱ版）》
2018	江苏省徐州市中级人民法院民事判决书，（2018）苏03民初256号，江苏省徐州市人民检察院诉苏州其安工艺品有限公司等环境民事公益诉讼案（最高人民法院指导案例135号）	《环境损害鉴定评估推荐方法（第Ⅱ版）》、原环境保护部《关于虚拟治理成本法适用情形与计算方法的说明》
2019	江苏省南京市中级人民法院民事判决书，（2019）苏01刑终25号，盛开水务公司污染环境刑事附带民事公益诉讼案（检例第86号）	《环境损害鉴定评估推荐方法（第Ⅱ版）》、原环境保护部《关于虚拟治理成本法适用情形与计算方法的说明》

续表

裁判年份	案件	虚拟治理成本法适用依据
2019	广东省深圳市中级人民法院民事判决书，(2019) 粤03民初3509号，北京市丰台区源头爱好者环境研究所等诉深超光电（深圳）有限公司环境污染民事公益诉讼案	《环境损害鉴定评估推荐方法（第Ⅱ版）》、原环境保护部《关于虚拟治理成本法适用情形与计算方法的说明》
2020	江苏省高级人民法院民事判决书，(2020) 苏民终158号，自然之友环境研究所诉大吉公司大气污染民事公益诉讼案	《环境损害鉴定评估推荐方法（第Ⅱ版）》《生态环境损害鉴定评估技术指南总纲》

（四）环境侵权法律执行制度中存在的问题

广义上的法律执行包括国家行政机关、司法机关及其公职人员依照法定职权和程序实施法律的活动。我国环境侵权法律执行上存在的问题主要体现在如下几个方面。

1. 环境侵权损害司法救济程序存在弱项

随着生态环境法治从个体主义到整体主义的演变，目前我国已形成三种环境损害司法救济模式：一是当个人权益受损，受害人可以要求侵权人赔偿生态环境损害所造成的损失；二是对损害社会公共利益或者具有损害社会公共利益重大风险的污染环境、破坏生态的行为，特定环保组织或检察机关可通过民事公益诉讼要求侵权人承担环境损害责任；三是当生态环境公益受损，政府（省级、市地级人民政府及其指定的相关部门、机构，或者受国务院委托行使全民所有自然资源所有权的部门）可通过生态环境损害赔偿诉讼，要求侵权人承担生态环境损害责任。按理说，通过以上环境损害私益诉讼制度和公益诉讼制度的协作共治，应当可以对环境侵权行为产生震慑并实现对生态环境利益的有力保护。但是，从制度实施效果来看，环境公益诉讼和生态环境损害赔偿诉讼两种制度并未形成对环境损害权益救济的整体性保护，[①]

① 参见曹明德、马腾：《生态环境损害赔偿诉讼和环境公益诉讼的法理关系探微》，载《海南大学学报（人文社会科学版）》2021年第2期。

未能让环境污染事故成本完全内化，从而影响环境污染者对自身环境风险预测以及对购买环境责任保险必要性的判断。诉讼制度上的不足，体现为关涉环境公益受损的两类诉讼制度规范存在弱项，以及两类诉讼制度之间的适用衔接存在问题。

（1）环境民事公益诉讼制度存在不足

在我国现行的环境民事公益诉讼制度上，[①] 主要存在诉讼请求主体范围狭窄以及公益判断的立法规定过于抽象两方面的不足。2005 年，国务院公布《关于落实科学发展观加强环境保护的决定》（国发［2005］39 号），环境民事公诉制度被首次提出。但是，在 2012 年《民事诉讼法》修正之前，环境侵权程序法律领域缺乏公益诉讼机制，大量环境侵权案件因原告不适格而被法院裁定不予受理。[②] 2012 年《民事诉讼法》修正之后，又因公益诉讼相关规定太过原则，环境公益诉讼仍无法摆脱“立案难、取证难、鉴定难、胜诉难”的尴尬局面。尽管环境公益诉讼制度在 2012 年就被确立，但实践中的环境公益诉讼长期以来处于冰封状态。以 2013 年为例，中华环保联合会提起 8 起环境公益诉讼均被法院拒绝受理。[③] 2015 年，中国生物多样性保护与绿色发展基金会提起的“腾格里沙漠污染”环境公益诉讼，却被中卫市中级人民法院以原告主体不适格为由裁定不予受理。[④] 直到 2014 年修正的《环境保护法》（第 58 条）和最高人民法院《关于审理环境民事公益诉讼案件适用法律若干问题的解释》实施，最高人民检察院被授权在部分地区开展环境公益诉讼试点，才开启环境公益诉讼新篇章。[⑤] 2017 年《民事诉讼法》第三次修正，2018 年 2 月最高人民法院、最高人民检察院公布《关于检察公益诉讼案

① 环境公益诉讼包括环境民事公益诉讼和环境行政公益诉讼，本书主要论及环境民事公益诉讼。在文中除有特别说明，一般指环境民事公益诉讼。

② 例如，2010 年，贵阳公众环境教育中心与中华环保联合会一起，将贵阳市乌当区定扒造纸厂告上法庭，这是中国首例由环保团体提起并获得判决的环境公益诉讼案。

③ 参见《独家解密幕后的“关心”与“不关心”1.6 亿元：环境公益诉讼天价破冰》，载南方周末网 2014 年 9 月 18 日，http：//www.infzm.com/content/104238。

④ 参见《环境公益诉讼简报 -2015 年 7 月》，载自然之友网，http：//www.fon.org.cn/index.php/index/post/id/2969，2017 年 10 月 19 日访问。

⑤ 参见李艳芳、吴凯杰：《论检察机关在环境公益诉讼中的角色与定位——兼评最高人民检察院〈检察机关提起公益诉讼改革试点方案〉》，载《中国人民大学学报》2016 年第 2 期。

件适用法律若干问题的解释》，以法律、司法解释的方式明确和细化了检察机关的环境民事公益诉讼权限；2017 年 12 月，中共中央办公厅、国务院办公厅在 2015 年《改革试点方案》的基础上，公布《改革方案》，授权省级、市地级政府（包括直辖市所辖的区县级政府）作为本行政区域内生态环境损害赔偿权利人。至此，环境民事公益诉讼法律框架已基本形成。各级人民检察院、人民政府作为环境公益诉讼请求权主体已有法律和政策作为依据，符合法定要求的社会组织也有权提起环境民事公益诉讼，且环境法庭的全国试点也为环境公益诉讼制度实践提供了支持。在这里，笔者将我国环境民事公益诉讼的法律框架总结了出来（详见表 4－3）。

表 4－3　环境民事公益诉讼的相关制度规定

公布（修订或修正）时间	法律文件名称	具体条文及主要内容
2014 年 4 月 24 日修订	《环境保护法》	第 58 条：明确有权提起环境公益诉讼的社会组织应当具备的法定条件
2014 年 12 月 26 日公布	最高人民法院、民政部、原环境保护部《关于贯彻实施环境民事公益诉讼制度的通知》	第 1～8 条：对环境公益诉讼的细化规定
2020 年 5 月 28 日公布	《民法典》	第 1234～1235 条：规定生态环境损害修复责任、生态环境损害赔偿的范围，赋予国家规定的机关或者法律规定的组织有权请求侵权人承担生态环境损害修复、赔偿责任
2020 年 12 月 23 日修正	最高人民法院《关于审理环境民事公益诉讼案件适用法律若干问题的解释》	第 2～5 条：可以向人民法院提起环境公益诉讼的组织所需要具备的条件 第 11 条：赋予检察机关、负有环境保护监督管理职责的部门及其他机关、社会组织、企业事业单位支持社会组织环境民事公益诉讼

续表

公布（修订或修正）时间	法律文件名称	具体条文及主要内容
2020年12月29日修正	最高人民法院、最高人民检察院《关于检察公益诉讼案件适用法律若干问题的解释》	第1～20条：检察院行使环境公益诉讼权的一般规定及民事公益诉讼的特别规定
2021年12月24日修正	《民事诉讼法》	第58条：第1款明确法律规定的机关和有关组织可以向人民法院提起环境民事公益诉讼；第2款规定人民检察院在没有前款规定的机关和组织或者前款规定的机关和组织不提起诉讼的情况下的环境民事公益诉讼权，以及支持起诉的权利
2022年3月22日修正	最高人民法院《关于适用〈中华人民共和国民事诉讼法〉的解释》	第282～289条：对符合《民事诉讼法》第58条规定的公益诉讼案件（包括环境民事公益诉讼案件）受理条件、管辖法院、当事人和解、与私益诉讼的协调等进行规定

遗憾的是，目前《环境保护法》第58条只规定符合法定条件的社会组织可以向法院提起公益诉讼，与《民事诉讼法》不相配套。而且，作为环境侵权行为受害人的广大公民，却没有被赋予环境公益诉讼主体资格。在地方政府、检察机关缺乏精力、能力尤其是缺乏意愿提起公益诉讼的情形下，公民却因无法律授权而被排除在维护公众整体环境利益、促进环境公共政策或法律制度改进的参与者行列之外。即使是被法律赋予环境公益诉讼权利的社会组织，也因法定条件的限制而实际数量极少，参与数量就更少了。至2014年第三季度，全国符合法律规定条件的社会组织仅700家。2015年年底，仅有中华环保联合会、自然之友和中国生物多样性保护与绿色发展基金会等9家符合法定条件的社会组织提起近百起公益诉讼，法院受理37件。2016年，

提起环境公益诉讼的社会组织也仅有17家。① 截至2018年9月，提起环境公益诉讼的社会组织仅增加到22家。② 2015年1月至2018年9月底，全国法院共受理各类环境公益诉讼案件2041件，审结1335件。其中，检察机关提起的公益诉讼案件1836件，审结1237件；社会组织提起的公益诉讼案件205件，审结98件。③ 2022年，在率先按照生态功能区重新布局环境资源法庭、建立环境资源"9+1"审判机制的江苏省，④ 该省高级人民法院公布了《江苏环境资源审判白皮书》。依据该白皮书，2021年江苏省法院新受理环境公益诉讼案件261件，审结263件（含旧存）。其中，受理检察机关提起的环境公益诉讼案件255件，审结260件（含旧存，其中环境民事公益诉讼案件受理72件，审结51件；刑事附带民事公益诉讼案件180件，审结204件）；相比之下，法院受理社会组织提起的环境民事公益诉讼案件仅6件，审结3件。⑤

除环境公益诉讼请求主体范围狭窄外，环境公益如何判断的立法规定也过于抽象。《民事诉讼法》第58条、《环境保护法》第58条以及最高人

① 参见吕忠梅：《环境司法理性不能止于"天价"赔偿：泰州环境公益诉讼案评析》，载《中国法学》2016年第3期；《关注常州土地"天价诉讼费"：环境公益诉讼拦路虎?》，载环球网，2017年2月11日，https：//society. huanqiu. com/article/9CaKrnK0q2K。

② 包括中国生物多样性保护与绿色发展基金会（以下简称绿发会）、中华环保联合会、中华环境保护基金会、自然之友、北京丰台区源头爱好者环境研究所、贵州省青年法学会、贵阳公众环境教育中心、河南省环保联合会、河南省企业社会责任促进中心、成都市河流研究会、重庆两江志愿服务发展中心、常州市环境公益协会、镇江市环境科学学会、淮安市环境科学学会、大连市环保志愿者协会、福建省绿家园环境友好中心（以下简称福建绿家园）、安徽省环保联合会、广东省环境保护基金会、上海市环境科学研究院、湘潭环境保护协会、益阳市环境资源保护志愿者协会、山东省环境保护基金会等。参见江必新：《中国环境公益诉讼的实践发展及制度完善》，载搜狐网2019年6月25日，https：//www. sohu. com/a/322760291_120027153。

③ 参见江必新：《中国环境公益诉讼的实践发展及制度完善》，载搜狐网2019年6月25日，https：//www. sohu. com/a/322760291_120027153。

④ 江苏省在全省范围内以生态功能区为单位，在南京铁路运输法院设立西南低山丘陵区域环境资源法庭；在苏州市姑苏区人民法院设立太湖流域环境资源法庭；在江阴市人民法院设立长江流域环境资源法庭；在如皋市人民法院设立长江流域环境资源第二法庭；在淮安市洪泽区人民法院设立洪泽湖流域环境资源法庭；在东台市人民法院设立黄海湿地环境资源法庭；在灌南县人民法院设立灌河流域环境资源法庭；在徐州铁路运输法院设立淮北丘岗区域环境资源法庭；在宿迁市宿城区人民法院设立骆马湖流域环境资源法庭，集中管辖由全省基层人民法院受理的环境资源案件。

⑤ 参见《江苏法院去年一审环境资源案破万件 十大典型案例发布》，载新华网，http：//www. js. xinhuanet. com/2022－06/06/c_1128717102. htm。

民法院《关于适用〈中华人民共和国民事诉讼法〉的解释》《关于审理环境民事公益诉讼案件适用法律若干问题的解释》等相关司法解释将环境公益诉讼的制度目标规定为保护社会公共利益。然而，社会公共利益的描述过于抽象，很难称为规范的法律要素。理论界对于社会公共利益的解读存在较大的争议。有学者认为，社会公共利益属于公法学概念，核心要义在于维持公共秩序，而不是维护利益。[①] 因为缺乏环境公共利益的具体判断标准，实践中环境公益诉讼请求主体、污染者（被告）以及法官对环境公共利益认知存在差异性，导致环境公益诉讼制度的实践效果未达到预期。以常州毒地案为例，一审判决以“政府的收储行为和修复行为已经实现了环境公益的修复”为主要依据。[②] 在二审判决中，环境公益组织提出由常宇、常隆、华达三家企业承担环境治理费用的请求却未得到江苏省高级人民法院的支持。[③]

可见，环境公益诉讼制度的姗姗来迟，以及环境公益诉讼请求权主体范围狭窄、环境公共利益如何判断的立法规定过于抽象，让涉污企业在环境侵权诉讼中往往因原告主体不适格、相关费用不属于公共利益受损范围而无须承担环境侵权责任。

（2）生态环境损害赔偿诉讼制度存在不足

在生态环境损害赔偿诉讼制度上，主要有起诉主体存在不确定性和自然资源国家所有权无法统摄所有生态环境资源要素等问题。《改革方案》明确国务院授权的省级、市地级政府（包括直辖市所辖的区县级政府）作为本行政区域内生态环境损害赔偿的权利人，而《民法典》第1234条和第1235条则规定，国家规定的机关或者法律规定的组织有权请求生态环境侵权人承担生态修复或损害赔偿责任。学界对何为“国家规定的机关”存在争议。有学者认为，“国家规定的机关”是“在现行《宪法》框架下为全国人民代表大会及其常务委员会通过法律规定的机关以及国务院基于《宪法》第89条第1

① 参见陈亮：《环境公益诉讼研究》，法律出版社2015年版，第65页。

② 江苏省常州市中级人民法院民事判决书，(2016) 苏04民初214号。

③ 江苏省高级人民法院民事判决书，(2017) 苏民终232号。

款规定的机关”。[①] 最高人民法院《关于审理生态环境损害赔偿案件的若干规定（试行）》将“国家规定的机关”细化为“省级、市地级人民政府及其指定的相关部门、机构，或者受国务院委托行使全民所有自然资源资产所有权的部门”。实践中，由于相关法律、司法解释及政策规定仍较为原则，起诉主体的资格认定还存在许多不确定性，如县一级人民政府机构是否可以作为生态环境损害赔偿权利人？省级、市地级人民政府可指定哪些部门开展索赔工作？可指定的“相关部门或机构”是仅包括同级还是也包括下级？省内跨市、市内跨区的生态损害赔偿案件该由哪一级人民政府管辖？以上起诉主体不确定性问题，将使生态环境损害赔偿索赔工作无法有效推进，从而影响环境污染者对自身环境风险的预测。

在起诉主体的权利来源问题上，尽管《民法典》没有明确“国家规定的机关”提起生态环境损害赔偿诉讼的请求权基础，但是根据《改革方案》以及最高人民法院《关于审理生态环境损害赔偿案件的若干规定（试行）》的规定，国家规定的机关之所以享有提起生态环境损害赔偿诉讼的主体资格，是因为国务院代表国家（全体公民）对国有土地、自然资源、野生动植物资源行使所有权。从理论上分析，生态环境资源要素是公众生存最为基础的物质条件，而国家的自然资源所有权并不必然适用于所有的生态环境资源要素，如风能、太阳能等环境资源要素。[②] 如果坚持以自然资源国家所有权作为生态环境损害赔偿诉讼请求权基础，则无法将一些生态环境损害问题纳入该类诉讼制度实践当中。另外，根据《宪法》和《民法典》的相关规定，自然资源均属于国家所有，由国务院代表国家行使所有权。在国家法律未进一步规定国务院可以授权省级、市地级人民政府可以行使国家所有权的情况下，国务院是自然资源国家所有权的唯一行使主体。故省级、市地人民政府以所有权为请求权基础提起生态环境损害赔偿诉讼，无法在法理上自圆其说。如此，生态环境损害赔偿诉讼制度便难以有效实现其制度目的。

---

① 参见占善刚、陈哲：《〈民法典〉实施背景下生态环境损害赔偿诉讼定位研究》，载《干旱区资源与环境》2021 年第 3 期。

② 参见曹明德、马腾：《生态环境损害赔偿诉讼和环境公益诉讼的法理关系探微》，载《海南大学学报（人文社会科学版）》2021 年第 2 期。

(3) 生态环境损害赔偿诉讼与环境公益诉讼间的适用衔接存在问题

除了生态环境损害赔偿诉讼制度与环境公益诉讼制度各自本身存在问题，两者在适用衔接上也存在问题。根据《民法典》第1234条、第1235条，两类诉讼制度均基于生态环境公共利益保护而建构，在制度目的、诉讼功能、责任承担等方面具有相同或相似性，审判实践中难免产生制度适用冲突问题。比如，符合资格的主体同时分别提起生态环境损害赔偿诉讼和环境公益诉讼时，何者优先？生态环境损害赔偿诉讼案件立案启动后，如何处理因同一侵害行为提起的环境民事公益诉讼之间的关系问题？反过来，环境民事公益诉讼案件立案启动后，如何处理此案与因同一侵害行为提起的生态环境损害赔偿诉讼之间的关系问题？《民事诉讼法》《环境保护法》以及相关司法解释没有对此问题进行详细规定。司法实践中，法院一般根据最高人民法院《关于审理生态环境损害赔偿案件的若干规定（试行)》第16～18条的规定处理：对同时或后提起环境公益诉讼的，由受理生态环境损害赔偿诉讼案件的法院受理并由同一审判组织审理；对后提起生态环境损害赔偿诉讼的，中止民事公益诉讼案件的审理，待生态环境损害赔偿诉讼案件审理完毕，再就民事公益诉讼案件未被涵盖的诉讼请求依法裁判。这种裁判方式，体现了法院在《民法典》提供生态环境损害修复和赔偿的实体法依据后，仍未将生态环境损害赔偿诉讼视为环境民事公益诉讼之特殊类型，坚持该诉讼是以所有权为请求权基础提起私益诉讼的观点。既然定位于私益诉讼，那么国家规定的机关是依据所有者授权“可以”，而非依据其公共利益代表身份“必须”作为原告对生态环境损害行为提起赔偿诉讼。最高人民法院《关于审理生态环境损害赔偿案件的若干规定（试行)》对两类诉讼制度的适用顺序安排可能更多考虑的是生态环境损害赔偿诉讼案件的原告具有较强专业性和组织修复生态环境的能力，但没有顾及是否挫伤环境公益诉讼请求主体的积极性、浪费司法资源、降低司法效率以及有效防控生态环境风险等问题。因此，将生态环境损害赔偿诉讼制度与环境公益诉讼制度并列，并未在一定程度上消解生态环境损害赔偿责任的不确定性，甚至还在一定程度上减轻了生态环境侵害人的责任风险。环境侵权责任风险负担越小，购买环境责任保险的意愿越小。

2. 地方政府对环境侵权司法救济程序支持不力

在《改革方案》实施之前，我国运用司法手段处理环境侵权纠纷还远未形成常态。尽管环境侵权责任制度体系早已形成，但多年来仅有少量环境纠纷进入了司法程序。以环境污染高风险企业较多的江苏省为例。2013 年，涉及生态环境的举报和信访共 5 万多例，但通过司法途径解决的只有 82 件。[①] 从全国范围观察，各级法院予以受理的环境侵权纠纷屈指可数，其中判决原告方胜诉的案件更是稀少。[②] 许多特大、重大污染事故的侵害人承担的民事责任非常小，污染损害大都是由政府出资为涉污企业“埋单”，如 2005 年中石油吉林石化分公司双苯厂“11·13”爆炸事故，国家投入近 80 亿元的治理费用，但污染者却没有承担民事赔偿责任。[③] 2011 年发生康菲石油泄漏污染事件后，康菲石油、中海油公司根据其与国家海洋局签订的《海洋生态损害赔偿补偿协议》，赔偿渔业损失 13.5 亿元和海洋生态损失 16.83 亿元。[④] 这些赔偿费，对于环渤海受影响的各省市来说无异于杯水车薪，但之后国家海洋局没有就康菲石油泄漏污染事件提起民事诉讼，反而于 2013 年 2 月行政批复康菲石油恢复生产。北京华城律师事务所一位律师曾在 2011 年尝试以个人名义提起环境民事公益诉讼，请求康菲石油和中海油公司成立 100 亿元的赔偿基金用于渤海湾的生态环境修复，遗憾的是该起诉未能立案。2013 年，受天津市、山东省等地的渔民委托，北京一家律师事务所向两地法院提起索赔诉讼，但也迟迟得不到立案。直到 2015 年 7 月，康菲石油泄漏污染事件的环境公益诉讼才在青岛海事法院正式立案，原告为中国生物多样性保护与绿

---

① 参见姜树政：《环境公益诉讼低适用率的实践困局及其破解》，载《山东审判》2016 年第 6 期。

② 参见胡艳香：《环境侵权法律制度对环境责任保险的影响》，载《法学杂志》2011 年第 6 期；张友：《环保总局肯定环保 NGO 环境维权》，载 21 世纪经济报道网，http：//www.21cbh.com/HTML/2008-1-16/HTML_A5JT240J4NF7_2.html。

③ 参见《松花江污染事件国家买单 80 亿　中石油始终不言赔》，载中国新闻网，http：//www.chinanews.com/ny/2011/06-08/3096618.shtml。该报道称，2011 年 6 月 1 日，原环境保护部在其官方网站上透露，2005 年松花江重大水污染事件发生 5 年来，国家已为松花江流域水污染防治累计投入治污资金 78.4 亿元。

④ 参见《“康菲溢油”重大事故环境公益诉讼首立案》，载新浪网，http：//news.sina.com.cn/c/2015-07-26/024032147560.shtml。

色发展基金会。[①] 与之相比，2011 年发生在巴西的石油泄漏事故，其污染影响程度与“康菲溢油”事件相近。巴西检方要求被告（美国雪佛龙石油公司）中止在巴西的石油钻井作业，并支付约合 107 亿美元的赔偿。[②] 另外，长期以来，因涉污企业通常是当地“纳税大户”，甚至是“龙头”企业，地方政府通常以优化经济发展为由，对涉污企业进行特殊保护。对环保部门而言，因其人事和财政都受制于地方政府，所以其执法缺乏强硬手段起不到震慑作用。不言而喻，当环境侵权人给他人造成损害通常能因政府“埋单”或地方保护而不需要进行赔偿时，即责任风险为零时，环境责任保险将变得多余。[③]

2018 年以来，面对不断恶化的生态环境，各地方人民代表大会常务委员会开始以决议的方式倒逼地方政府支持环境公益诉讼，要求把开展公益诉讼工作必要的公益诉讼费用纳入本级财政预算。[④] 在全国范围内，江苏省人民政府开始率先打破“企业污染、群众受害、政府‘埋单’”的困局，作为诉讼主体起诉企业要求生态环境损害赔偿，让污染者真正担负起环境污染民事责任，涉污企业的环境责任风险明显增大。2018 年，《改革方案》开始实施，国务院授权省级、市地级人民政府（包括直辖市所辖的区县级政府）作为本行政区域内生态环境损害赔偿权利人。根据《民法典》第 1234 条、第 1235 条的规定，国家规定的机关有权请求生态环境侵权人承担修复、赔偿责任；2021 年 1 月 1 日开始实施的最高人民法院《关于审理生态环境损害赔偿案件的若干规定（试行）》，将生态环境损害赔偿权利人进一步拓展，包括省级、市地级人民政府及其指定的相关部门、机构，或者受国务院委托行使全民所有自然资源资产所有权的部门。但是，政策性文件、法律及相关司法解释只是赋予政府部门相关权利，从定性看属于基于国家自然资源所有权的特别私

---

① 参见《康菲溢油事故索赔四年后迎来新转机》，载和讯网，http://news.hexun.com/2015-08-07/178142816.html。

② 参见《康菲溢油事故索赔四年后迎来新转机》，载和讯网，http://news.hexun.com/2015-08-07/178142816.html。

③ 参见胡艳香、刘宏武：《我国强制性环境责任保险制度的 SWOT 分析》，载《法学杂志》2014 年第 4 期。

④ 参见王丽等：《多地人大为公益诉讼“开路”》，载《检察日报》2018 年 5 月 21 日，第 6 版。

益诉讼权，可以行使也可以放弃，对不行使生态环境损害赔偿诉讼权利的行为没有相关机构监管，也不用承担相应的法律责任。目前，生态环境损害赔偿诉讼实践主要还是以《改革方案》作为依据，容易产生运动式的生态环境损害诉讼热潮，正常实施缺乏法规性文件支撑。自《改革方案》部署在全国开展生态环境损害赔偿制度改革以来，至2020年年底全国共办理生态环境损害赔偿案件4300余件，涉及赔偿金额超过78亿元；[①] 2021年，全国办理生态环境损害赔偿案件达7000余件，涉及赔偿金额39亿元。[②] 但是，各地改革进展很不均衡，有些省份办理的案件有数百件甚至上千件，有些省份还停留在个位数、十位数。[③] 从2020年10月的一份新闻报道显示的数据来看，2020年前10个月全国办理生态环境损害赔偿诉讼案件数超过30件的有12个省份，其余20个省份办案282件，仅占比16.8%，而办案数为个位数的省份就有8个。2021年，率先探索生态环境损害赔偿制度改革、审理生态环境损害赔偿案件数全国排名第一的江苏省，[④] 全年共受理生态环境损害赔偿诉讼案件10件，审结1件；受理生态环境损害赔偿协议司法确认案件2件，审结1件。[⑤]

二、环境责任保险制度中存在的弱项

（一）环境责任保险法律体系尚未形成

经过30余年的缓慢发展，环境责任保险逐渐被引入法律、行政法规、部门规章及地方性法规中（详见表4－4）。

---

① 参见《截至去年底，全国共办理生态环境损害赔偿案件4300余件》，载百家号“中国新闻网”2021年9月14日，https：//baijiahao. baidu. com/s？ id＝1710867057401012359&wfr＝spider&for＝pc。

② 参见《2021中国生态环境状况公报》，载生态环境部网2022年5月27日，https：//www. mee. gov. cn/hjzl/sthjzk/zghjzkgb/202205/P020220608338202870777. pdf。

③ 参见《截至去年底，全国共办理生态环境损害赔偿案件4300余件》，载百家号“中国新闻网”2021年9月14日，https：//baijiahao. baidu. com/s？ id＝1710867057401012359&wfr＝spider&for＝pc。

④ 参见叶志明：《190件，全国第一！江苏“生态环境损害赔偿制度改革”再获利好》，载文汇网，https：//wenhui. whb. cn/third/baidu/202009/01/368844. html。

⑤ 参见《江苏法院去年一审环境资源案破万件 十大典型案例发布》，载新华网，http：//www. js. xinhuanet. com/2022－06/06/c_1128717102. htm。

表 4－4　我国现行主要环境责任保险法律、行政法规、部门规章及地方性法规

立法类型	名称（颁布或修正年份）	具体条款
法律	《环境保护法》（2014）	第 52 条
	《保险法》（2015）	第 11 条
	《海洋环境保护法》（2017）	第 66 条
	《核安全法》（2017）	第 90 条
	《固体废物污染环境防治法》（2020）	第 99 条
行政法规	《海洋石油勘探开发环境保护管理条例》（1983）	第 9 条
	《防治船舶污染海洋环境管理条例》（2018）	第 51～52 条、第 71 条
部门规章	《船舶及其有关作业活动污染海洋环境防治管理规定》（2017）	第 27 条
	《管理办法（草案）》（2018）	第 1～28 条
	《防治船舶污染内河水域环境管理规定》（2022）	第 11 条
地方性法规	《江西省环境污染防治条例》（2008）	第 4 条
	《沈阳市危险废物污染环境防治条例》（2008）	第 8 条
	《保定市大气污染防治条例》（2017）	第 21 条
	《广西壮族自治区饮用水水源保护条例》（2017）	第 50 条
	《西藏自治区抗旱条例》（2017）	第 36 条
	《海南省环境保护条例》（2017）	第 59 条
	《江苏省通榆河水污染防治条例》（2018）	第 27 条
	《湖南省湘江保护条例》（2018）	第 46 条
	《大连市环境保护条例》（2019）	第 41 条
	《陕西省大气污染防治条例》（2019）	第 21 条
	《巢湖流域水污染防治条例》（2019）	第 52 条
	《河北省生态环境保护条例》（2020）	第 32 条
	《重庆市水污染防治条例》（2020）	第 26 条
	《深圳经济特区绿色金融条例》（2020）	第 22 条、第 23 条
	《浙江省曹娥江流域水环境保护条例》（2020）	第 30 条
	《吉林省生态环境保护条例》（2020）	第 55 条

续表

立法类型	名称（颁布或修正年份）	具体条款
	《上海市饮用水水源保护条例》(2021)	第22条
	《上海市环境保护条例》(2022)	第52条
	《河北省固体废物污染环境防治条例》(2022)	第66条
	《广东省环境保护条例》(2022)	第61条
具有代表性的地方政府规章	《上海港船舶污染防治办法》(2015)	第28条
	《大连市危险废物污染环境防治办法》(2016)	第10条
	《深圳市环境污染强制责任保险实施办法》(2021)	第1~43条
	《上海市气象灾害防御办法》(2022)	第45条

但是，从总体上看，我国仍缺乏针对环境责任保险的系统规定，环境责任保险的合法性基础依然薄弱。

1. 全国性立法尚处起步阶段

在国家立法层面，我国加入了《1969年国际油污损害民事责任公约》，又加入了《1992年国际油污损害民事责任公约》（以下简称《国际油污公约》），按照公约规定，在缔约国登记的载运2000吨以上散装货油船舶的船舶所有人必须进行保险或取得其财务保证。除了遵守公约中有关责任保险的规定外，1982年公布的《海洋环境保护法》开始规定船舶油污环境责任保险。1995年，我国制定并实施《保险法》。该法规定，除法律、行政法规规定必须保险的外，保险公司和其他单位不得强制他人订立保险合同。[①] 2010年，《防污条例》开始实施，其中有关规定要求船舶所有人购买责任保险或者取得财务担保，并规定了不投保的法律责任。2013年，交通运输部对《船舶油污损害民事责任保险实施办法》进行了修正，进一步规定船舶油污损害责任保险投保人、承保机构、管理机构、保险范围、保险额度、不投保和投

① 按照1995年《保险法》第10条的规定，投保人和保险人订立保险合同，应当遵循公平互利、协商一致、自愿订立的原则，不得损害社会公共利益。除法律、行政法规规定必须保险的以外，保险公司和其他单位不得强制他人订立保险合同。根据2015年《保险法》第11条的规定，订立保险合同，应当协商一致，遵循公平原则确定各方的权利和义务。除法律、行政法规规定必须保险的外，保险合同自愿订立。

保不足的法律责任等，基本满足船舶油污环境污染责任保险的最低制度需求。除此之外，国务院发布管理条例或管理规定对危险化学品内河航运污染、海洋石油勘探开发、海洋油气矿产资源勘探开发和太湖流域污染 4 个具体领域的环境责任保险进行原则性或倡导性规定。[①] 遗憾的是，2014 年修订后的《环境保护法》（第 52 条），仅采用“国家鼓励投保环境污染责任保险”的倡导性措辞。2018 年 5 月 7 日，生态环境部开会审议并原则通过《管理办法（草案）》。该办法虽然填补了部分法律空白，规定了环境污染强制责任保险的投保范围、保险责任范围、保险合同等事宜，但基于其“完善环境污染损害赔偿机制”的狭窄功能定位，该办法还有以下弱项：没有基于环境责任保险是准公共产品的性质，设计详细条款对环境责任保险进行特别的监督管理；没有基于环境风险防范、环境信息公开的重要性，对环保部门、保险监管部门、保险人应公开而未公开环境责任保险相关信息、企业应投保而未投保的情形规定严格的惩处措施；没有对环境责任保险投保人规定更高的告知义务标准，甚至设计了保险人解除合同前应当书面通知及投保人进行补充告知的规定。此外，该办法对费率厘定、责任限额、风险评估、除外责任等方面也都只是进行原则性的规定，仍未从根本上解决强制推行环境污染责任保险过程中所面临的实际操作问题。[②] 作为新《环境保护法》实施后两部较早修订的环境单行法，《大气污染防治法》《水污染防治法》并没有吸收《管理办法（草案）》中的新理念而将环境污染责任保险制度设计进来。直到 2020 年，最新修订的《固体废物污染环境防治法》（第 99 条）规定，“收集、贮存、运输、利用、处置危险废物的单位，应当按照国家有关规定，投保环境污染责任保险”，我国才真正以单行法的方式推动环境污染责任保险，指引环境污染强制责任保险迈入有法可依的发展阶段。但是，目前也仅有《固体废物污染环境防治法》及《海洋环境保护法》两部单行法律规定了强制环境责任

---

① 2003 年《船舶载运危险货物安全监督管理规定》（第 20 条）、1984 年《海洋石油勘探开发环境保护管理条例》（第 9 条）、2006 年《防治海洋工程建设项目污染损害海洋环境管理条例》（第 27 条）、2011 年《太湖流域管理条例》（第 51 条）。

② 参见吴琼、邵稚权：《我国环境污染强制责任保险的法律制度困境及完善路径》，载《南方金融》2020 年第 2 期。

保险内容。[①]

2. 地方立法多呈现软法性质

《管理办法（草案）》出台之前，各级地方政府依据国务院及原环境保护部、交通运输部等部门的原则性规定，制定本地的地方性法规，主要有《沈阳市危险废物污染环境防治条例》《河北省减少污染物排放条例》[②]《河南省水污染防治条例》《上海市饮用水水源保护条例》《湖南省湘江保护条例》《大连市环境保护条例》《陕西省大气污染防治条例》《海南省环境保护条例》《浙江省曹娥江流域水环境保护条例》《广东省环境保护条例》等。与《环境保护法》《保险法》的鼓励性、自愿性条款相呼应，此阶段的地方性法规对环境责任保险基本采用"鼓励"、"支持和鼓励"或"积极推进"的软法措辞，宣示性大，约束性小，且因为原则性太强而不具有可操作性。以《海南省环境保护条例》及《湖南省湘江保护条例》为例。前者第59条第4款规定："鼓励危险化学品生产使用、危险废物处理、放射源使用等环境风险大的单位参加环境污染责任保险。"后者第44条规定："鼓励湘江流域重点排污单位购买环境污染责任保险或者缴纳环境污染治理保证金，防范环境污染风险。湘江流域涉重金属等环境污染高风险企业应当按照国家有关规定购买环境污染责任保险。"该条例首开地方立法规定强制责任保险之先河，但在无全国性强制投保立法的情况下，该规定充其量也只是一个"睡美人"条款。[③]

《管理办法（草案）》出台之后，各地又相继制定或修改了《河北省生态环境保护条例》、《重庆市水污染防治条例》、《吉林省生态环境保护条例》、《深圳经济特区绿色金融条例》、《深圳市环境污染强制责任保险实施办法》以及《无锡市水环境保护条例》等地方性法规。但同样遗憾的是，除《无锡市水环境保护条例》规定高风险企业应当按照国家规定投保环境责任保险[④]、

---

① 我国现行有效的环境单行法律有《放射性污染防治法》《水污染防治法》《海洋环境保护法》《土壤污染防治法》《大气污染防治法》《固体废物污染环境防治法》《噪声污染防治法》。

② 该地方性法规现已废止。

③ 参见竺效：《论环境污染责任保险法律体系的构建》，载《法学评论》2015年第1期。

④ 根据《无锡市水环境保护条例》第13条的规定，涉重金属等环境污染高风险企业，以及收集、贮存、运输、利用、处置危险废物的单位，应当按照国家有关规定投保环境污染责任保险。鼓励其他非高风险企业投保环境污染责任保险。

广东省深圳市正式将环境污染强制责任保险制度写入《深圳经济特区绿色金融条例》、配套实施《深圳市环境污染强制责任保险实施办法》进一步对投保范围、保险责任等提出强制性要求外，其他省市的条例对环境责任保险仍采用“鼓励”“鼓励和支持”态度，对环境污染强制责任保险只做原则性规定，只字不提环境高风险企业范围以及保险合同的订立、风险评估等核心内容。相比以往的地方性法规、规章，《深圳市环境污染强制责任保险实施办法》规定依法实行排污许可重点管理的、纳入深圳市重点排污单位名录的、企业突发环境事件应急预案中确定的风险等级为较大及以上环境风险的企业，以及法律法规规定的应当投保的其他情形的企业，应当投保环境污染强制责任保险，由市生态环境主管部门公示应参保企业名单，实行动态管理；对拒不投保或者续保的单位，由市生态环境部门责令改正，拒不改正的依法处以罚款；规范事前承保、事中风险防控服务、事后赔偿整个流程，要求保险人无正当理由不得拒绝承保，并要求其承保后提取不低于保费总额的25%专项用于环境风险防控服务；明确环境污染强制责任保险投保实行属地管理，全市实行统一的保险条款和基础保费费率、统一的保险标志，规定投保企业应在营业场所显著位置张贴或悬挂保险标志；建立联合监督管理机制，银行保险监管部门会同市生态环境主管部门对保险人、投保企业依法开展监督检查，依法公开相关信息。

综上所述，虽然经过30余年发展，我国环境污染责任保险的合法性基础依然薄弱。一是高位阶的法律法规缺失，部门规章与上位法存在冲突。作为环境保护领域和保险领域的基本法，《环境保护法》《保险法》显然比《管理办法（草案）》具有更高的法律效力，《管理办法（草案）》要求八类环境高风险企业强制投保的规定与《环境保护法》的鼓励性条款、《保险法》的自愿保险条款存在出入。部门规章与上位法律冲突将会使企业获得法律的“保护伞”，也会让地方政府在实际推行环境污染强制责任保险时陷入尴尬境地。因缺乏可保险性的法律制度设计，保险人不会积极承保并开发多个保险项目；没有法律或者行政法规强制投保，涉污企业出于成本的考量也不会积极参保。若地方政府按照《管理办法（草案）》的要求强制企业投保，则违背《环境保护法》《保险法》的相关规定。二是地方法规、规章的倡导意义远胜于实践意义。除《深圳市环境污染强制责任保险实施办法》突出强制性、具有保障性和系统性以外，其他各省市相关的法规、规章都只停留在鼓励、支持水平，没有创设符合地方特色的环境污染强制责任保险产品，也没有全方位地为企业提供风险保障。绝大部分省市的环境责任保险条款没有很好地与现行的排污许可管理、重点排污单位管理、应急预案管理等环境管理制度进行衔接，也没有与生态环境损害赔偿、环境公益诉讼等责任追究制度进行衔接，可操作性不强，实践意义不大。三是具体规定模糊、缺乏细节指引。无论是国家层面的法律、法规或规章，还是地方性法规、规章，除《管理办法（草案)》及《深圳市环境污染强制责任保险实施办法》等少数文件外，绝大多数规范性文件都没有对环境强制责任保险投保范围、保险责任范围、保险合同、费率厘定、责任限额、风险评估、除外责任等方面进行详细规定，对环境责任保险缺乏具体指引，可操作性不强。环境责任保险法律体系的残缺不全、下位法与上位法相冲突以及现有条款的软法特征，难以对涉污企业购买环境责任保险形成强力驱动。

（二）政策性文件在强制投保上具有内在弱效性

在环境责任保险法律不甚完善的前提下，为充分利用保险工具来参与环境污染事故处理、切实推进环境保护的历史性转变，国务院、国家环保部门和保险监管部门发布了一系列政策性文件和指导建议，旨在积极推动环境污染责任保险制度建设。2005 年至 2007 年，国务院公布了《关于落实科学发展观加强环境保护的决定》、《关于保险业改革发展的若干意见》和《关于印发节能减排综合性工作方案的通知》[①]。为落实以上文件精神，原国家环境保护总局和原中国保监会于 2007 年联合公布《保险工作指导意见》，明确提出开展环境责任保险试点，确立指导原则、工作目标和工作重点。以《保险工作指导意见》公布为转折，全国各地环保和保险部门开始积极推动环境污染责任保险。然而，试点工作举步维艰。2011 年，国务院公布《国家环境保护“十二五”规划》，针对前期环境责任保险工作困境，提出对高风险企业实行

① 该国务院规范性文件现已废止。

强制责任保险。为落实以上文件精神，我国又出台了以下两个文件：2011 年原中国保监会公布《关于保险业参与加强和创新社会管理的指导意见》，2013 年原环境保护部和原中国保监会联合公布《强制责任保险指导意见》，明确环境污染强制责任保险的试点企业范围，责成保险监管部门引导保险人合理设计保险条款和保费费率，特别对保险范围、责任限额和保费费率设计提出了原则性要求，在保障措施上规定环保部门可以采取相应的约束手段。《强制责任保险指导意见》还要求地方环保部门联合保险监管部门，争取将环境污染强制责任保险政策纳入地方性法规、规章，或推动地方人民政府出台规范性文件；在资金拨付、信贷支持等方面制定有利于企业积极投保环境责任保险的政策，引导企业积极投保。2015 年，中共中央、国务院公布了《关于加快推进生态文明建设的意见》和《生态文明体制改革总体方案》，提出进一步深化环境污染责任保险试点，在环境高风险领域建立环境污染强制责任保险制度。2018 年 6 月，中共中央、国务院印发《关于全面加强生态环境保护坚决打好污染防治攻坚战的意见》；2020 年 3 月，中共中央办公厅、国务院办公厅印发了《关于构建现代环境治理体系的指导意见》。两份文件强调推动环境污染责任保险发展，在环境高风险领域建立环境污染强制责任保险制度。在这里，笔者将近年来有关部门出台的政策性文件和指导建议总结了出来（详见表 4－5）。

表 4－5　2006 年至 2020 年与环境责任保险相关的政策性文件

发文年份	规范性文件名称	发文号或日期	相关重要内容
2006	国务院《关于保险业改革发展的若干意见》	国发〔2006〕23 号	开始提出发展环境责任保险，发展方式主要采取市场运作、政策引导、政府推动、立法强制等方式
2007	国务院《关于印发国家环境保护“十一五”规划的通知》[1]	国发〔2007〕37 号	探索建立环境责任保险和环境风险投资，提出要扩大利用外资渠道

续表

发文年份	规范性文件名称	发文号或日期	相关重要内容
2007	原国家环境保护总局、原中国保监会《关于环境污染责任保险工作的指导意见》	环发〔2007〕189号	明确开展环境责任保险工作的指导原则、工作目标及工作重点
2011	国务院《关于加强环境保护重点工作的意见》	国发〔2011〕35号	提出建立企业环境行为信用评价制度，健全环境污染责任保险制度，开展环境污染强制责任保险试点
2011	国务院《关于印发国家环境保护"十二五"规划的通知》	国发〔2011〕42号	提出健全环境污染责任保险制度，研究建立重金属排放等高环境风险企业强制保险制度
2011	原中国保监会《关于保险业参与加强和创新社会管理的指导意见》[2]	保监发〔2011〕69号	明确稳步开展环境污染责任保险，建立公共风险社会共担和补偿机制
2013	原环境保护部、原中国保监会《关于开展环境污染强制责任保险试点工作的指导意见》	环发〔2013〕10号	在原中国保监会《关于保险业参与加强和创新社会管理的指导意见》基础上，进一步明确环境污染强制责任保险的试点企业范围
2014	国务院《关于加快发展现代保险服务业的若干意见》	国发〔2014〕29号	强化政府引导、市场运作、立法保障的责任保险发展模式，把与公众利益关系密切的环境污染等领域作为责任保险发展重点，探索开展强制责任保险试点
2015	中共中央、国务院《关于加快推进生态文明建设的意见》	2015年4月25日	提出深化环境污染责任保险试点

续表

发文年份	规范性文件名称	发文号或日期	相关重要内容
2015	《生态文明体制改革总体方案》	2015年9月11日	在环境高风险领域建立环境污染强制责任保险制度
2016	中国人民银行、财政部、国家发展和改革委员会、原环境保护部、原中国银监会、中国证监会、原中国保监会《关于构建绿色金融体系的指导意见》	2016年8月31日	指出要按照程序推动制修订环境污染强制责任保险相关法律或行政法规
2018	中共中央、国务院《关于全面加强生态环境保护 坚决打好污染防治攻坚战的意见》	2018年6月16日	推动环境污染责任保险发展，在环境高风险领域建立环境污染强制责任保险制度
2020	中共中央办公厅、国务院办公厅《关于构建现代环境治理体系的指导意见》	2020年3月3日	推动环境污染责任保险发展，在环境高风险领域研究建立环境污染强制责任保险制度
2020	《深圳建设中国特色社会主义先行示范区综合改革试点实施方案(2020－2025年)》	2020年10月11日	提出健全生态建设和环境保护制度，实行环境污染强制责任保险制度

[1] 该国务院规范性文件现已废止。
[2] 该国务院规范性文件现已废止。

从以上文件分析，10余年来，政府对环境责任保险的推动实现了由少数几个省市试点向全国逐步推开的发展目标，工作方式也从倡导自愿性保险发展到强制高污染风险企业投保，目前正进入强制责任保险试点深化阶段。政策性倡导和强制成为我国涉污企业投保环境责任保险的主要外在动力。但遗憾的是，政策性文件只是国家机关以权威形式规定在某一特定历史阶段内应该达到的奋斗目标、遵循的行动原则、完成的明确任务、实行的工作方式、采取的一般步骤和具体措施的文件，内容上比较原则，一般不具有法律的严格条文形式。因政策性文不属于法律文件，即使文件中提出了“强化约束机制”，环保部门据此也只能做到“可以采取”、“紧密结合”、“暂停受理”或“提供依据”，对涉污企业形成不了普遍约束力，仅具指导和调控意义。因缺乏法律的强制性规定，即使实施强制责任保险的省市也可以根据情况变化而终止相关保险政策，如2021年9月23日，湖北省生态环境厅办公室公布了《关于停止执行〈湖北省环境污染强制责任保险推动方案〉的通知》，自此“企业投保环境污染责任保险按照国家有关规定执行”。[①] 试点以来投保环境责任险的数据表明，在缺乏国家统一立法明确环境责任保险法律地位的前提下，仅依靠政策性文件推行环境责任保险难以形成长期、有效的激励机制。

（三）环境责任保险合同微观制度缺乏科学性

环境责任保险试点以来，平安财险、中国人保、太保财险、英大长安等多家保险公司加入承保环境责任保险的机构行列。因2007年《保险工作指导意见》缺乏对环境责任保险合同具体内容的指导，各家保险公司的合同条款基本都是借鉴国外环境责任保险合同。2013年，《强制责任保险指导意见》从投保企业范围、保险责任赔偿范围、责任限额、保费费率、风险评估和投保程序上为保险人设计保险条款提供了参考模板。2018年5月7日，生态环境部原则上通过《管理办法（草案）》，以部门规章的形式为保险公司设计保险条款提供依据。仔细考察《强制责任保险指导意见》《管理办法（草案）》，以及人保财险、平安保险等公司的具体环境责任保险条款，不难发现多年来我国环境责任保险微观制度设计存在诸多问题，这些问题对我国环境责任保险的供需造成了不利影响。

1. 保险范围规定过于狭窄

《强制责任保险指导意见》中规定，保险条款载明的保险责任赔偿范围应当包括：第三方因突发性污染遭受的人身伤亡或者财产损失、必要而且合理的施救费用、必要而且合理的清污费用，以及由投保企业和保险人约定的

① 参见湖北省生态环境厅办公室《关于停止执行〈湖北省环境污染强制责任保险推动方案〉的通知》。

其他赔偿责任。[①] 人保财险、平安财险、太保财险等保险公司的环境责任保险合同中关于保险范围条款的设计与《强制责任保险指导意见》大同小异，基本上限于因突发意外事故导致的人身伤亡、直接财产损失和必要的清污费用；即使是《管理办法（草案）》也只不过是再将生态环境损害囊括进来。[②] 另外，我国《保险法》第18条及《管理办法（草案）》第20条[③]对环境责任保险除外责任只给予了原则性指引，导致国内各保险机构对除外责任条款的设计呈现百花齐放的样态，尤其是各省市具体保险合同中设计的除外责任兜底条款，在事实上大大缩小了环境责任保险的承保范围。与欧美国家的环境责任保险承保范围相比，我国环境责任保险承保范围的制度设计与涉污企业造成的实际环境侵权损害结果相去甚远；或者说，在环境侵权责任制度健全且执法严格的前提下，我国环境责任保险承保范围的制度设计与涉污企业对环境责任风险的分担需求不相符合。事实上，环境污染损害不仅可由突发性污染造成，更多的是由渐进性污染引发。环境污染或生态破坏造成的损害中不仅包括人身损害和直接的经济损失，还包括精神损害、间接经济损失和生态损害等。如果说，作为发展环境责任保险的指导性政策文件，《强制责

---

① 根据《强制责任保险指导意见》的规定，保险条款载明的保险责任赔偿范围应当包括：(1) 第三方因污染损害遭受的人身伤亡或者财产损失。(2) 投保企业（又称被保险人）为了救治第三方的生命，避免或者减少第三方财产损失所发生的必要而且合理的施救费用。(3) 投保企业根据环保法律法规规定，为控制污染物扩散，或者清理污染物而支出的必要而且合理的清污费用。(4) 由投保企业和保险人约定的其他赔偿责任。

② 根据《管理办法（草案）》第6条的规定，环境污染强制责任保险的保险责任，包括：(1) 第三者人身损害。环境高风险企业因突发环境事件或者生产经营过程中污染环境，导致第三者生命、健康、身体遭受侵害，造成人体疾病、伤残、死亡等，应当承担的赔偿责任。(2) 第三者财产损害。环境高风险企业因突发环境事件或者在生产经营过程中污染环境，直接造成第三者财产损毁或价值减少而应当承担的赔偿责任。(3) 生态环境损害。环境高风险企业发生较大、重大或者特别重大突发环境事件，导致生态环境损害而应当承担的赔偿责任，包括生态环境修复费用，生态环境修复期间服务功能的损失和生态环境功能永久性损害造成的损失，以及其他必要合理费用。(4) 应急处置与清污费用。环境高风险企业、第三者或者政府有关部门、公益组织等机构，为避免或者减少第三者人身损害、财产损失或者生态环境损害而支出的必要、合理的应急处置费用、污染物清理费用。

③ 根据《管理办法（草案）》第20条的规定，有下列情形之一的，保险公司不予赔偿：(1) 不可抗拒的自然灾害导致的损害。完全属于不可抗拒的自然灾害，环境高风险企业经过及时采取合理措施，仍然不能避免污染环境致使第三者遭受的损害。(2) 环境污染犯罪直接导致的损害。环境高风险企业构成污染环境犯罪被追究刑事责任的，其犯罪行为直接引发环境污染致使第三者遭受的损害。(3) 故意采取通过暗管、渗井、渗坑、灌注等逃避监管的方式违法排放污染物直接导致的损害。(4) 环境安全隐患未整改直接导致的损害。(5) 环境保护部和保监会确定的可以除外的其他损害。

任保险指导意见》缺乏对环境污染损害和环境责任保险功能的全面把握，具有明显的权宜性，那么，历经5年之后的环境责任保险试点实践以及为解决保险供需双冷的尴尬局面而通过的《管理办法（草案)》，仍旧没能打破我国环境责任保险承保范围狭窄的制度桎梏。在这里，笔者将中国与欧美国家环境责任保险承保范围的对比情况总结出来（详见表4－6)。

表4－6　中国与欧美国家环境责任保险承保范围对比

环境责任保险承保范围	中国	欧美国家
突发性的污染损害	Y	Y
渐进性、累积性的污染损害	N	Y
非污染的环境损害	N	Y
污染清理费用	Y	Y
直接的第三方人身、财产损害	Y	Y
间接的第三方人身、财产损害	N	Y
企业停工造成的经济损失	N	Y
环境修复与生态恢复费用	Y （最近两年开始承保，尚未普保）	Y
诉讼费、调查取证费	Y	Y
惩罚性损害赔偿	N	Y （英国和美国）[1]

资料来源：於方、牛坤玉、贾倩：《论环境责任保险中的环境风险与环境损害评估》，载《环境保护》2017年第14期。

注：字母Y代表有，字母N代表没有。

［1］参见［德］格哈德·瓦格纳主编：《比较法视野下的侵权法与责任保险》，魏磊杰、王之洲、朱淼译，中国法制出版社2012年版，第426页。

由于缺乏政策和法律上的依据和强制，实践中的保险人从自身利益出发，一般不会轻易放开承保范围。在《管理办法（草案)》出台之前，几乎没有保险人承保生态环境污染损害就是明证。《管理办法（草案)》出台之后，也无保险人将突发性污染事故引发的环境侵权精神损害、渐进性污染引发的人身和财产损害主动纳入保险范围。即使是《深圳市环境污染强制责任保险实施办法》出台后，最新开发的《中国平安财产保险股份有限公司平安产险深圳市环境污染责任保险（2021版）条款》也只是将保险责任规定在保险期间或保险合同载明的追溯期内，被保险人因污染环境、破坏生态造成第三者人身伤亡或财产损失、生态环境损害、应急处置与清除污染费用、应急责任补偿费用及法律费用范围。[①] 考察包括山西省、江苏省、湖南省以及广东省深圳市等省市的环境污染责任保险相关条款，除外责任主要包括投保人（被保险人或其代表）的故意行为，部分省市将投保人的重大过失行为产生的损害赔偿也排除在保险责任之外。有些保险机构还将保险合同的追溯期以前（未列明追溯期的，则为“保险期间以前”）就已发生或已存在的环境污染和生态环境损害，核反应、核子辐射和光电、噪声或放射性污染，被保险人生产流程本身固有原因导致的污水、废气等污染物不达标排放引发的损害，被保险人未能在保险事故发生后的72小时内发现的损失、费用和责任排除在保险责任之外。对于生态环境损害责任，许多省市环境责任保险合同条款中以“水体、大气、土壤等生态污染的损失”“生态环境本身的损失”等表述将其排除在保险责任之外。在2018年《管理办法（草案）》出台之后，一些省市的保险条款如《中国平安财产保险股份有限公司平安产险深圳市环境污染责任保险（2021版）条款》《中华联合财产保险股份有限公司山西省环境责任保险（2020版）条款》中不再将生态环境损害作为除外责任（详见表4－7）。

表4－7　部分省市环境责任保险条款中的除外责任规定

保险条款名称	保险条款内容
《中国平安财产保险股份有限公司平安产险深圳市环境污染责任保险（2021版）条款》	第九条　下列原因造成的损失、费用和责任，保险人不负责赔偿： （一）投保人、被保险人或其代表的故意行为、重大过失行为； （二）被保险人或其代表采取通过暗管、渗井、渗坑、灌注等逃避监管的方式违法排放污染物的行为； （三）战争、敌对行动、军事行为、武装冲突、罢工、骚乱、暴动、恐怖活动； （四）行政行为或司法行为； （五）在本保险合同的追溯期以前（未列明追溯期的，则为“保险期间以前”）就已发生或已存在的环境污染和生态环境损害；

① 参见《中国平安财产保险股份有限公司平安产险深圳市环境污染责任保险（2021版）条款》第4～10条。

续表

保险条款名称	保险条款内容
	（六）不可抗力的自然灾害导致的损害，被保险人依法不承担赔偿责任的； （七）环境污染犯罪导致的损害，被保险人构成污染环境犯罪被追究刑事责任的，其犯罪行为引发环境污染致使造成的损害 第十条　下列损失、费用和责任，保险人不负责赔偿： （一）被保险人或其雇员的人身伤亡及其所有、管理、控制、使用的财产的损失； （二）被保险人应该承担的合同责任，但无合同存在时仍然应由被保险人承担的经济赔偿责任不在此限； （三）罚款、罚金及惩罚性赔偿； （四）精神损害赔偿，但由法院判决支持的不在此限； （五）利润损失以及其他一切间接损失； （六）投保人、被保险人在投保前已经知道或可以合理预见的损害赔偿请求； （七）本保险合同中载明的免赔额或根据免赔率计算出的免赔额 第十一条　其他不属于本保险合同保险责任范围内的损失、费用和责任，保险人不负责赔偿
《中国人民财产保险股份有限公司江苏省分公司环境污染责任保险条款》	第六条　下列原因造成的损失、费用和责任，保险人不负责赔偿： （一）投保人、被保险人或雇佣人员的故意行为； （二）战争、敌对行动、军事行为、武装冲突、罢工、骚乱、暴动、恐怖活动； （三）核反应、核子辐射和光电、噪音或放射性污染； （四）行政行为或司法行为； （五）自然灾害； （六）井喷； （七）被保险人生产流程本身固有原因导致的污水、废气等污染物不达标排放 第七条　下列损失、费用和责任，保险人也不负责赔偿： （一）被保险人未能在保险事故发生后的 72 小时内发现的损失、费用和责任； （二）被保险人或其雇员的人身伤亡，被保险人或其雇员所有、使用或管理的财产的损失； （三）水体、大气、土壤等生态污染的损失； （四）累进式、渐变式污染造成的损失； （五）政府列明了的潜在污染地的任何索赔，保险单另有约定的除外； （六）被保险人应该承担的合同责任，但无合同存在时仍然应由被保险人承担的法律责任不在此限；

续表

保险条款名称	保险条款内容
	（七）因环境污染间接受损的第三者的人身伤亡和财产损失； （八）罚款、罚金、惩罚性赔偿； （九）精神损害赔偿； （十）未超过每次事故责任限额但超过分项责任限额的损失； （十一）本保险单列明的应由被保险人自行负担的免赔额及免赔额以内的损失 第八条　生产设备、生产装置、仓储等未经有关环境保护管理部门、安监部门验收合格，或擅自改变设施又未上报相关部门鉴定验收同意的情况下，发生环境污染责任事故后导致的第三者人身伤亡或财产损失，保险人不负责赔偿 第九条　其他不属于本保险责任范围的损失、费用和责任，保险人也不负责赔偿
《中华联合财产保险股份有限公司山西省环境责任保险（2020版）条款》	第八条　下列原因引起环境污染造成的损失、费用和责任，保险人不负责赔偿： （一）投保人、被保险人或其工作人员因故意犯罪被追究刑事责任的，其犯罪行为直接引发的环境污染； （二）投保人或被保险人故意采取通过暗管、渗井、渗坑、灌注等逃避监管的方式违法排放污染物的行为； （三）战争、敌对行动、军事行为、武装冲突、罢工、骚乱、暴动、恐怖活动； （四）核辐射、核爆炸、核污染及其他放射性污染，光电、噪音、电磁辐射、微生物质污染； （五）行政行为或司法行为； （六）酸雨； （七）追溯期以前（未列明追溯期的，则为“保险期间开始以前”）就已发生的意外事故或已存在的污染状况； （八）生产经营场所范围外机动车、飞机、船只等交通工具发生事故； （九）地下储罐； （十）井喷 第九条　下列损失、费用和责任，保险人也不负责赔偿： （一）被保险人或其工作人员的人身损害或财产损失； （二）被保险人生产经营场所内的清污费用； （三）被政府有关部门责令改正，但是投保企业不改正或者不按期限改正而直接导致的损害；

续表

保险条款名称	保险条款内容
	（四）因地震、火山爆发、海啸、龙卷风等完全属于不可抗拒的自然灾害，被保险人经过及时采取合理措施，仍然不能避免造成的损害； （五）投保人、被保险人在投保前已经知道或可以合理预见的损害赔偿请求；以及因在其他保险单项下已经通知保险人的，相同的、持续的、重复的或相互关联的污染事件引起的损害赔偿请求； （六）被保险人的产品或完工操作引起的损失、费用和责任； （七）被保险人应该承担的合同责任，但无合同存在时仍然应由被保险人承担的经济赔偿责任不在此限； （八）任何间接损失； （九）精神损害赔偿，但由法院判决支持的不在此限； （十）罚款、罚金及惩罚性赔偿； （十一）保险单载明的免赔额以及按保险单载明的免赔率计算的免赔额，两者以高者为准； （十二）超过保险单约定的各项责任限额的损失超额部分
《安诚财产保险股份有限公司重庆市环境污染责任保险条款》	第六条　下列原因造成的损失、费用和责任，保险人不负责赔偿： （一）投保人、被保险人或雇佣人员的故意或重大过失行为； （二）战争、敌对行动、军事行为、武装冲突、罢工、骚乱、暴动、恐怖活动； （三）核反应、核辐射及放射性污染； （四）光电、噪音污染； （五）自然灾害； （六）硅、石棉及其制品； （七）被保险人生产流程本身固有原因导致的污水、废气、固体废弃物等污染物排放； （八）井喷； （九）污染状况的首次发生是在“承保地点”已被被保险人有偿转让、弃置、赠予或被查封之后的污染事故； （十）任何源自承保区域内“地下储罐”的污染事故（“地下储罐”指贮槽及关联的管道和连接的附属部件，该贮槽有多于10%的容量位于地下）； （十一）行政行为或司法行为 第七条　下列损失、费用和责任，保险人也不负责赔偿： （一）被保险人未能在保险事故发生后的72小时内发现的损失、费用和责任； （二）被保险人或其雇员的人身伤亡及其所有或管理的财产的损失；

续表

保险条款名称	保险条款内容
	（三）水体、大气、土壤等生态污染的损失； （四）累进式、渐变式污染造成的损失； （五）政府列明了的潜在污染地的任何索赔，保险单另有约定的除外； （六）被保险人应该承担的合同责任，但无合同存在时仍然应由被保险人承担的法律责任不在此限； （七）任何间接损失、利润损失及精神损害赔偿； （八）投保之前投保人或被保险人就已知道或可以合理预见的“索赔”状况，或在本合同的起始日以前就已在发生的“意外事故”或已存在的“污染损害”； （九）飞机、汽车、机车、船只：由被保险人所有、操作、租用或借用的飞机、汽车、机车、船只或其他交通工具发生事故造成的人身伤亡、财产损坏或环境损害； （十）罚款、罚金及惩罚性赔款； （十一）被保险人生产或销售的产品引起的第三者责任； （十二）承保地点内的清污费用 第八条　未经有关环境保护管理部门验收或经验收不合格的场所或设备发生环境污染事故造成的任何损失、费用和责任，保险人不承担赔偿责任 第九条　本保险单列明的应由被保险人自行负担的免赔额，保险人不承担赔偿责任 第十条　其他不属于本保险责任范围的损失、费用和责任，保险人不负责赔偿
《英大泰和财产保险股份有限公司湖南分公司环境污染责任保险条款》	第六条　下列原因造成的损失、费用和责任，保险人不负责赔偿： （一）投保人、被保险人及其代表的故意行为、违法违规行为或重大过失； （二）战争、敌对行动、军，行为、武装冲突、罢工、骚乱、暴动、恐怖活动； （三）核辐射、核爆炸、核污染；噪声、光、震动、电磁辐射及其他放射性污染； （四）行政行为或司法行为； （五）地震、火山爆发、海啸、雷击、洪水、暴雨、台风、龙卷风、暴风、雪灾、雹灾、冰凌、泥石流、崖崩、地崩、突发性滑坡、地面突然下陷等自然灾害； （六）在本保险合同的追溯日以前就已发生的意外事故或已存在的污染损害； （七）硅、石棉及其制品；

续表

保险条款名称	保险条款内容
	(八) 被保险人所有、操作、租借的飞机、汽车、船只等交通工具，但因仅在被保险场所范围内使用的运输工具造成的损失、费用和责任不在此限； (九) 地下储油罐； (十) 井喷； (十一) 微生物 第七条　下列损失、费用和责任，保险人不负责赔偿： (一) 被保险人或其雇员的人身伤亡及其所有、管理、控制、使用的财产的损失； (二) 生态环境本身的损失； (三) 被保险人应该承担的合同责任，但无合同存在时仍然应由被保险人承担的经济赔偿责任不在此限； (四) 罚款、罚金及惩罚性赔偿； (五) 精神损害赔偿； (六) 停水、停电、停气造成的损失，以及其他一切间接损失； (七) 投保人、被保险人在投保之前已经知道或可以合理预见的索赔情况； (八) 被保险人从事业务活动过程中因业务的需要所进行的经常性排污行为所导致的渐进性损失； (九) 应当经相关环境监管部门验收而未经验收或验收不合格的场所或机器设备发生事故导致的损失、费用和责任； (十) 被保险人的产品或完工操作引起的损失、责任和费用； (十一) 本保险合同中载明的免赔额 第八条　其他不属于本保险责任范围内的损失、费用和责任，保险人不负责赔偿
《贵州试点环境污染责任保险条款》	第三条　下列原因造成的损失、费用和责任，保险人不负责赔偿： (一) 投保人、被保险人或其代表的故意犯罪行为； (二) 投保人、被保险人或其代表故意采取通过暗管、渗井、渗坑、灌注等逃避监管的方式违法排放污染物的行为； (三) 地震、火山爆发、海啸、龙卷风等完全属于不可抗拒的自然灾害，被保险人经过及时采取合理措施，仍然不能避免造成的损害； (四) 环境安全隐患被各级人民政府责令改正，但是被保险人不改正或者不按期限改正而直接导致的损害； (五) 战争、敌对行动、军事行为、武装冲突、罢工、骚乱、暴动、恐怖活动

续表

保险条款名称	保险条款内容
	第四条　下列损失、费用和责任，保险人不负责赔偿： （一）被保险人或其雇员的人身损害及其所有、管理、控制、使用的财产的损失； （二）被保险人应该承担的合同责任，但无合同存在时仍然应由被保险人承担的经济赔偿责任不在此限； （三）罚款、罚金及惩罚性赔偿； （四）精神损害赔偿； （五）可获得利益的损失以及其他间接损失； （六）投保人、被保险人在投保之前已经知道的索赔情况； （七）本保险合同中载明的免赔额或免赔率，以高者为准 第六条　其他不属于本保险责任范围内的损失、费用和责任，保险人不负责赔偿

相较于我国，许多国家的法律会根据环境污染实际情况及时调整环境责任保险范围，通过国家的政策、法律制度的变化来不断调整环境责任保险，逐渐摸索出与潜在被保险人需求更接近的方式，使环境责任保险产品得以健康发展。例如美国，在 1966 年之前因环境纠纷较少且多是突发性事故，公众责任保险单仅承保偶发性事故导致的环境责任。1966 年以后，随着环境污染日益严重，保险人开始承保渐进性环境责任。1976 年以后，根据法律授权，环保部门可以通过行政命令要求业主就环境损害赔偿责任和关闭估算费用等进行投保。后来，美国法律要求土地填埋设施的管理者、地面储存和土地处理单位的管理者对渐进性环境责任购买保险，45 个州先后出台了危险废物责任保险制度。[①] 至 1988 年，其承保范围已然包括被保险人的意外污染事故责任、渐进性污染责任及其清理费用等。[②] 在德国，保险人在 1965 年之前将"渐进性污染引起的损失"纳入责任免除之列。之后，承保范围逐渐扩大到渐进性污染导致的损害赔偿责任。1978 年之后，保险人开始承保大气或水污染造成的财产损害责任。1991 年，《环境责任法》出台，进一步扩大了保险

① 参见别涛、樊新鸿：《环境污染责任保险制度国际比较研究》，载《保险研究》2007 年第 8 期。

② 参见安树民、曹静：《试论环境污染责任保险》，载《中国环境管理》2000 年第 3 期。

范围。国外的有益经验给我们的启示是，要有效发展我国环境污染责任保险，那么有关环境责任保险范围的法律规定，必须与《环境保护法》《侵权责任法》的严格趋向以及与我国环境污染的严重程度相符合。

2. 缺乏科学的保费费率计算标准

诚如前文分析，环境责任保险定价是否合理影响着保险的供需。从涉污企业角度来说，除非国家强制投保，保费越高其购买环境责任保险的意愿越小。2016 年，钟琴道、陈晓丹等学者曾就投保环境责任保险在深圳 239 家企业中开展问卷调查。调查结果显示，虽然企业认为购买环境责任保险的正面影响大于负面影响，但只有 51. 9% 的企业自愿投保；至于不愿投保的主要原因，有 39. 5% 的企业选择“保费率过高”。[①] 郑苏晋、姚丹等学者也认为，试点至今，高费率成为限制我国环境责任保险发展的重要因素。[②] 诚然，与自愿性保险相比，强制责任保险的确是提高企业环境责任保险需求的最直接办法，但如果在强制责任保险中任由保险人厘定保费，势必会造成保险人牟取暴利的冲动并增加涉污企业的环保成本，一些小企业可能因难以负担过多的强制保险而被迫关闭，最终影响环境责任保险的整体需求。从保险人角度来说，因为信息不对称性而难以准确估计环境责任风险大小，并且由于环境污染事故具有广泛性、复杂性和不确定性而会面临巨额赔付，在无法律对费率厘定进行有效指引的情况下，保险人必定会从自身利益出发，通过分析和精算，力求做到在保费收入与赔付损失之间实现平衡。因此，如果政府对保费进行过分限制，势必会影响保险人依据企业风险特征灵活厘定保费、创新保险产品的动力，进而影响环境责任保险的有效供给。因此，只有通过科学有效的定价和推广，才能更好地促进环境责任保险的均衡发展。这需要从制度上予以科学规范。

目前，《强制责任保险指导意见》对设定基准费率及具体费率的考察因

---

① 参见钟琴道等：《环境污染责任保险投保意愿及需求分析——基于深圳的问卷调查》，载《特区经济》2016 年第 6 期。

② 参见郑苏晋、姚丹：《我国环境污染责任保险费率奖惩系统比较》，载《保险研究》2015 年第 8 期。

素进行了规定。在厘定基准费率时，保险人应当综合考虑的重要情况有投保人的环境风险、污染历史、经济实力等。在此基础上，综合企业的环境守法状况、行业特点、生产工艺及规模、所处区域环境敏感性等方面的情况，合理确定适用于投保企业的具体费率。2018 年，《管理办法（草案）》对环境强制责任保险实行“保险条款、基础费率及保费调节系数”“三统一”，并规定“环境污染强制责任保险根据被保险人的环境风险变化情况实行浮动费率”。但是，从现有规定看，《强制责任保险指导意见》及《管理办法（草案）》都只是从方向上对保险人厘定保费费率加以指引，并没有提供具体的计算标准。实践中，由于我国缺乏历史数据和明确的政策法律规定，平安财险、安诚保险等保险公司的环境污染责任保费费率基本上是在借鉴西方国家费率基础上稍做调整而来。

平安财险在计算环境责任保险的保费费用时参考的因素如下：主险保费是以合同约定的赔偿限额为基础，与保险基准费率和各类风险因子相乘所得结果；精神损害附加险保费的费率被额定为主保险的保费费率的 30%。保险基准费率以平安保险设定的“行业基准费率”与“赔偿限额及免赔额调整比例（保险人设计的保单累计赔偿限额调整比例、每次事故限额比例调整比例、免赔额调整比例三者之积）”相乘确定，各类风险因子则主要考察追溯期、地区分类、企业规模、标的处所位置、企业环境管理能力等。[①] 根据该公式计算，平安财险的环境污染责任保险基础费率平均为 5%。

安诚保险在环境责任保险的保费费率计算上则采取如下公式：“年度基准保险费 = 累计赔偿限额 × 基准费率 + 法律费用累计赔偿限额 × 法律费用基准费率；实际保险费 = 年度基准保险费 × 行业类别调节系数 × 环境敏感性调节系数 × 环保安全设施调节系数 × 承保地点数量调节系数 × 费率浮动系数。”（实际保费构成示意详见图 4 – 1）。

① 参见侯旭华、朱正、陈美桂：《湖南省长株潭“两型社会”建设与低炭经济发展的调查》，载《保险研究》2011 年第 8 期。

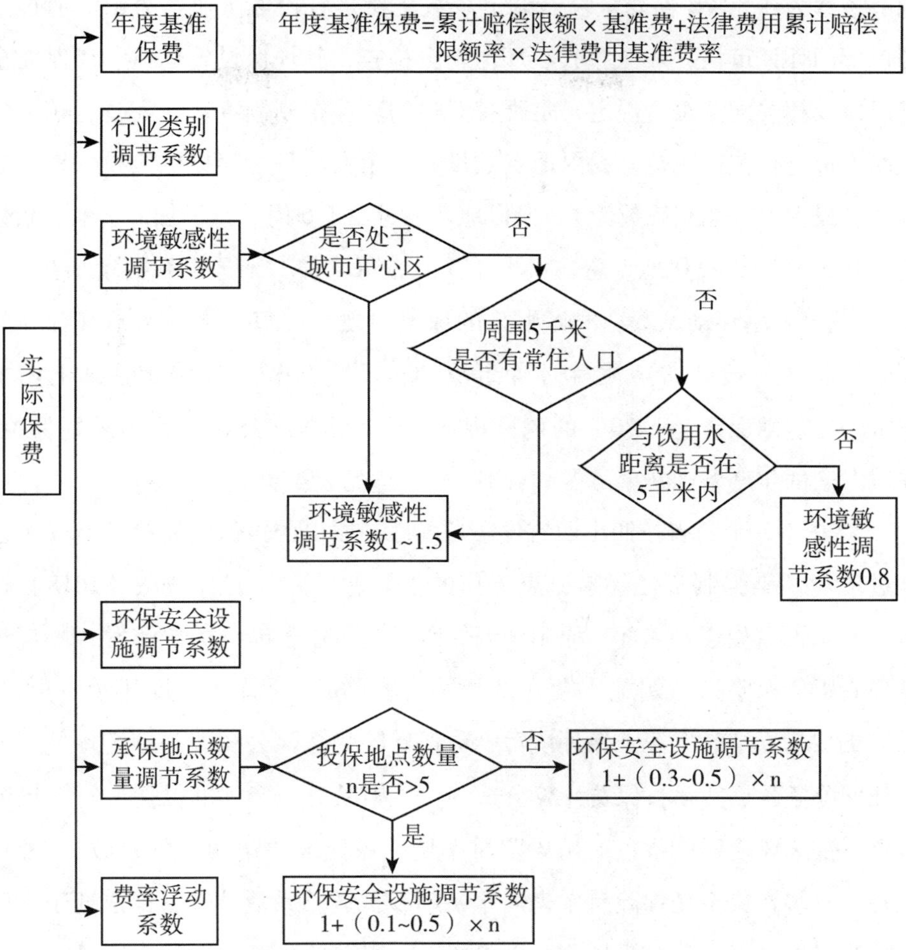

图 4－1 安诚保险实际保费构成

资料来源：《安诚财产保险股份有限公司重庆市环境污染责任保险条款》，载原创力文档，https：//wenku. baidu. com/view/b117cfea551810a6f524861f. html，2016 年 6 月 20 日访问。

行业类别调节系数主要是针对化工类、危化品类、危险废物运输和处置类、电镀、重金属、含铅类、制药类、造纸类、废物焚烧类等高环境污染风险企业，依据其风险程度高低设计 0. 3 ~ 0. 7 的系数。环境敏感性调节系数主要是考虑投保企业所处地理位置，对处于城市中心区域、人口密集区域、位于饮用水源上游、与饮用水源距离不超过 5 千米的企业设计 1 ~ 1. 5 的系数；位于偏远地区，周围 5 千米内无常住人口、非饮用水源敏感区的企业，风险调节系数为0.8。环保安全设施调节系数主要是看投保企业是否依法通过了环保部门环评审核、环保验收、环保安全检查，其环保设施运行、环保安全状况以及相关配置符合规定，是否有严格的环保控制制度，并配备有相关的检测人员进行监控防范。承保地点数量调节系数，是考察投保人投保地点的数量，投保1个地点系数为1，投保地点总量少于5时，每增加1个地点系数增加0.3～0.5；投保地点总数量大于5时，每增加1个地点系数增加0.1～0.5。至于费率浮动系数，安诚财险的保单中规定“每发生一次不符合‘三同时’标准，或者曾经发生环保事故的，风险调节系数在此基础上增加10%，在基础保费上下30%的范围内波动”。根据该公式计算出来的保费，安诚财险的年度基础费率最低都有1.4%（详见表4－8）。

2020年，山西省按照山西省生态环境厅、原山西银保监局筹备组《关于推进环境污染强制责任保险试点工作的指导意见》（晋环政法〔2018〕18号）和山西省生态环境厅、原中国银保监会山西监管局《关于印发〈环境污染强制责任保险试点实施方案（试行）〉的通知》（晋环法规〔2019〕184号）的要求，全省5家承保环境污染责任保险的保险公司统一制定环境污染责任保险条款、费率，保费计算公式为：“年保费＝年基准保费×行业风险调整系数×风险评价系数×历史赔付率调整系数×免赔额调整系数。”根据该省《环境污染责任保险费率表》中每项最低调整系数计算，得出处于一般风险等级的投保人基准保险费率为3.6%，相乘各种调整系数后，风险最小企业的保费费率达到1.05%；重大风险级别企业的基准保险的保费费率虽只有1.8%，但相乘各种调整系数（一般都大于1）后保费费率则相当高。2021年，贵州省建立环境责任保险新模式，以平安财险、华泰保险等8家公司组成的共保体统一保费费率，将投保企业保费费率分为五级，最高保费费率为3.9%，但最低也有2%。以上实例表明，各省市的环境责任保险的保费费率均远远高于财产险其他险种和投保人的费率预期。高额的保费费率及保费定价，尽管从理论上能够使保险人有效规避财产损失风险，但高费率已严重影响涉污企业投保的积极性。

表 4-8　安诚财产保险股份有限公司重庆市环境污染责任保险基础费率

有关事项	超大型企业（资产总额≥1.5 亿元）				大型企业（资产总额 8000 万～1.5 亿元）				中型企业（资产总额 1000 万～8000 万元）					小型企业（资产总 1000 万元以下额）				
累计赔偿限额/万元	1000	2000	3000	4000	500	1000	2000	3000	200	400	600	800	1000	100	200	300	400	500
年度基准费率/%	4	2.8	2.2	1.8	3.2	2.5	1.7	1.4	4	3	2.5	2.3	2	5	3.8	3.2	3	2.8
基础保费/万元	40	56	66	72	16	25	34	42	8	12	15	18.4	20	5	7.6	9.6	12	14

3. 索赔时效长度设计不合理

我国《保险法》第 26 条（2009 年修订之前为第 27 条）第 1 款规定，非人寿保险的被保险人或者受益人，向保险人请求赔偿或者给付保险金的诉讼时效期间为两年，自其知道或者应当知道保险事故发生之日起计算。2008 年，原中国保监会曾对如何理解 2009 年修订之前的《保险法》第 27 条作出《关于对〈保险法〉第 27 条理解有关问题的复函》（保监厅函〔2008〕249 号），认为该条所规定的期限应理解为“是被保险人或者受益人依据保险合同，对保险人请求保险金赔付的索赔时限，法理上属于请求权消灭时效，不同于《民法通则》规定的向人民法院请求保护民事权利的诉讼时效，二者并不冲突，各自产生独立的法律效果”。[①] 也就是说，在索赔期内如果被保险人或受益人向保险人提出保险金赔付请求遭到拒绝，还可以向人民法院提起诉讼，诉讼时效依据《民法通则》第 135 条和第 137 条的规定。《保险法》在 2009 年修订之后，旧法第 27 条第 1 款被新法第 26 条第 1 款取代，保险索赔时效的性质被明确为“诉讼时效”，时效期间自被保险人或受益人知道或者应当知道保险事故发生之日起计算。这样一来，目前我国保险法领域中不再有除斥期间性质的索赔时效规定。也就是说，在诉讼时效之前缺少一个对被保险人或受益人向保险人索赔的时间限制。实践中，各家保险人的保险条款中关于索赔时限的规定，应当理解为合同当事人约定的投保方义务；若违反该义务，并不必然导致保险金请求权的丧失。

因缺乏政策和法律的明确规定，保险人会更多地从自身利益出发，在保险合同中设计较短的索赔时效。例如，安诚财险的环境责任保险合同中第 3 条规定：“自追溯日起至保险期间终止日的期间内，被保险人在被保险场所内从事保险单载明的业务活动过程中，因突发意外事故造成第三者损失，如果第三者在保险期间内首次向被保险人提出索赔，对于被保险人依照法律应当承担的经济赔偿责任，保险人在约定的赔偿限额内负责赔偿。”第 13 条同时阐明，除另有约定外，保险期间为一年，以保险合同载明的起讫时间为准。追溯期由保险合同双方约定，并在保险合同中载明。平安财险的环境责任保

---

① 参见原中国保监会《关于对〈保险法〉第 27 条理解有关问题的复函》。

险合同将索赔时间限制在“保险期间或保险合同载明的追索期内”（第3条），同时其第11条规定“除另有约定外，保险期间为一年，以保险单载明的起讫时间为准”，中华联合财险的环境责任保险条款中也有类似规定。[①]《中国平安财产保险股份有限公司平安产险深圳市环境污染责任保险（2021版）条款》第14条规定：“除另有约定外，保险期间为一年，以保险单载明的起讫时间为准。追溯期由投保人与保险人在签订保险合同时协商确定，并在保险合同中载明；未载明的，则无追溯期。”事实上，环境责任保险市场上的索赔时效，短则1年，长则一般不超过4年。现实中，环境污染和生态破坏的后果往往具有累积性和潜伏性，尤其对身体的伤害一般要在几年甚至几十年后才会显现。因此，西方发达国家对环境责任保险的索赔时效的通行规定是30年。相较之下，我国实践中的保险索赔时效过短，将使被保险人能够获得的赔付概率非常小，无法满足涉污企业转嫁环境污染责任风险的需要。如此，利益博弈下的涉污企业对投保环境责任险的意愿不大。

4. 承保机构制度设计不合理

环境责任风险的特殊性和正外部性，决定了环境责任保险的承保机构有别于一般的财产保险承保机构。一方面，环境责任风险的潜伏性和多变性，从财力上对保险机构提出更高要求。相较于其他侵权损害，环境侵权损害，尤其是环境污染或生态破坏对人身造成的伤害具有很强的累积性和隐蔽性，往往需要经过很长一段时间才能显露出来；从被侵权人提出索赔到侵权责任最终得到确认经常需要较长的时间，尤其以诉讼方式确定环境侵权责任时为典型。保险风险的潜伏性特征，使保险人面临大量已发生未报告或已发生未赔付案件，可能导致其陷入财务困境。另外，影响环境责任保险未来赔付趋势的诸多因素，如经济发展、生命价值及其维系成本、社会维权意识、全球化背景下的相互关联性等，总是处于频繁变化之中，使环境责任风险比其他风险更难预测和评估。一旦未曾预料的索赔突然增加，很容易导致保险人陷入经济困境。另一方面，环境责任保险的社会公益性（正外部性）决定环境

① 参见《中华联合财产保险股份有限公司环境污染责任保险条款》，载中国保险行业协会网，http：//www.iachina.cn/col/col7069/index.html，2021年1月2日访问。

责任保险的承保机构不能以“利润最大化”为其最高目标，国家不能将环境责任保险作为单纯的商业保险产品加以对待。鉴于环境责任风险的特殊性以及环境责任保险的公益性或外部经济性，许多国家对环境责任保险承保机构的制度安排，有别于一般财产保险承保机构的法律规定。典型模式之一是美国式的专业保险机构。1988 年，美国成立环境保护保险人，作为专业机构来承保污染事故第三者责任，包括突发和渐进的事故责任风险。典型模式之二是意大利式和法国式的联保集团。前者在 1990 年由 76 家保险人组成联合承保集团；[①] 后者于 1977 年组建由外国保险人和法国保险人构成的再保险联盟（GARPOL），于 1989 年组建由 50 个保险人和 15 个再保险人构成的高风险污染集团（ASSURPOL）。[②]

就我国而言，自 1980 年正式恢复保险业务以来，国内保险人的保险偿付能力参差不齐，环境责任保险的理论研究和实务经验都很欠缺。在环境责任保险领域，目前还没有法律法规对环境责任保险的承保机构进行专门规定。2007 年出台的《保险工作指导意见》的指导原则是“政府推动，市场运作”，鼓励保险人开发环境责任保险产品，按法律法规要求履行责任。2009 年《防污条例》第 53 条第 3 款规定：“承担船舶油污损害民事责任保险的商业性保险机构和互助性保险机构，由国家海事管理机构征求国务院保险监督管理机构意见后确定并公布。”交通运输部 2013 年修正的《船舶油污损害民事责任保险实施办法》第 8 条也规定我国船舶油污损害民事责任保险的承保机构为商业性保险机构和互助性保险机构。2013 年出台的《强制责任保险指导意见》中，采用的措辞都是“保险人”；2018 年生态环境部原则通过的《管理办法（草案）》中，首次明确承保环境强制责任保险的是“商业性保险机构（简称保险人）和互助性保险机构”。

实践中，在环境责任保险试点前期，各省市一般是选定 1 ~ 2 家具有实力的保险公司承保。后来，逐渐发展为共保体形式，如广东省深圳市和湖南省。广东省深圳市针对环境污染责任保险的特点，引入专业的保险中介机构进入

---

① 参见别涛：《国外环境污染责任保险》，载《求是》2008 年第 5 期。

② 参见毕思勇、张龙军：《进一步推广和完善我国环境污染责任保险的建议》，载《宏观经济研究》2009 年第 11 期。

环境责任保险领域，由保险经纪公司根据市场需要设计保险产品和服务标准，组建由大地财险、华泰财险、民安财险、人保财险、太保财险、太平财险、中华联合保险等7家保险人组成的深圳市环境责任保险创新项目共保体，开展承保并实施“六统一”，即“统一产品设计，统一费率调整，统一承保要求，统一理赔流程，统一服务标准，统一监督考核”。① 在湖南省，省环保部门早在2012年就组织经纪公司竞争谈判，组建由平安财险和人保财险的湖南省分公司组成的共保体，搭建“统一条款，统一费率，统一保障范围，统一赔偿标准，统一操作方案”的“五统一”运行机制。② 2018年《管理办法（草案）》被生态环境部原则通过以来，各省市确定承保机构可谓“八仙过海，各显神通”。有的省市比如海南省，2019年原中国银保监会海南监管局、海南省生态环境厅以政策性文件的方式，根据“相关选定条件和评分标准”确定由人保财险海南省分公司等6家省内保险机构组成共保体作为强制责任保险试点工作的承保机构；③ 广东省深圳市则将保险市场完全放开，只要是按照保险同业公会要求完成报备手续的保险人或者保险经纪公司，都可加入该市的环境污染强制责任保险市场；④ 山西省则通过山西省生态环境厅组织招标来选定环境污染强制责任保险承保主体。⑤ 无论是自愿性环境责任保险试点初期的几家保险人单独承保的做法，还是后来发展的强制责任保险试点时期的共保体承保、开放市场的竞争式承保抑或由地方政府招标确定多家保险人承保的做法，我国环境责任保险承保机构的商业性本质始终没有改变。而且，以各省市号召或组织建立的环境责任保险共保体远远比不上国家在核工业和航天两大高风险尖端技术领域建立的中国核保险共同体和中国航天保

---

① 参见深圳市人居环境委员会《关于推进环境污染责任保险创新工作的通知》。

② 参见《湖南省环境污染责任保险尝试“共保体”模式》，载中国新闻网，http：//finance.chinanews.com/ny/2014/10－16/6685405.shtml。

③ 参见原中国银保监会海南监管局、海南省生态环境厅《关于海南省环境污染强制责任保险试点承保保险机构名单的公告》。

④ 参见《深圳地区经营环境污染责任保险人名录》，载深圳市保险同业公会网，https：//www.szia.org.cn/#/noticesDetails? parentName = %E9%80%9A%E7%9F%A5%E5%85%AC%E5%91%8A&crumbsTitle = %E9%80%9A%E7%9F%A5%E5%85%AC%E5%91%8A&id = 2c90809b7b57f63f017b762f95860004，2021年10月9日访问。

⑤ 参见《山西省生态环境厅环境污染强制责任保险承保主体入围项目框架协议招标公告》，载全国招标信息网2020年4月14日，https：//www.bidnews.cn/caigou/zhaobiao－11284829.html。

险联合体。① 1997 年，中国航天保险联合体由国务院指示中国人保牵头成立，并建立卫星保险基金，规定在保险基金积累到一定金额前，中国的卫星发射保险业务属于政策性业务。1999 年，中国核保险联合体经原中国保监会批准在北京成立，该联合体以《各国核保险联合体临分业务经营准则》作为基本遵循，联合体任何成员所接受的份额必须是净自留责任，不得为其承担的风险进行分保，核保险联合体不使用任何中介。相较之下，环境责任保险共保体的联结较为松散、业务规则简单。在这里，笔者将我国部分省市的环境责任保险承保机构梳理出来（详见表 4 -9）。

表 4 -9　部分省市的环境责任保险承保机构

试点省市	承保机构模式	共保保险机构或主要保险机构
海南省	共保体	人保财险海南省分公司、太保财险海南分公司、平安财险海南分公司、阳光财险海南省分公司、大地财险海南分公司、人寿财险海南省分公司
湖南省	共保体	平安财险湖南分公司和人保财险湖南省分公司两家保险人组成共保体
贵州省	共保体	平安财险、太平洋财险等 8 家保险人成立共保体
江苏省无锡市	市生态环境局（原环境保护局）公开招标	四次通过公开招标，确定环境责任保险的共保人和首席承保人、基本条款、行业基准费率和保险经纪公司，形成由人保财险、太保财险、平安财险、永安财险、中华联合财险、天安财险、阳光财险、人寿财险、紫金财险 9 家保险人参与，人保财险为首席承保人的环责险共保体

① 中国核保险共同体成员公司包括中国再保险公司、中国人保、平安保险、太平洋保险、华泰财险、天安保险、大众保险、华安财险。中国航天保险联合体的成员包括国内所有的中资财产保险人和再保险人，它们是中国人保、中国再保险公司、太平洋财险、平安保险、华泰财险、永安保险、大众保险、华安财险、永安财险、新疆兵团财险。中国人民保险公司为联合体主席单位及业务部所在地。参见《中国航天保险联合体》，载百度百科，https：//baike. baidu. com/item/% E4% B8% AD% E5% 9B% BD% E8% 88% AA% E5% A4% A9% E4% BF% 9D% E9% 99% A9% E8% 81% 94% E5% 90% 88% E4% BD% 93/10067457？fr = aladdin，2020 年 10 月 10 日访问；《中国核保险共同体》，载百度百科，https：//baike. baidu. com/item/% E4% B8% AD% E5% 9B% BD% E6% A0% B8% E4% BF% 9D% E9% 99% A9% E5% 85% B1% E5% 90% 8C% E4% BD% 93/10067126？fr = aladdin，2020 年 10 月 10 日访问。

续表

试点省市	承保机构模式	共保保险机构或主要保险机构
广东省深圳市	第一阶段：共保体，现阶段：自由竞争的承保方式	由大地财险、华泰财险、民安财险、人保财险、太平洋财险、太平财险、中华联合财险 7 家保险人组成的深圳市环境责任保险创新项目共保体 按照深圳市保险同业公会要求，完成报备手续的保险人或者保险经纪公司，都可参加深圳环境强制责任保险市场
山西省	山西省生态环境厅招标	通过招标选定环境强制责任保险承保主体 5 家 第一，人保财险山西省分公司 第二，由太保财险山西分公司（主承保人）和阳光财险山西省分公司组成的承保主体 第三，由平安财险山西分公司（主承保人）、太平财险山西分公司、国任财险山西分公司和中煤财险山西分公司组成的承保主体 第四，由人寿财险山西省分公司（主承保人）、永诚财险山西分公司、永安财险山西分公司和紫金财险山西分公司组成的承保主体 第五，由大地财险山西分公司（主承保人）、天安财险山西省分公司和中华联合财险山西分公司组成的承保主体 2021 年中标人：人保财险山西省分公司
河北省	共保体	根据原河北省环境保护厅、河北省金融工作办公室、原中国保监会河北监管局《关于开展环境污染强制责任保险试点工作的实施意见》比选，中选保险人为中华联合财险河北分公司、平安财险河北分公司、人保财险河北省分公司、永诚财险河北分公司

从以上政策性文件、部门规章及各省市的实践来看，我国现有环境责任保险仍属于商业保险范畴，实行无差别地允许所有的保险人进入环境责任保险领域，要求保险机构坚持“无盈无亏”或“保本微利”[①] 的经营原则。环境责任保险承保机构的这种安排，少有考虑环境责任保险的外部经济性、复杂性和专业性，未能很好地调和环境责任保险公益性与商业保险人营利性之间的矛盾，也未建构强固的保险联合体和再保险机制有效分散风险、增强整

① 参见《深圳市环境污染强制责任保险实施办法》第 9 条。

体承保能力。目前，我国许多商业性保险机构缺乏环境责任保险的专业技术能力，转化风险的能力有限，将环境责任保险完全交由商业保险人经营的效果很不乐观。

5. 投保人告知义务规则混乱

在环境责任保险中，投保人对保险标的风险状况具有信息掌控优势，是环境责任风险评估所需资料的主要来源，投保人应当为风险评估资料的真实性与准确性负责。投保人履行如实告知义务既是民法中诚信原则的具体体现，也是环境责任保险费率得以科学制定的前提条件。投保人告知义务，是指投保人在保险合同订立时，应当就保险标的足以影响到保险人决定是否承保或者所应适用保险费率的有关情况如实向保险人进行陈述的一项法定义务。[①]《保险法》第16条第1款规定："订立保险合同，保险人就保险标的或者被保险人的有关情况提出询问的，投保人应当如实告知。"就环境责任保险关系而言，我国没有配套法律对其进行规范。

2018年5月7日，生态环境部审议并原则通过的《管理办法（草案）》标志着我国环境污染强制责任保险制度建设已取得实质性进展。但是，《管理办法（草案）》打破《保险法》的如实告知义务规则，赋予环境责任保险投保人补充告知权利、限制保险人的法定合同解除权。[②] 早在2017年6月，就有评论文章对《环境污染强制责任保险管理办法（征求意见稿）》第13条提出了担忧，认为投保人可以在收到解除合同通知后再履行如实告知义务，这将导致投保人的如实告知义务在事实上名存实亡，甚至会鼓励潜在的道德风险。[③] 此种担忧并非多余。实质上，该条款几乎解除了投保人在保险合同签订时的如实告知义务，保险人的核保义务因此明显加重；同时，保险人的

---

① 参见孙宏涛：《绿色保险：环境责任强制保险制度研究》，上海人民出版社2019年版，第117页。

② 根据《管理办法（草案）》第13条第2款的规定，环境高风险企业对重要事项未履行如实告知义务，保险人解除合同前，应当书面通知环境高风险企业，环境高风险企业应当自收到通知之日起5日内履行如实告知义务；环境高风险企业在上述期限内履行如实告知义务的，保险人不得解除保险合同。

③ 参见《环境污染责任保险的新机遇还是新挑战？——保监会环污险办法征求意见稿简评》，载无锡市弘复环保科技有限公司网2017年6月12日，http：//www.chinaepli.com/front/articles/1819.htm。

合同解除权几乎被投保人的补充告知权削弱成为一种虚假的权利，[①] 将严重影响环境责任保险人的承保热情和保险制度的良性发展。具体言之：

其一，在询问告知的法律框架下，允许投保人合同解除前补充告知，将严重影响环境责任风险的事实不确定性，进而影响环境责任风险的可保性。尽管强制责任保险可以解决保险人承保意愿严重不足的问题，但因为我国环境责任保险起步较晚、保险人的环境责任风险管理能力较弱，过于苛刻的核保义务将使环境责任保险市场发展更加缓慢。

其二，投保人在保险合同签订时不告知或不充分告知其所知道的重要事实，将迫使保险人依靠自身去获取被投保人控制的环境责任风险信息以确定保险利率，保费将因风险信息获取成本增加而大幅提高，环境责任保险“分散风险、分摊损失”的社会功能难以有效发挥。

其三，在既有限制保险合同解除权的法律规定下，禁止保险人在投保人履行补充告知义务后行使合同解除权，尽管可以确保环境责任保险合同的有效存续以及投保人一方对保单的期待与信赖利益，从而让环境责任保险较好地弥补我国社会保障体系的不足，但过分强调商业保险人的社会责任，甚至将环境责任保险变成一种完全的政策性保险，将对保险人产生不公平。

其四，该规定实质上否定了投保人违反先合同义务的法律后果。由于设立目的及制度功能不同，保险法对当事人违反各类型义务的情形规定了不同的法律后果。投保人的如实告知义务是保险法中最重要的先合同义务。若投保人不履行该义务，保险人缔约的真实意思表示将受到影响，保险合同的对价平衡基础也会受到破坏。[②] 为使保险人不受意思表示不真实缔结的合同的约束，保险法赋予保险人合同解除权，即当投保人因故意或重大过失未履行告知义务时，保险人对合同解除前发生的保险事故，不承担赔偿或者给付保险金的责任；在投保人故意不履行的情况下，保险人不退还保费；在投保人因重大过失未履行时，保险人应当退还保费。《管理办法（草案）》第 13 条

---

① 关于虚假的权利的相关理论，参见［美］卡尔·威尔曼：《真正的权利》，刘作翔等译，商务印书馆 2015 年版，第 89 页。

② 参见王静：《如实告知义务法律适用问题研究——以〈最高人民法院关于适用《中华人民共和国保险法》若干问题的解释（二）〉为核心》，载《法律适用》2014 年第 4 期。

的规定，突破了保险法对违反先合同义务及附随义务分设不同法律后果的制度设计，在《保险法》第16条第3款、第6款合理限制保险人合同解除权的基础上，几乎完全否定了环境责任保险人的合同解除权。而否定合同解除权的直接后果就是，在投保人违反先合同义务的情形下，保险人的权利预期变得模糊不清甚至全然落空。

综上所述，《管理办法（草案）》第13条已超出对最大诚信原则的反思平衡，将激发投保人不予告知的冒险精神，产生严重的道德风险。不仅如此，投保人告知义务规则混乱还将严重破坏保险市场的对价平衡，甚至导致保险制度赖以存续的基干不复存在。

三、环境责任保险外部保障体系中存在的弱项

（一）环境责任保险的辅助机制发展缓慢

在环境责任保险市场经济活动中，当环境风险信息不对称时，投保人的逆向选择不仅会把低风险的涉污企业挤出保险市场，而且也会使保费费率的确定成为难题。为有效规避信息不对称产生的逆向选择，近年来国外环境责任保险领域大多建立健全了环境信息披露制度、诚信记录体系、信息交流平台，以及专业的环境风险评估机构。相较而言，我国环境责任保险辅助机制发展缓慢，各项制度还存在各种程度的不足，对环境责任保险的供需也造成了不利影响。

1. 企业环境信息披露缺乏明确的标准指引

根据《中国企业绿色透明度报告（2018）》的统计，2014年至2016年有64个国家建立强制性企业环境信息披露制度。目前，国际上已形成一批较为成熟的环境信息披露技术标准和指南。如全球报告倡议组织（GRI）的《可持续发展报告指南》、国际标准化组织《社会责任指南》、英国的“气候创新领袖指数”、明晟（MSCI）ESG评价标准、澳大利亚五维评价法等国际环境信息披露方法。[①] 许多国家制定了专门法律规范环境信息披露具体内容及程序，如美国《紧急计划与社区知情权法》确定有毒物质释放清单制度，要求

① 参见郑军、于之的：《大力推动环境信息披露制度落地实施》，载《中国环境报》2021年6月18日，第3版。

相关企业披露化学物质特别是有毒物质生产、运输、使用和处置等各环节的环境信息；欧盟与相关国家签订《关于污染物排放与转移登记的基辅议定书》，要求企业定期报告化学物质排放、转移情况，由相关部门定期向社会公开发布。国外的环境信息披露制度具有如下共同特点：以公开为原则，不公开为例外，明确规定政府责任，要求具有环境保护功能的公共机构向公众提供环境信息，明确规定公开的环境信息具体内容，严格限制公开机构拒绝信息公开的理由，注重保护公民环境信息知情权，① 形成规范统一的披露形式与渠道，建立严格的监督与惩戒机制。② 在环境风险评估领域，出现了应用保险研究全球公司（AIR）、巨灾风险评估公司（EQECAT）和阿姆斯公司（RMS）等著名的巨灾模型公司，对巨灾风险管理提供咨询服务。美国财产与责任保险协会（PCI）每年都举行研讨会和委员会会议，加强交流沟通，其通过 80 多个公开出版物、每天的立法及监管警示报告、协会公报和统计分析，以及全资设立一家保险数据公司，为环境责任保险提供高效的信息服务。

在我国，早在 2003 年就开始着手建立环境信息披露制度，原国家环境保护总局公布《关于企业环境信息公开的公告》，要求各级环保部门遵循公正、公平、便民、客观的原则，及时、准确地公开政府环境信息。2007 年公布的《环境信息公开办法（试行）》③ 要求企业按照自愿公开与强制性公开相结合的原则，及时、准确地公开企业环境信息。④ 之后，规范政府、企业环境信息披露的政策性规范及法律法规主要有《企业事业单位环境信息公开办法》⑤（2015），《建设项目环境影响评价信息公开机制方案》（2015），中国人民银行、财政部、国家发展和改革委员会、原环境保护部、原中国银监会、中国证监会、原中国保监会《关于构建绿色金融体系的指导意见》（2016），《建设项目竣工环境保护验收暂行办法》（2017），《排污许可管理办法（试行）》

① 参见陈冬梅：《环境污染责任保险：理论与实践》，复旦大学出版社 2019 年版，第 116 页。

② 参见王金南：《加快建立健全环境信息依法披露制度，推动企业落实生态环境保护主体责任》，载生态环境部网 2021 年 6 月 1 日，https://www.mee.gov.cn/zcwj/zcjd/202106/t20210601_835692.shtml。

③ 该部门规章现已废止。

④ 参见《环境信息公开办法（试行）》第 4 条。

⑤ 该部门规章现已废止。

(2018),《大气污染防治法》(2018),《环境影响评价公众参与办法》(2019)。另外,2016 年中国证监会与原环境保护部签署了《关于共同开展上市公司环境信息披露工作的合作协议》,旨在完善上市公司环境信息披露制度,督促上市公司履行信息披露义务、落实环保责任,并于 2017 年修订《公开发行证券的公司信息披露内容与格式准则》,要求属于环保部门公布的重点排污单位的上市公司在其年报和半年报中披露环境管理和污染排放信息。2020 年 3 月,中共中央办公厅、国务院办公厅印发《关于构建现代环境治理体系的指导意见》,要求建立完善上市公司和发债企业强制性环境治理信息披露制度。2021 年 5 月,生态环境部印发《环境信息依法披露制度改革方案》,对推进环境信息依法披露制度建设进行了系统谋划,明确了制度框架,将污染物排放量大、环境风险高、排放有毒有害物质、社会关注度高、与公民利益密切相关的企业确定为主体,要求其依法开展环境信息披露,提出建立环境信息依法强制性披露协同管理机制,进一步明确最高人民法院、最高人民检察院、国家发展和改革委员会、工业和信息化部、民政部、司法部、中国人民银行等单位和部门在推进环境信息依法披露制度改革工作中的管理职责,细化了主要任务。综上所述,我国目前已基本建立覆盖生态环境管理各制度、全流程、全要素的信息披露体系(详见表 4－10)。

表 4－10 我国现行主要的环境信息披露规范性文件

颁布单位	规范性文件名称	具体条款
原国家环境保护总局	《关于企业环境信息公开的公告》(2003 年 9 月 22 日公布)	所有条款,内容包括环境信息公开的范围、必须公开的环境信息、自愿公开的环境信息、环境信息公开的方式、对企业环境信息公开的其他要求、企业环境信息的程序
全国人大常委会	《清洁生产促进法》(2002 年 6 月 29 日公布,2012 年 2 月 29 日修正)	第 17 条

续表

颁布单位	规范性文件名称	具体条款
	《环境保护法》（1989年12月26日公布，2014年4月24日修订）	第53～57条
	《海洋环境保护法》（1982年8月23日公布，1999年12月25日修订，2013年12月28日第一次修正，2016年11月7日第二次修正，2017年11月4日第三次修正）	第6条
	《水污染防治法》（1984年5月11日公布，1996年5月15日第一次修正，2008年2月28日修订，2017年6月27日第二次修正）	第17条、第18条、第20条、第30条、第72条、第79条、第80条、第82条
原环境保护部	《建设项目环境影响评价信息公开机制方案》（2015年12月10日公布）	第4～9条
中国人民银行、财政部、国家发展和改革委员会、原环境保护部、原中国银监会、中国证监会、原中国保监会	《关于构建绿色金融体系的指导意见》（2016年8月31日公布）	第11条
原环境保护部	《建设项目竣工环境保护验收暂行办法》（2017年11月20日公布）	第11条
国家环境保护部	《排污许可管理办法（试行）》（2018年1月10日公布，2019年8月22日修正）	第10条、第25条
全国人大常委会	《大气污染防治法》（1987年9月5日公布，1995年8月29日第一次修正，2000年4月29日第一次修订，2015年8月29日第二次修订，2018年10月26日第二次修正）	第4条、第15条、第16条、第18条、第22条、第23条、第24条、第31条、第52条、第91条、第100条
生态环境部	《环境影响评价公众参与办法》（2018年7月16日公布）	第2条、第5条

续表

颁布单位	规范性文件名称	具体条款
	《生态环境领域基层政务公开标准指引》及其附件《生态环境领域基层政务公开标准目录》（2019 年 8 月 5 日公布）	所有条款
中共中央办公厅、国务院办公厅	《关于构建现代环境治理体系的指导意见》（2020 年 3 月 3 日公布）	第 23 条
全国人大常委会	《固体废物污染环境防治法》（1995 年 10 月 30 日公布，2004 年 12 月 29 日第一次修订，2013 年 6 月 29 日第一次修正，2015 年 4 月 24 日第二次修正，2016 年 11 月 7 日第三次修正，2020 年 4 月 29 日第二次修订）	第 18 条、第 29 条、第 56 条、第 66 条、第 102 条
生态环境部	《环境信息依法披露制度改革方案》（2021 年 5 月 24 日公布）	所有条款

遗憾的是，相较域外环境信息披露制度较为完善的国家而言，我国相关法律法规尚不完善，针对环境信息披露的内容、格式出台的规定多为指导性意见或准则，环境信息披露要求未能形成统一标准，系统规范的法律制度体系尚未构建起来，缺乏强制披露的法律氛围；环境信息公开的主体和客体范围都较为狭小，[①] 环境信息公开救济途径缺乏。[②]

实践中，我国企业对环境信息的披露意愿低，且在进行环境信息披露时具有极大的随意性，对披露内容缺乏详细准确的描述，环境信息披露质量不高、定性分析多定量信息少，难以真实准确地反映企业环境信息情况。以上市公司环境信息披露为例。2019 年，中国沪深股市上市公司总计 3939 家，已公布相关环境责任报告的有效样本企业共 1006 家，只占所有上市公司数量的 25.54% 。[③] 2020 年，上市公司总计 4418 家，公布环境报告书、可持续发

① 参见《环境信息公开办法（试行）》第 2 条、第 11 条、第 19 条、第 20 条。

② 参见《环境信息公开办法（试行）》第 26 条。

③ 《〈中国上市公司环境责任信息披露评价报告（2019）〉发布——上市公司环境责任信息披露情况有所改善 仍有逾七成未公布有效样本》，载人民网，http：//env. people. com. cn/n1/2020/1118/c1010 –31935702. html。

展报告，以及环境、社会及管理（ESG）报告的有效样本企业共1135家，尽管在总数上比2019年增加129家，但也只占4418家上市公司的25.69%。[①] 一般而言，上市公司往往都选择在董事会报告和财务报告的附注部分进行环境信息披露，披露内容多是对公司有正向影响的环境项目，如ISO环境认证、企业排污费用及其环境保护投资、相关环保项目以及承担的与环境保护相关的税费等；对当年发生的与环境问题相关的重大事件一般只呈现在公司简介、回顾与展望及重要事项部分；很少有企业以独立报告的形式进行环境信息披露，基本不会提及那些对企业产生不利影响的环境成本和负债。[②] 根据生态环境部2019年的通报信息，多家上市公司因环保问题被生态环境部通报和处罚的信息，未披露在企业官网、企业社会责任报告或者其他相关环境报告中，[③] 很少有公司根据《环境信息公开办法（试行）》将企业发展对资源的消耗情况加以披露，更不用说企业环境保护目标、污染对周边居民生活的影响、绿色项目投资及各种环保技术管理手段等都未明确要求公开的信息内容。尽管《环境保护法》第62条规定了“重点排污单位不公开或者不如实公开环境信息的，由县级以上地方人民政府环境保护主管部门责令公开，处以罚款，并予以公告”，但因法律规定过于原则和模糊，也未出台专门的指导性文件对处罚标准和额度加以明确和细化，事实上现有的环境信息披露制度并没有很好地发挥应有作用。

---

① 《〈中国上市公司环境责任信息披露评价报告（2020年度）〉发布》，载中国日报网，http://cn.chinadaily.com.cn/a/202112/19/WS61bebecca3107be4979fdcb5.html?from=groupmessage。

② 参见安芮坤、王凤：《环境信息披露制度的国际经验及启示》，载《宏观经济管理》2021年第3期。

③ 如振华重工（600320.SZ）环境问题突出，违法行为频发；博汇纸业（600966.SH）非法处置危险废物，污泥随处乱倒；金贵银业（002716.SZ）屡被投诉，搬迁滞后；六国化工（600470.SH）污水污泥处置不当；浙江龙盛（600352.SH）危险废物填埋场环境污染隐患突出；顾家家居（603816.SH）未按要求严格落实应急预案，且未安装治污设施；五矿发展（600058.SH）营口中板有限责任公司在线监测设施运行不正常、超标排放等问题多发频发；五矿发展（600058.SH）集团公司赣县红金稀土有限公司环境污染问题久拖不治，敷衍整改，且多个环境违法问题并存；泸州老窖（000568.SZ）酿酒基地污水处理站污水处理能力不足；中国石化（600028.SH）北京燕山分公司部分治理设施未正常运行；建设能源（000600.SZ）未执行超低排放标准等。参见《〈中国上市公司环境责任信息披露评价报告（2019）〉发布——上市公司环境责任信息披露情况有所改善 仍有逾七成未公布有效样本》，载人民网，http://env.people.com.cn/n1/2020/1118/c1010-31935702.html。

2. 企业诚信制度体系尚未纳入环境责任保险信息

在环境责任保险诚信制度方面，我国起步晚且很不完善。2014 年，《环境保护法》规定企业、事业单位和其他生产经营者的环境违法信息应当记入社会诚信档案，违法者名单应当及时向社会公布。国务院印发的《社会信用体系建设规划纲要（2014—2020 年）》也对环保领域信用建设提出了明确要求。国务院办公厅《关于加强环境监管执法的通知》要求："建立环境信用评价制度，将环境违法企业列入'黑名单'并向社会公开，将其环境违法行为纳入社会信用体系，让失信企业一次违法、处处受限。"2015 年原环境保护部会同国家发展和改革委员会公布《关于加强企业环境信用体系建设的指导意见》，旨在到 2020 年实现"企业环境信用制度基本形成，企业环境信用记录全面建立，覆盖国家、省、市、县的企业环境信用信息系统基本建成，环保守信激励和失信惩戒机制有效运转，企业环境诚信意识和信用水平普遍提高"。2020 年 3 月，中共中央办公厅、国务院办公厅印发《关于构建现代环境治理体系的指导意见》，要求健全环境治理信用体系。在强调加强政务诚信建设的同时，要求各地区各部门完善企业环保信用评价制度，依据评价结果实施分级分类监管；建立排污企业黑名单制度，将环境违法企业依法依规纳入失信联合惩戒对象名单，将其违法信息记入信用记录，并按照国家有关规定纳入全国信用信息共享平台，依法向社会公开。

目前来看，我国企业环境保护诚信建设并未形成一个具有系统性、规范性的制度体系，多停留在地方试点实践及国家政策指导层面，规范效力层级低，缺乏统一标准。而且，在以上文件要求明确记入企业环境信用记录的信息范围（基础类信用信息和不良类信用信息）中，并未包括环境责任保险信息。实践中，代表我国较高保险监管水平的上海市和广东省深圳市，早在 2001 年和 2003 年就由各自的保险监管部门着手建立保险业诚信考核体系。但是，从两个诚信考核体系分析，虽然考核指标都基本涵盖了保险人运营和监管的各个主要环节和内容，但两者都还只是有望将投保人、被保险人正式纳入监管范围。有关投保人、被保险人的信息交流平台，目前也只在少数省份和城市建立起来并局限在第一方保险领域，如原中国保监会海南监管局印发了《海南保险统计数据信息业内发布及使用办法（试行）》，山西省各保险公司通过签署保险行业协会制定的《山西省人身保险特别关注客户信息共享协议》联手搭建客户信息交流平台。① 2017 年 12 月 27 日，由原环境保护部环境与经济政策研究中心研发的环境污染责任保险服务平台在贵州省贵阳市正式公布，该平台集企业投保、环境风险服务、保险定损理赔、法律支持与服务以及数据归集与信息公开于一体，将为推动环境强制责任保险制度实践提供一套具有系统性、实用性的方案和工具。② 原环境保护部政策法规司对服务平台给予了充分肯定和支持，希望依托服务平台积极促进各地环境责任保险先行先试，积极为改革提供实践经验，贵州省成为该平台的实践先行者。

3. 全国性的环境责任保险风险评估制度尚未建立

关于责任保险风险评估，《保险工作指导意见》将环境风险源监控、对污染事故调查和损失评估的重任委托给了各级政府环保部门，按照工作目标，要实现风险与损失评估、责任认定及事故处理、资金赔付等各项机制不断健全。2013 年出台的《强制责任保险指导意见》，将环境风险评估的任务交给了保险人，规定其有权选择自行或者委托第三方机构对投保企业进行环境风险评估；该指导意见还“鼓励保险经纪机构提供环境风险评估和其他有关保险的技术支持和服务”，并对风险评估方式进行指引。③ 2018 年生态环境部原则通过的《管理办法（草案）》第 17 条第 1 款明确规定，保险人在承保前对投保企业开展环境风险评估、出具评估报告，将评估报告作为保险合同的组

---

① 参见《山西建立人身保险行业特别关注客户信息交流平台》，载原中国保监会山西监管局网，http：//gzhb. gog. cn/system/2017/12/29/016319894. shtml。

② 参见《环境污染责任保险服务平台在贵阳发布》，载多彩贵州网，http：//gzhb. gog. cn/system/2017/12/29/016319894. shtml。

③ 根据《强制责任保险指导意见》的规定，企业投保或者续签保险合同前，保险人可以委托或者自行对投保企业开展环境风险评估。鼓励保险经纪机构提供环境风险评估和其他有关保险的技术支持和服务。投保企业环境风险评估可以按照下列规定开展：（1）对已有环境风险评估技术指南的氯碱、硫酸等行业，按照技术指南开展评估。（2）对尚未颁布环境风险评估技术指南的行业，可以参照氯碱、硫酸等行业环境风险评估技术指南规定的基本评估方法，综合考虑生产因素、厂址环境敏感性、环境风险防控、事故应急管理等指标开展评估。

成部分。我国现行的企业环境风险评估、评价和分级制度，主要是《环境风险评估技术指南——氯碱企业环境风险等级划分方法》（2010）、《环境风险评估技术指南——硫酸企业环境风险等级划分方法（试行）》（2011）、《环境风险评估技术指南—粗铅冶炼企业环境风险等级划分方法（试行）》（2013）、《企业突发环境事件风险评估指南（试行）》（2014）、《企业突发环境事件风险分级方法》（2014）、《建设项目环境风险评估技术导则》（2019）等。近年来，江苏省、青海省等试点省市开始尝试建立地方性环境风险评估机制。江苏省制定了重点化工园区环境风险等级评估办法，同时构建了覆盖全省环境风险企业的动态管理系统；① 青海省建立健全以省级环境污染责任保险网站和环境污染责任保险管理系统为基础的信息化管理平台，建立完善风险评估指引、投保管理指引、索赔管理指引三个方面的管理体系，以规范化、流程化、标准化为主要手段，搭建起青海省具有环境污染责任事前风险防范、事中风险管理监测和事后保险服务保障的保险管理体系，制定环境责任的风险评估操作规范指引、投保操作规范指引和索赔操作规范指引，建立了从风险评估到投保工作、索赔工作等各主要工作环节的工作程序和管理标准，实现对实际业务操作的全过程、全方位的管理和控制。② 当前，各类型环境风险评估技术、方法或指南在特定行业、特定区域上应用较为成熟，但国家层面或行业层面暂无覆盖所有高污染高风险行业的环境风险评估方法或指南，导致环境责任保险在不同行业定价费率的转化存在一定困难，环境风险评估指标与环境责任保险产品的针对性指标存在一定的差距。③ 在这里，笔者将环境风险评估技术规范性文件及其局限性总结出来（详见表4－11）。

---

① 参见黄勇：《江苏首次评估化工园环境风险》，载《江南时报》2005年12月24日，第5版；《江苏省环境保护厅〈关于切实加强危险废物监管工作的意见〉》，载原江苏省环境保护厅网，http：//www.jshb.gov.cn/jshbw/gtfw/wjgd/201208/t20120829_212930.html。

② 参见《“一个平台、三个体系”构建青海省环境污染责任保险管理新模式》，载凤凰网，http：//news.ifeng.com/a/20150807/44373657_0.shtml。

③ 参见黄昭等：《基于环境污染责任保险的环境风险评估研究进展》，载《中国环境管理》2021年第4期。

表 4－11 环境风险评估技术规范性文件及其局限性

<table>
<tr><th>年份</th><th>规范性文件名称</th><th>缺点/局限性</th></tr>
<tr><td>2010</td><td>《环境风险评估技术指南——氯碱企业环境风险等级划分方法》</td><td rowspan="3">未考虑生态损害和积累性损害，未考虑对于环境风险具有一定防控能力的企业选址情况，风险等级分类未与保险风险分类相结合</td></tr>
<tr><td>2011</td><td>《环境风险评估技术指南——硫酸企业环境风险等级划分方法（试行）》</td></tr>
<tr><td rowspan="2">2013</td><td>《环境风险评估技术指南——粗铅冶炼企业环境风险等级划分方法（试行）》</td></tr>
<tr><td>《重点环境管理危险化学品环境风险评估报告编制指南》</td><td>缺乏生产安全控制方面的指标，危化品名录具有局限性</td></tr>
<tr><td>2014</td><td>《污染场地风险评估技术导则》</td><td></td></tr>
<tr><td>2015</td><td>《尾矿库环境风险评估技术导则（试行）》</td><td></td></tr>
<tr><td rowspan="2">2018</td><td>《行政区域突发环境事件风险评估推荐方法》</td><td></td></tr>
<tr><td>《企业突发环境事件风险分级方法》</td><td>关注突发环境风险事故；Q 值计算量大，不能对风险的危害进行定量分析；缺乏对日常和突发事故下的全过程管理；未能考虑安全事故到环境事件的演化过程</td></tr>
<tr><td>2019</td><td>《建设项目环境风险评价技术导则》</td><td>未对企业建设项目厂区的环境风险划分等级，模型参数的确定具有主观性，缺乏对不确定性指标的有效检验手段，不包含生态环境风险</td></tr>
<tr><td>2020</td><td>《生态环境健康风险评估技术指南 总纲》</td><td></td></tr>
</table>

4. 环境损害鉴定标准不统一

对于环境损害鉴定，原环境保护部公布了《关于开展环境污染损害鉴定评估工作的若干意见》等规范性文件，[1] 将污染修复与生态恢复费用纳入环境损害赔偿范围，对构建我国环境污染损害评估实行分步推进的策略。2011年8月，原环境保护部办公厅印发《环境污染损害鉴定评估试点工作方案》，并选取重庆、河北、河南、湖南、江苏、山东等地进行试点。为指导生态环境损害鉴定评估工作，原环境保护部相继公布《企业突发环境事件风险评估指南（试行）》（2014）、《生态环境损害鉴定评估技术指南 总纲》（2016）、《企业突发环境事件风险分级方法》（2018）等文件。同时，为有效管理环境损害评估机构，《环境损害鉴定评估推荐机构名录》（分为第一批至第三批）、《环境损害司法鉴定机构登记评审办法》和《环境损害司法鉴定机构登记评审专家库管理办法》也相继出台，明确由司法部与生态环境部对共计242家左右的环境损害鉴定评估机构统一实施行政登记的管理体制，包括42家推荐机构、200家环境损害司法鉴定的机构。[2] 2020年12月29日，生态环境部和国家市场监督管理总局在原有生态环境损害鉴定评估相关技术文件的基础上，联合公布了《生态环境损害鉴定评估技术指南　总纲和关键环节　第1部分：总纲》《生态环境损害鉴定评估技术指南　总纲和关键环节　第2部分：损害调查》《生态环境损害鉴定评估技术指南　环境要素　第1部分：土壤和地下水》《生态环境损害鉴定评估技术指南　环境要素　第2部分：地表水和沉积物》《生态环境损害鉴定评估技术指南　基础方法　第1部分：大气污染虚拟治理成本法》《生态环境损害鉴定评估技术指南　基础方法　第2部分：水污染虚拟治理成本法》6项国家标准，并替代原有的技术文件。

环境损害鉴定评估地方探索性试点和国家相关政策性文件的公布，有助于增强涉污企业的环境风险意识，强化涉污企业的环境损害责任，从而有利于解决涉污企业“违法成本低”的突出问题。但是，从环境风险的长效管理

---

① 其他规范性文件还有《环境污染损害鉴定评估试点工作方案》《环境损害鉴定评估推荐方法》《突发环境事件污染损害评估工作暂行办法（征求意见稿）》《企业突发环境事件风险评估指南（试行）》《突发环境事件应急处置阶段污染损害评估工作程序规定》《突发环境事件应急处置阶段环境损害评估推荐方法》《生态环境污染损害鉴定评估技术指南 总纲》等。参见王晶：《关于内蒙古自治区开展环境损害鉴定评估工作的思考》，载《环境与发展》2015年第6期。

② 《环境损害司法鉴定白皮书》，载司法部网，http：//www. moj. gov. cn/pub/sfbgw/fzgz/fzgzggflfwx/fzgzggflfw/202106/t20210604_426692. html。

看，国家就环境损害建立统一的评估指标和规范的工作还处于起步阶段，在涉及多种污染类型的评估案件中，势必会因生态环境损害评估标准不统一而产生冲突，增加法院在审理相关案件时的难度与不确定性。另外，环境损害评估机构准入及监管制度还存在明显不足。2015 年 12 月，最高人民法院、最高人民检察院、司法部联合印发了《关于将环境损害司法鉴定纳入统一登记管理范围的通知》（司发通〔2015〕117 号），司法部和原环境保护部联合印发了《关于规范环境损害司法鉴定管理工作的通知》（司发通〔2015 年〕118 号）；2018 年 6 月，司法部和生态环境部联合印发了《环境损害司法鉴定机构登记评审细则》（司发通〔2018〕54 号）；2021 年，司法部公布《环境损害司法鉴定白皮书》。至此，虽然生态环境损害评估机构的行政管理主体得以确立，其事前阶段的准入评审程序也得到了细化，但是目前仍未制定详细规则以实现对生态环境损害评估机构的动态化监管和日常监督，也未明确生态环境损害评估机构及具体经办人出具虚假评估报告，或在评估过程中存在重大过失的法律责任。① 尽管在 2019 年，司法部办公厅公布了《关于进一步做好环境损害司法鉴定管理有关工作的通知》，强调开展"双随机""一公开"监督抽查以及建立健全环境损害司法鉴定黑名单制度与退出机制，但因缺乏详细的操作规程及处罚措施，实践中对于在评估业务开展过程中存在技术水平明显下滑、评估失实率明显偏高或弄虚作假的情形，甚至已不再具备生态环境损害评估鉴定资质的机构，未建立有效的、可操作的淘汰机制。可以说，当前对生态环境损害评估机构的监督显著乏力，各评估机构给出的评估意见质量难免良莠不齐，进而影响到保险人对生态环境损害风险概率及损失规模评估的精确性，并增加了司法机关审理相关案件的难度。

（二）环境责任保险联动机制尚未健全

在市场化联动机制建设上，原国家环境保护总局、中国人民银行和原中国银监会早在 2007 年 7 月就联合公布了《关于落实环保政策法规防范信贷风险的意见》，开始提出在全国实行绿色信贷，将环保信息纳入企业信用信息

---

① 参见曹锦秋、王兵：《论我国环境损害鉴定评估主体法律制度的完善》，载《辽宁大学学报（哲学社会科学版）》2017 年第 2 期。

基础数据库。随后，江苏、浙江、河北、深圳等20多个省市环保部门与金融机构联合出台绿色信贷的实施方案和具体细则，并将“是否投保”作为企业环保信用评估中的一个基本参评要素，并将投保情况纳入企业信用信息系统。2011年，前述三部门又联合启动了“绿色信贷”评估研究项目，规划建立“中国绿色信贷数据中心”。在加快建设环境信用体系的基础上，中国人民银行、财政部、国家发展和改革委员会、原环境保护部、原中国银监会、中国证监会、原中国保监会于2016年印发《关于构建绿色金融体系的指导意见》，提出在信贷、证券、基金、保险等方面加快绿色金融体系建构。一系列政策性文件的出台与实施，使环境责任保险的市场化联动措施得以增强，从而正向刺激涉污企业购买环境责任保险。实践中，2009年河北省进行了环境责任保险与绿色信贷联动试点。企业购买环境责任保险的情况将作为衡量其环保信用的基本要素，纳入企业信用信息系统，并与绿色信贷挂钩。对购买绿色保险的，在年度环境行为信息公开化等级评定时予以加分，提高其授信额度；对未购买绿色保险的高风险企业则将降低授信等级或停止授信。2014年11月，原无锡市环境保护局和原中国银监会无锡监督分会发布《关于建立环保信息共享机制推进绿色信贷工作的通知》，将环境责任保险风险评估与环境信用等级评定、绿色信贷等挂钩，使环境风险高又不投保环境责任保险的企业面临行政与信贷联动惩戒。

在行政机构联动管理措施上，2013年原环境保护部、原中国保监会联合公布的《强制责任保险指导意见》提出，未来企业是否投保直接关系到其建设项目的环评文件审批、竣工环保验收、排污许可证核发等。实践中，河北、湖南、四川、江苏、浙江、深圳等多个试点省市都已公布政策性文件，企业投保被纳入核发、换发排污许可证和危险废物经营许可证、危险废物转移联单管理、行业准入审查、上市环保核查、环保专项资金报批、项目竣工环保验收、环保评优评先等工作的审查内容，甚至是获得以上证件或通过文件审批的先决条件。[①] 以广东省深圳市为例。该市出台了《深圳市环境污染强制

① 参见王超然等：《环境责任保险亟待创新突围——基于湘鄂冀三地环境责任保险试行现状调研的分析》，载《环境经济》2011年第8期。

责任保险企业名录》，提出在环境管理政策上对积极投保的企业采取多种扶持措施，予以系列优惠待遇，并优先解决这些企业的需求。[①] 对应当投保却不参保的企业，环保部门将实行更加严格的监管，主要包括以下措施：依法对新增污染物项目实施环保限批；取消其获评环保诚信企业（绿牌）和享受环保专项资金的资格；对其清洁生产实施强制性审核；强制其公开排污等环境信息；将其纳入企业信用和银行信贷两个征信系统，对其进行信用降等以及限制信贷支持；在其需要上市或者再融资时，出具包含缺乏保险内容的环境风险控制说明。[②] 2021 年，深圳市生态环境局与原中国银保监会深圳监管局联合公布《深圳市环境污染强制责任保险实施办法》，强调：投保单位应当在排污许可证年度执行报告中如实报告环境污染强制责任保险投保情况（第 36 条）；对拒不投保或者续保的单位，市生态环境主管部门责令改正，拒不改正的，依法予以处罚（第 39 条）。在湖南省，各市（州）被要求按照《强制责任保险指导意见》，出台保障性措施将环境责任保险作为建设项目中防治污染的措施“同时设计、同时施工、同时投入生产和使用”的验收、排污许可证核发、危险废物经营许可证核发的前置条件，将环境责任保险制度和日常环境管理手段有效结合。[③]

综上所述，各地方试点将公司贷款、上市及相关许可证件的核发与环境责任保险投保结合起来的一系列联动措施，将对涉污企业逃避环境责任保险形成反向激励。但是，从全国范围看，环境责任保险的市场联动、政府部门联动机制发展较为缓慢，缺乏系统性，未能与现行的排污许可管理、重点排污单位管理、应急预案管理等环境管理制度，以及生态环境损害赔偿、环境公益诉讼等责任追究制度形成有效衔接，对应当投保而未投保的高风险企业

---

① 根据《深圳市环境污染强制责任保险企业名录》，政府对投保企业予以优惠政策的范围主要是环境管理政策企业环保信用管理、建设项目环保审批、环保处罚、环保核查、排污许可证核发（换发）、环保专项资金申报、危险废物转移联单管理、危险废物经营许可证核发、绿色信贷和升级转型等。

② 参见《深圳 692 家企业年内需投保环境污染责任险》，载知网平台网，https：//www. cnki. com. cn/Article/CJFDTotal－STSC201209017. htm。

③ 参见《湖南省环境污染责任保险尝试“共保体”模式》，载中国新闻网，http：//finance. chinanews. com/ny/2014/10－16/6685405. shtml。

的惩处政策缺乏较为科学统一的标准。根据《管理办法（草案）》第27条的规定，对应当投保但是未按照规定投保或者续保的环境高风险企业，由环境高风险企业所在地的环境保护主管部门责令限期投保或者续保，并处3万元以下罚款。目前，地方对《管理办法（草案）》的处罚规定并未予以积极回应，只有广东省深圳市对拒不投保或者续保的单位，由深圳市生态环境局责令限期投保或续保，拒不投保或续保的，处保费三倍罚款。但是，“保费三倍”超过“三万元”如何执行？在处罚金额上地方性规定能否严于部门规章？对此，目前尚无相关权威性解释出台。

（三）保险人赔付能力的保障机制存在不足

环境责任保险并非纯粹的商业险，要其真正发挥作用，应当由保险机构、再保险机构、政府、资本市场共同分散风险。在保额和理赔金额比较低的情况下，由保险机构进行补偿或者赔偿，之后转移到再保险机构，再发行巨灾债券，通过市场渠道不断增强保险机构的赔付能力。如果发生非常重大的环境污染、生态损害事故，在保险机构无法完全承担时，最终还需要由政府进行干预。但遗憾的是，目前我国环境责任保险机构的赔付能力保障机制并不完善。主要有以下几个方面的原因。

1. 我国环境责任再保险制度处于起步阶段

环境责任保险具有复杂性，受到技术制约，保险人需要承担较大的风险。再保险对于保险人进行风险分散具有重要的意义，尤其是对于环境责任保险这种具有巨额赔偿责任的保险产品，只有通过再保险将风险合理分散，分担巨额赔偿责任，才能维持保险公司的持续稳健经营。而我国环境责任保险的经营仍处于起步阶段，规范环境责任再保险的各项制度很不完善。从1985年国务院公布行政法规开始，我国对再保险市场的规范经历了一个由紧到松、逐步放开、日渐重视的过程。1985年，《保险企业管理暂行条例》[①] 第11条和第18条对再保险进行规定，除有关机关特别指定外，中国

① 该行政法规现已废止。

人民保险公司为唯一的再保险合法经营者；[①] 保险企业分保比例至少为其全部保险业务的30%。[②] 1989年，国务院办公厅公布《关于加强保险事业管理的通知》，强调中国人民保险公司在再保险市场中的主体地位，但同时也为再保险市场以后的发展留有余地。[③] 随着我国保险业的发展，1995年我国制定了《保险法》，《保险企业管理暂行条例》被废除，但国务院办公厅《关于加强保险事业管理的通知》依然有效。1995年《保险法》仅通过两个条文（第28条、第29条）对再保险制度进行了原则性规定。[④] 后来，在2006年《中华人民共和国国民经济和社会发展第十一个五年规划纲要》、2011年《中华人民共和国国民经济和社会发展第十二个五年规划纲要》以及2016年《中华人民共和国国民经济和社会发展第十三个五年规划纲要》中，均提出了完善我国再保险市场的相关要求。在此期间，我国再保险市场呈现国际化趋势。[⑤] 但是，2017年6月国务院办公厅公布《自由贸易试验区外商投资准入特别管理措施（负面清单）（2017年版）》，明确限制外资保险公司从事再保险的分出或分入业务，相关外资保险公司若要在我国境内从事再保险业务必须获得保险监管部门的事先批准。2015年修正的《保险法》对再保险的形

---

① 根据《保险企业管理暂行条例》第11条第1款的规定，中国人民保险公司是在全国经营保险、再保险业务的国营企业。

② 根据《保险企业管理暂行条例》第18条的规定，按照本条例第6条规定设立的保险企业必须至少将其经营的全部保险业务的30%向中国人民保险公司办理再保险。

③ 根据国务院办公厅《关于加强保险事业管理的通知》的规定，中国人民保险公司是在全国经营各种保险、再保险业务的国家保险公司，是国家指定的办理法定保险、外币保险、国营和“三资”企业保险以及国际再保险的机构。除法律、法规另有规定或经国务院特批者外，涉外保险和国际再保险只能由中国人民保险公司经营，其他部门一律不得办理。

④ 根据1995年《保险法》第28条的规定，保险人将其承担的保险业务，以承保形式部分转移给其他保险人的，为再保险。应再保险接受人的要求，再保险分出人应当将其自负责任及原保险的有关情况书面告知再保险接受人。根据1995年《保险法》第29条的规定，再保险接受人不得向原保险的投保人要求支付保险费。原保险的被保险人或者受益人不得向再保险接受人提出赔偿或者给付保险金的请求。再保险分出人不得以再保险接受人未履行再保险责任为由，拒绝履行或者迟延履行其原保险责任。

⑤ 在国务院印发的各地自由贸易试验区总体方案的通知中，都表明了国家支持开展人民币跨境再保险业务，促进我国再保险市场发展的积极态度。比如，2017年国务院关于印发中国（四川）自由贸易试验区总体方案的通知中明确表示支持自由贸易试验区内保险机构大力开展跨境人名币再保险。参见《湖南省环境污染责任保险尝试“共保体”模式》，载中国新闻网，http://finance.chinanews.com/ny/2014/10-16/6685405.shtml。

式进行规定，即只能部分再保险。① 《再保险业务管理规定》则从业务经营、再保险经纪业务以及监督管理等几个方面对再保险进行了规定。2021 年《中华人民共和国国民经济和社会发展第十四个五年规划和 2035 年远景目标纲要》中提出要“稳妥推进银行、证券、保险、基金、期货等金融领域开放，深化境内外资本市场互联互通”，但缺乏相关规范性文件对此予以明确规定。

实践中，我国目前有 13 家保险公司有经营再保险业务的资格，其中中资再保险公司有 5 家，分别是中国财产再保险有限责任公司、中国人寿再保险有限责任公司、太平再保险有限责任公司、前海再保险股份有限公司和人保再保险股份有限公司，1 家港澳台独资公司——太平再保险（中国）有限公司，另外 7 家分别是瑞士再保险公司、慕尼黑再保险公司、德国通用再保险股份公司、法国再保险公司、汉诺威再保险股份公司、RGA 美国再保险公司、大韩再保险公司在中国境内的分公司。2020 年 7 月，原中国银保监会批复同意安盛信利旗下信利保险（中国）有限公司将经营范围从财产保险变更为再保险，并更名为信利再保险（中国）有限公司，这是国内首家外资再保险法人机构。② 但可惜的是，这些再保险公司在我国境内并无相应的环境责任再保险产品。主要外部原因是作为环境责任再保险基础的环境责任保险未形成规模，而各保险人都是通过控制风险的手段而非分散风险的手段来管理风险，因此无再保险的需求。另外，从再保险人自身角度出发，由于环境责任再保险合同所需的专业性较强，需要同时具备再保险以及环境污染方面的有关知识与技术，这给环境责任再保险业务的开始与发展带来了较大的难度。

2. 我国环境保险人的资本补充机制不健全

我国环境风险具有巨灾风险的特性，仅通过传统的再保险机制可能不足以有效分散风险。况且，在强化环境责任的背景下，保险人势必面临更大的赔付压力，因而亟待寻找有效的资金筹集途径，以提升赔付实力。在资本市场发行金融衍生品成为更优的选择。此类衍生品最常见的是环境损害债券、

---

① 根据 2015 年《保险法》第 28 条的规定，保险人将其承担的保险业务，以分保形式部分转移给其他保险人的，为再保险。应再保险接受人的要求，再保险分出人应当将其自负责任及原保险的有关情况书面告知再保险接受人。

② 《外资险企进入中国保险市场步伐加快》，载新浪财经，http：//finance. sina. com. cn/stock/relnews/hk/2020 – 09 – 02/doc – iivhvpwy4394547. shtml。

环境损害期货、环境损害期权与环境损害掉期，其本质均是将大额保单证券化，将潜在的赔付风险转移给“风险偏好”的市场参与者。目前，我国保险人补充资本的途径主要有两种，一是向股东申请增资或者是引进战略投资者，二是发行资本补充债券[①]。

2004 年之前，除中国人保、中国人寿、平安保险几家公司通过海外上市筹集部分资本金之外，其他公司只能通过现有股东增资、吸引外资等私募方式扩充资本。这些方式都存在时间长、成本高的问题，且公司股东一般很少自掏腰包增资，也不愿意缩减业务，融资难已成为制约我国环境责任保险发展的一个主要问题。在引进战略投资者的实践上，我国保险公司也可谓刚刚起步。2019 年以来，国任财险[②]、安诚财险、英大泰和财险等采用增资扩股的形式，引入战略投资者。自 2018 年以来，原中国银保监会先后推出了 34 条银行保险领域开放措施，保险公司融资渠道进一步拓展。2020 年，中国太平与富杰集团签署增资入股协议，为中国太平旗下太平再保险有限公司引进战略投资。此次交易后，富杰集团获得太平再保险有限公司增资扩股后 25% 的股权。

在发行债券增强保险人的偿付能力方面，2004 年 9 月，原中国保监会出台了《保险公司次级定期债务管理暂行办法》[③]，按照当时的文本规定，保险人经批准可以定向募集期限在 5 年以上（含 5 年）的次级债务。尽管我国保险人在提高其偿付能力上又多了一种特殊的金融工具，但只要仔细分析就会注意到，我国的次级债市场存在供给方一头热的现象，而且保险人次级债的最大买家是商业银行和保险人。这种情况的弊端显而易见：一方面，商业银行与保险人相互持有次级债将可能引发巨大的系统风险；另一方面，保险人之间相互持有次级债，在发行利率相同、购买数额相同的情况下，这种持有无异于一种账面上的数字游戏，对保险人实际资产的增加毫无意义。2015 年

---

① 保险公司资本补充债，是指保险公司发行的用于补充资本，保险公司资本补充债发行期限在 5 年以上（含 5 年），保险公司资本补充债清偿顺序列于保单责任和其他普通负债之后、先于保险公司股权资本的保险公司债券。2015 年 1 月，原中国保监会和中国人民银行联合发出《关于保险公司发行资本补充债券有关事宜的公告》（中国人民银行、中国保险监督管理委员会公告 2015 年第 3 号）。

② 其前身是信达财产保险股份有限公司，2018 年 1 月公司更名为“国任财产保险股份有限公司”，现为深圳金融总部企业。

③ 该部门规章现已废止。

1月，中国人民银行和原中国保监会联合发出《关于保险公司发行资本补充债券有关事宜的公告》（中国人民银行、中国保险监督管理委员会公告2015年第3号），允许保险公司公募发行银行间市场流通的资本补充债券。该公告进一步拓宽了环境责任保险人的资本补充渠道。2015年，中共中央、国务院印发的《生态文明体制改革总体方案》明确提出："建立绿色金融体系……加强资本市场相关制度建设，研究设立绿色股票指数和发展相关投资产品，研究银行和企业发行绿色债券，鼓励对绿色信贷资产实行证券化。"2021年11月，中国人民银行联合原中国银保监会起草《关于保险公司发行无固定期限资本债券有关事项的通知（征求意见稿）》并向社会公开征求意见，我国保险人补充资本有望添加新途径。

通过以上两种途径，保险人的环境责任风险抵御能力有望得到进一步增强。但是，面对重大的、长期的环境责任风险，以上两种途径远远不够，我国还需要开发新的融资渠道来真正化解保险人偿付能力不足的危机，从而促进环境责任保险制度的良性发展。

3. 环境责任保险的财税支持制度重心偏离

环境责任保险的公益性特征决定其对政府具有很强的依赖性，需要政府在环境责任保险发展过程中尤其是发展初期给予财政与税收上的支持。另外，作为一类典型的理性经济人，商业性保险机构之所以承保环境责任保险，除了履行社会责任，更多的就是为了营利。因此，无法指望商业性保险机构会完全基于社会利益来提供保险产品。从财政、税收上对环境责任保险的承保机构予以扶持，已在许多国家得以有效实践，典型者诸如日本和美国。美国在《土壤环境对策法》等法律中明确政府对环境责任保险的推动和财政资助的责任；[①] 根据投保企业的信誉好坏提供财政支持，即对信誉良好的企业给予降低保费或者享受高额保障等激励。[②] 至于日本，在1988年由政府出资设立专门的政策性公办保险公司——环境保护保险公司，承保被保险人渐发、

① 参见朱成成、张运书：《论日本环境责任保险制度对我国的启示》，载《金华职业技术学院学报》2015年第4期。

② 参见朱成成、张运书：《论日本环境责任保险制度对我国的启示》，载《金华职业技术学院学报》2015年第4期。

突发、意外的污染事故和第三者责任及清除费用等责任。政府雄厚的经济实力具有私人资本无法比拟的强大公信力，不仅能够使受害人获得充分的赔偿，也使保险人没有自负盈亏和必须营利的压力。[①] 另外，为分散保险人可能面临的巨大保险责任风险，协调保险人责任负担和涉污企业之间的利益矛盾，政府每年会从巨灾保险人那里征收几亿美元税款来专门用于治理环境。[②] 在国内，一些学者已从不同的角度提出了应当通过政府财政支持解决环境责任保险供给不足之问题的主张，[③] 建议健全环境污染责任保险补贴制度以推动该种保险的快速发展。在这里，笔者将政府补贴对环境责任保险供需的作用以函数图的形式体现出来（详见图 4－2）。

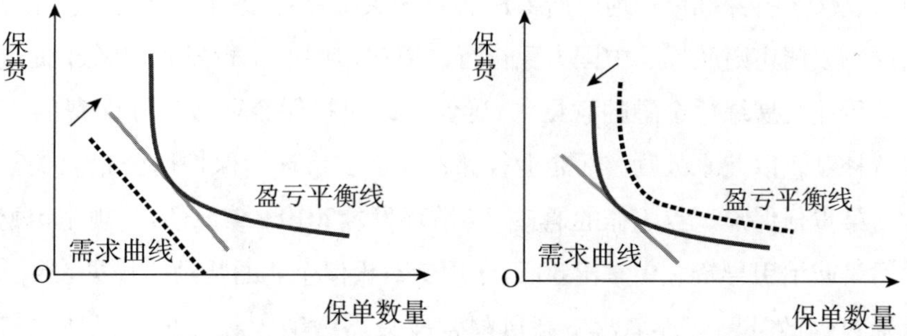

（a）对投保企业提供补贴对其环境责任保险需求的影响　（b）对保险公司提供补贴对其环境责任保险盈亏平衡的影响

图 4－2　提供补贴对投保企业保险需求和保险公司盈亏平衡的影响

在美国和日本，诸如此类的制度要么激发保险人的承保热情，要么刺激涉污企业投保环境责任保险，在不违背“污染者负担”原则的基础上有力地促进了环境责任保险的发展。目前，我国对环境责任保险的政府财政激励机制不健全。在鼓励保险人承保方面，只有 2013 年出台的《强制责任保险指导意见》原则性地规定了完善激励措施，缺乏具体执行的明确内容，无法激发

① 参见贾爱玲：《环境责任保险制度研究》，中国环境科学出版社 2010 年版，第 114－115 页。

② See Kenneth Abraham, *Environmental Liability and the Limits of Insurance*, Columbia Law Review, Vol. 5, p. 942－988 (1988).

③ 参见王哲：《环境污染责任保险供需不足成因及解决策略》，载《保险研究》2009 年第 5 期；张晶、寇江华：《论环境责任保险中政府的作用》，载《保险研究》2009 年第 4 期；姜素红、陈彩霞：《论政府在环境责任保险制度构建中的地位和作用》，载《中南林业科技大学学报（社会科学版）》2010 年第 2 期。

保险人承保环境责任保险的动力。在具有典型代表性的地方试点模式中，只有广东省深圳市通过政策性文件和地方性法规明确以补贴、贴息或者奖励方式支持环境责任保险创新产品发展。在鼓励涉污企业参保方面，地方政府根据《强制责任保险指导意见》对投保企业不分优良中差一概予以高额的保费补贴，不但从形式上过于简单，而且从实质上不符合"污染者负担"原则。

实践中，在国家层面尚未设立专项资金支持环境责任保险试点，基本上由地方财政来承担试点工作的主要经费。而且，其中值得反思的是，地方政府考虑更多的是企业投保需求问题而非承保公司的利益诉求，湖北省武汉市、四川省德阳市、江苏省无锡市及淮安市、浙江省桐乡市、江西省赣江新区、福建省厦门市、广东省深圳市等地政府专门出台相关文件：厦门市金融办、原厦门市保监局、厦门市财政局、中国人民银行、厦门市中心支行发布《关于促进厦门市保险行业发展绿色金融的意见》，确保财政对投保企业按实际保费的30%给予保费补贴，以此来鼓励涉污企业投保；原淮安市环境保护局公布《关于推进环境污染责任保险试点工作的通知》（淮环发［2010］215号），规定市财政每年从污染防治引导资金中拿出30万元用于对投保企业的奖励（详见表4－12）。

通过财政补贴，环境污染高风险企业只需缴纳为数极少的保费，却能获得数额较大的保险赔偿金，以江西省赣江新区为例。首批投保的8家企业能够获得的环境污染责任保险赔偿限额累计500万元，需要缴纳的基准保费为4.41万元，而在未经财政补贴之前，仅一年期基准保费就为9万元，"按照新区的优惠政策，平均每家投保的企业只需缴纳5000元左右的保费就可以获得最高累计赔偿金额500万元的保障"。

从实质上言，地方政府为涉污企业提供财政补贴，是将本该由涉污企业根据保险合同应当履行的义务交给广大纳税人来承担。从短期效果来看，地方政府通过补贴保费来吸引投资者参保，可以短时间解决环境责任保险工作推动上的尴尬局面，但没有真正解决企业投保积极性不足的问题，不仅加重地方财政负担，而且还让涉污企业获得不当的福利，即花极少的保费成本就能获得保险期内侵权损害责任的"免担金牌"。本来，建立环境责任保险制度的目的就是通过环境损害责任承担社会化来强化环境侵权制度对受害人的损害赔偿功能；通过对环境侵权人私权的限制，运用保险这一经济手段将产

表 4-12 部分试点地区的环境污染责任保险补贴概况

试点地区	福建省厦门市	湖北省武汉市	江西省赣江新区	江苏省无锡市	江苏省淮安市	广东省深圳市	四川省德阳市	浙江省桐乡市	浙江省衢州市
补贴政策	给予投保企业30%保费补贴，单家投保企业每年享受补贴的上限10万元	给予投保环境责任保险企业50%保费补贴；给予投保的高科技企业70%保费补贴	给予首批环境污染责任保险试点企业90%保费补贴；如果首年保险期间未出险，第二年续保时保险人将给予上年企业自缴部分（10%）的优惠	给予投保企业10%保费补贴；再根据环境污染事故发生与否在续保时上下浮动10%	市财政每年从污染防治引导资金中拿出30万元用于对投保企业的奖励	给予企业40%~50%保费补贴	给予2009年至2011年的参保企业50%的保费补贴，再根据企业投保的积极性按20%~50%的不同比例发放	给予新投保企业70%保费补贴，第二年续保企业50%保费补贴，第三年续保企业30%保费补贴	计划3年内（2016年至2018年）为参保企业提供50%的保费补贴

资料来源：《特别关注：厦门构建绿色保险体系，系全国首例》，载搜狐网，http://www.sohu.com/a/224150350_618575，2018年8月12日访问；吕雯瑾、邓丽：《武汉样本：环境污染责任险蹒跚开路》，载新浪财经，http://finance.sina.com.cn/roll/20110110/23179230490.shtml；《赣江新区首创环境污染责任保险新做法，政府承担90%保费！》，载搜狐网2018年4月12日，https://www.sohu.com/a/228089823_99960338；《关于推进环境污染责任保险试点工作的通知》，载汇法网2010年10月26日，https://www.lawxp.com/statute/s1715622.html；祖兆林、赵正来：《浅议江苏创新环境污染责任保险运作模式》，载《中国保险报》2011年7月1日，第3版；《桐乡8家企业投保环境污染责任保险》，载搜狐网，http://www.sohu.com/a/43291772_119419，2017年3月16日访问；《衢州率先试点安全环保责任险》，载网易新闻网，http://news.163.com/16/1208/03/C7O0VO7L000187VF.html，2017年3月12日访问；《德阳市开四川省先河推出环境污染责任保险》，载四川新闻网2017年3月13日，http://dy.newssc.org/system/20100809/000228831.html。

生负外部效应的投保企业的环境污染责任在其他涉污企业中分散，通过将污染成本传导到其他环境使用者以及保费的浮动来引导潜在环境风险企业的经济行为转向有利于环境保护的领域，最终的目的就是强化环境风险管理，解决日益严重的环境污染损害问题。因此，地方政府向投保企业直接补贴保费的做法与发展环境责任保险制度的初衷不相符合，不仅违背了"污染者担责"的基本原则，而且传导一种"政府补贴投保、企业照旧污染、保险兜底环境责任"的错觉。与给予投保者财政支持形成强烈对比的是，国家没有出台专门的政策或法律文件为在发展初期急需扶持的承保机构提供政策优惠。除厦门等少数地方政府通过规范性文件给予承保机构以风险补贴和创新奖励外，[①] 大多数商业保险人只能依靠自身的力量在环境责任保险的发展道路上艰难前行。这不能不说是我国环境责任保险有效供给不足的一个重要原因。

四、影响我国环境责任保险供需的制度因素位序简评

基于以上分析，我国环境责任保险内生需求严重不足、外生需求徘徊不前甚至趋向回落、保险有效供给不足的尴尬局面，是环境责任法律微观制度不健全、环境侵权司法救济渠道不耦合、环境责任保险法律体系尚未形成以及外部保障体系建构刚刚起步等多维制度性障碍所致。

首先，鉴于环境侵权责任风险是环境责任保险产生的基础和前提，现有环境责任法律体系中的各种微观制度缺陷及法律执行不力是导致我国环境责任保险内生需求严重不足的最根本原因。长期以来，环境污染行为的归责原则不统一、严苛的因果关系证明要求、公益诉讼制度实践性程度低、损害赔偿范围规定过于狭窄，尤其是生态损害赔偿制度还刚刚试点、政府对环境污染损害问题处理上过度干预以及司法救济程序执行不力，每一项都足以让涉

---

① 厦门市财政局会同相关部门出台《关于促进厦门市保险行业发展绿色金融的意见》，明确了保费补贴、风险补偿、创新奖励等方面的财政扶持政策。根据该意见，经认定的绿色保险业务的辖区保险人，按其赔付金额的50%给予风险补偿，单家保险机构每年累计风险补偿上限500万元；保险机构新研发产品被认定为绿色保险创新产品的，按照我市金融创新相关规定给予奖励。参见《厦门市出台意见促进绿色保险发展－系全国首例》，载福州新闻网，http://m.fznews.com.cn/dsxw/20180221/5a8cefaca3c5b.shtml。

污企业游离在环境侵权责任之外或只担负很小的损害赔偿责任。如此，涉污企业的环境责任风险过小，从利益计，其购买环境责任保险的内生需求极小甚至趋向于零。涉污企业的内生需求小，缺乏起码规模的投保需求，导致保险人从自身利益计，只提供有限的环境责任保险产品并收取高额的保费，或者干脆不提供环境责任保险产品。反过来，高昂的保费又会使理性的企业不选择投保或减少投保，投保企业越少，保险产品越难开发，从而形成供求上的恶性循环。

其次，鉴于环境责任保险法律是环境责任保险发展的基本依据和保障，迄今环境责任保险法律的体系不全及刚性不足，是导致我国环境责任保险外生需求有限并呈现缩减趋势、有效供给不力的最直接原因。因缺乏环境责任保险内生需求原动力，在零散且以软法为主的法律环境下，理性的涉污企业不会主动购买环境责任保险。尽管有政府作为公共利益的最佳代表进行强力推行，但政策性文件的内在弱效性再加上企业利益与地方利益的关联性，使国家环保部门和保险监管部门对环境责任保险的推动远无想象中那么强大有力。另外，现行环境责任保险相关的部门规章对保险范围、保费费率、索赔时效的制度设计，均过多考虑保险人的承保风险；承保机构、投保人告知义务等制度设计，又过多地将社会责任强加给保险人。对涉污企业而言，付出的保费与其能够获得的赔偿相差太大，从利益计，涉污企业对环境责任保险的投保意愿自然非常低；对商业保险人而言，法律、政策无法调和其面临的巨大赔偿与该保险的外部经济属性之间的矛盾，让保险人以微利甚至不赢利为原则进行市场运行时，其对环境责任保险的承保意愿将严重不足。

最后，鉴于外部保障体系与环境责任保险发展具有正相关性，迄今涉污企业信息交流平台、环境风险与损害评估机制的零星试点和分步推进难以对涉污企业投保环境责任保险形成反向激励。地方政府对投保企业进行保费补贴而不考虑保险机构承保的外部经济性，不仅与“污染者担责”原则背道而驰，而且影响环境责任保险的有效供给。增强承保机构经营能力的制度不健全以及政策创新不够也将影响环境责任保险的供给。建立保险共同体和发展再保险，加上“绿色金融”“投保与上市挂钩”等一系列市场化和行政化联动管理措施的逐步推行，对涉污企业投保能形成反向激励。但是，环境责任保险的市场联动、政府部门联动机制发展较为缓慢，缺乏系统性。最为重要的是，以上保障机制对环境责任保险发展只是“锦上添花”，当因环境侵权责任制度存在缺陷及执行不力导致涉污企业投保的原动力缺乏、因环境责任保险法律体系不全导致涉污企业投保的规范依据缺位时，保障机制恐怕也难以发挥作用。

第五章

实现环境责任保险有效供需的制度改革进路

法律发展的基本任务是合理解决问题。基于以上主要制度成因分析，我国要解决环境责任保险供需双向不足的问题，绝不能是“头痛医头，脚痛医脚”式的小修小补，宜从宏观、中观及微观三个层面加以认真对待。

一、实现环境责任保险有效供需的宏观法律对策

（一）基于生态文明建设总蓝图进行系统性顶层设计

古人云：“不谋万世者，不足谋一时；不谋全局者，不足谋一域。”近几十年来，环境污染导致的巨额经济损害和频发的群体性事件，证明我国不能走传统工业国家“先污染后治理”“边污染边治理”的发展老路。在进一步深化改革的过程中，我国必须正确把握环境保护和经济发展的辩证统一关系，决不能把二者割裂开来，甚至对立起来。目前，我国面临资源趋紧、污染严重、生态系统严重退化、经济发展与环境保护之间的矛盾日益加深等突出问题。2012 年 11 月，党的十八大从新的历史起点出发，作出“大力推进生态文明建设”的战略决策，强调把生态文明建设放在突出地位，将其融入经济、政治、文化及社会建设的各方面和全过程，并明确提出健全生态环境保护责任追究制度和环境损害赔偿制度。2017 年 10 月，党的十九大强调要“坚持人与自然和谐共生”，“人与自然是生命共同体，人类必须尊重自然、顺应自然、保护自然”。2018 年 3 月，第十三届全国人大第一次会议通过《宪法修正案》，将“生态文明”写入《宪法》，并将《宪法》第 89 条“国务院行使下列职权”中第 6 项修改为“领导和管理经济工作和城乡建设、生态文明建设”。环境责任保险作为一种经济手段，是环境责任社会化分担机制中的重要组成部分。发展环境污染责任保险，是推进生态文明建设的重要

举措，有利于促进经济社会全面协调和可持续发展。我国环境责任保险正处于起步阶段，法治建设的意义尤为重大，任务也非常繁重。无论是处理环境责任保险发展中出现的各种新情况、新问题，还是妥善解决各种历史遗留的老问题，都必须有与其相适应的法律制度和法律机制，都必须有充分的法律依据和有效的法律手段。

鉴于环境责任保险制度处于生态文明制度建设的总蓝图中，而且是主要处于环境污染“预防—治理—救济”制度体系中的末端制度，要解决环境责任保险供需不足问题，需要我们在宏观上树立生态文明理念，平衡环境保护与经济增长之间的关系，谨遵“污染者治理”原则，在此基础上充分运用经济手段构建环境损害社会化救济机制，明确环境责任保险法律体系的基本价值定位，认真研究环境责任保险市场法治建设的规律和特点，运用系统论方法，从风险产生基础、保险发展依据、外部保障机制等方面对环境责任保险相关制度进行系统的顶层设计，即从全局的角度对环境责任保险制度进行统筹规划，在最高层次上寻求环境责任保险发展困境的解决之道，以集中有效资源实现该制度的社会功能，而不是将环境责任保险局限于政策层面的试点和强制，也不能只停留在少数几个制度上的修修补补。环境责任保险制度的顶层设计，应当基于对环境责任保险外部经济性的充分认识，准确定位政府和市场在环境责任保险发展过程中的地位和作用，明确政府和市场不能相互替代，避免市场失灵和政府失灵。在制度设计过程中，立法者应当把握好环境责任保险制度与环境污染预防、治理和责任等其他相关制度，以及环境责任保险制度内部各要素之间的整体关联性，不能只停留在环境责任保险需求和供给本身，要总结环境责任保险试点过程中的经验和教训，注重环境责任保险制度的实际可操作性和实效性。

（二）辩证把握环境责任保险制度的社会管理功能

自 1384 年世界上第一份具有现代意义的保单在佛罗伦萨诞生，保险的功能由当初集中于风险保障，逐渐发展到具有风险保障、资金融通和社会管理三大主要功能。[①] 风险保障功能主要表现为替被保险人分散风险和进行约定

① 参见常鑫：《论环境污染强制责任保险的社会管理功能》，载《理论界》2013 年第 12 期。

的经济补偿。资金融通功能则主要体现在投保人将可保风险转移给保险人之后，通过保险人将保费形成的保险资金进行法律允许的增值保值业务，并在风险实现时按照约定补偿给被保险人。保险的社会管理功能概念出现相对较晚，但是它在维护社会公共利益上的重要意义在现代社会明显加强。区别于政府对社会进行直接管理，保险是通过其特有的交换机制来促进社会资源的合理分配，① 通过提高资本配置效率来推动社会经济发展和维护社会稳定。具体而言：(1) 通过风险分散和损失补偿机制，保险可以在事故发生后为社会成员提供基本社会保险以外的补充保障，可以提高事故处理效率从而减少社会矛盾发生；(2) 运用风险损害评估方面的专业知识和技术，保险可以很好地辅助相关部门做好灾害预防和事故处理工作；(3) 通过差别费率手段，保险可以激励投保方进行安全行为以降低风险发生概率。正是认识到保险具有的以上社会管理功能，我国才积极开展环境责任保险试点来应对环境风险管理的严峻形势。《保险工作指导意见》《强制责任保险指导意见》中都明确了发展环境责任保险的主要目的：(1) 运用保险工具，促使企业加强环境风险管理，分散赔付压力，预防事故发生；(2) 有效保护污染受害者权益；(3) 减轻政府负担，促进政府职能转变；(4) 稳定社会经济秩序。② 2018年，生态环境部审议并原则通过的《管理办法（草案）》，明确在环境高风险领域建立环境污染强制责任保险制度的目的是"完善环境污染损害赔偿机制"。可见，在现代中国，环境责任保险制度被定位为一种社会管理创新机制。在此定位下，保险人的主要职责是把开展环境污染责任保险工作作为履行社会责任的重要内容，加强对企业防范污染事故的指导，合理确定费率，事故发生后及时介入，认真执行环境污染事故承保和赔付程序，确保赔款及时支付给事故受害者。③

针对我国严峻的环境污染现状，将创新社会管理提升为环境责任保险制

① 参见常鑫：《论环境污染强制责任保险的社会管理功能》，载《理论界》2013年第12期。

② 参见原环境保护总局、原中国保监会《关于环境污染责任保险工作的指导意见》（环发〔2007〕189号）；《强制责任保险指导意见》。

③ 参见原环境保护总局、原中国保监会《关于环境污染责任保险工作的指导意见》（环发〔2007〕189号）。

度的首要功能，是建立和健全环境责任保险制度作为环境管理与市场手段相结合的一种有益尝试，是国家建设生态文明、采取综合手段加强污染事故防范和处置工作的题中之义。但是，必须辩证地看待环境责任保险制度的社会管理功能，并在具体的制度设计中避免偏于一端、过犹不及。首先，环境责任保险只是环境污染民事责任具体承担的一种方式，对环境污染受害人的补偿程度基本取决于保险人和投保人在环境责任风险投保范围及赔偿范围上的合意。因此，在环境侵权法律体系不甚完善的情况下，不能指望通过环境责任保险全然解决受害人的损害补偿问题以化解环境污染引发的所有社会矛盾。其次，环境责任保险具有天然的外部经济效应，商业保险机构的参与意愿与经营能力将决定其发挥社会管理功能的大小。在“政府引导、市场运作”模式下，不能指望作为理性经济人的保险机构在全然不计较自身得失的情况下代替相关政府部门对投保企业的环境风险进行监管。最后，尽管现代保险理论和实践逐渐承认环境污染受害人在环境责任保险合同中的受益人地位，并开始形成偏重保护受害人的立场，但必须始终把握的是环境责任保险关系的基本当事人仍然是保险人和投保人。因此，在建构和发展环境责任保险制度过程中，必须认真考量保险人和投保人（通常也是被保险人）的利益平衡，不能缘木求鱼。

二、实现环境责任保险有效供需的中观法律对策

在遵循“人与自然和谐共生”发展、加快制度的顶层设计以及辩证对待环境责任保险制度功能等法律理念基础上，我国应在中观上整体把握好环境责任保险需求的影响因素及其作用机理，完善环境责任保险相关法律体系架构。

（一）完善环境侵权法律体系架构

环境侵权责任风险是环境责任保险产生的逻辑起点，是否具有科学完整的环境侵权法律架构以及业已颁布的各项制度是否得到严格执行，是决定涉污企业环境责任风险大小的主要依据。如果涉污企业的经营行为破坏了生态环境并给他人造成严重损害，在现有的侵权法律框架下不但不需要承担法律责任，即使承担，在其承担的法律责任也远远小于应承担的法律责任，而且还能获得巨大的经济利益时，涉污企业必然会因其侵权责任风险太小而缺乏

投保环境责任保险的内在动力。从以美国、德国为代表的国外环境侵权法律的发展历程来看，正是严格的环境责任法律制度促使企业寻求合适的风险转移手段来避免因承担环境责任而遭受的巨大经济损失，从而降低经营过程中的环境风险。以美国为例。“二战”后美国经济得到迅速发展，但是环境污染问题日益严峻。为打破工业污染困局，美国在1969年出台了环境领域内的基本法——《国家环境政策法》。此后10年，应民众的强烈要求，在《国家环境政策法》的基础上，又颁布了以《清洁水法》（1972）、《资源保全与恢复法》（1976）、《清洁空气法》（1977）、《综合环境反应、赔偿和责任法》（1980）为代表的一系列法律来控制环境污染，迫使涉污企业承担更多的社会责任。这些法律都要求生态环境污染破坏者承担严格的损害赔偿责任，其中部分法律更是要求提供“财务担保”才能进行企业的设立审批。[①] 为了满足法律的强制性担保要求或者为转嫁环境责任风险，涉污企业纷纷投保环境责任保险。强烈的保险需求促使美国的环境保险市场迅速扩大，从1979年开始推出环境责任保险，到1984年，美国就有超过50家保险公司提供相关保险业务。[②] 通常，一个完整的环境侵权法律体系应当包括权益救济范围、责任归责原则、责任承担制度、权益救济程序等逻辑要素，每一要素的完善与否，都关系到环境侵权纠纷能否得到有效解决。检视我国环境侵权法律体系后，不难得知环境民事权益体系、环境侵权归责原则体系、环境侵权救济程序体系以及环境侵权责任承担体系等子体系还未能为解决环境侵权纠纷提供明晰且具有操作性的法律依据，亟待进一步完善。

首先，应当将生态环境利益纳入我国民事权益体系。依据我国侵权法律传统，法律救济的获得以侵害的事实，以及实体权利或权益的存在为前提。也就是说，无实体权利或权益遭受侵害则无法律救济。然而，现实生活中的生态环境损害，在实质上侵犯了人们在健康、安全的生态环境下生存与发展的环境利益。[③] 这种利益是以生态环境要素为对象、以享有良好生态环境为

---

① 参见卢志文：《美国环境污染责任保险制度的嬗变、特点及启示》，载《河北企业》2018年第8期。

② 参见卢志文：《美国环境污染责任保险制度的嬗变、特点及启示》，载《河北企业》2018年第8期。

③ 参见胡艳香：《构建生态环境损害赔偿制度》，载《光明日报》2016年11月16日，第13版。

主要内容。目前，虽有《环境保护法》第64条、《海洋环境保护法》第89条、《民法典》第1234条和第1235条对生态损害赔偿进行了原则性规定，中共中央、国务院公布的《改革试点方案》也确认了环境资源的生态功能价值，但是《环境保护法》、《民法典》第3条都没有确认民事主体的生态环境法益。既然民事主体的生态环境法益未能得到法律的认可，那么民事主体因环境污染而受损的全部利益当然难以得到全面、有效的救济。因此，为使民事主体尽可能免遭环境污染或生态破坏带来的损害，同时对潜在的环境污染和生态破坏者提出更高的注意义务要求，真正破解“企业污染、群众受害、政府‘埋单’”的困局，必须通过宪法和法律确认和保护好广大人民群众享有的在健康、舒适、美丽的生态环境中生活的利益，即生态环境利益应当通过“环境权”被纳入我国侵权法律体系的民事权益子体系当中。早在30多年前，肯·萨罗－维瓦（Ken·Saro－Wiwa）就主张“环境（权）是人的首要权利”。[①] 在国家立法层面，截至2010年，全球有142个国家在宪法中直接或间接地确认了环境权。[②] 德国、俄罗斯、乌克兰、瑞士、韩国、越南、南非等国家在其民法、环境法中对环境权作出具体规定。[③] 我国《宪法》第26条第1款规定：“国家保护和改善生活环境和生态环境，防治污染和其他公害。”而《宪法》第89条赋予国务院的职权之一是“领导和管理经济工作和城乡建设、生态文明建设”，为公民环境权在宪法中的确立打下了良好基础。建议在《宪法》第二章（公民的基本权利和义务）中通过增设独立条款的方式确认中华人民共和国公民享有环境权。依据现行《宪法》第33条第4款[④]及新增设的环境权条款，在《民法典》总则编第五章中通过增设独立条款的形式，直接确认环境权是个人和群体享有和支配良好环境的新型私权，或者根据现行《民法典》第126条，通过立法解释或司法解释的途径将环境权益纳入

---

① 参见［英］简·汉考克：《环境人权：权力、伦理与法律》，李隼译，重庆出版社2007年版，第49页。

② See Varun K. Aery, *the Hmuman Right to Clean Air: a Case Study of the Inter－American System*, Seattle Journal of Environmental Law, Vol. 6: 15, p. 15－40 (2016).

③ 参见吴卫星：《环境权入宪的比较研究》，载《法商研究》2017年第4期。

④ 根据《宪法》第33条第4款的规定，任何公民享有宪法和法律规定的权利，同时必须履行宪法和法律规定的义务。

“其他民事权利和利益”范畴，从而让生态环境权益成为法律上的实定权益。在环境遭受某种程度的污染、破坏从而足以影响公民的生存和发展时，该区域内的民众，也就是特定“环境”的占有人即可以以生态权益受到损害为由请求保护和救济，以此实现排除环境侵害、防止环境质量进一步受损的目的。[①] 如此，既可以为受害人亲自或通过公共信托请求生态损害赔偿或请求恢复生态环境提供明确的法律依据，也可以理顺《环境保护法》第 64 条与《民法典》侵权责任编第七章的逻辑关系，为司法实践中的法律适用提供明确的依据。

其次，应当对环境侵权行为统一适用严格责任归责原则。环境侵权的归责原则是民事侵权归责原则在环境侵权领域的具体应用，是据以确定环境侵权民事责任由行为人承担的理由、标准或者说是最终决定性的根本要素，[②] 必然要同时体现环境法的基本价值和环境民事侵权的特性。对环境法而言，环境正义、公共利益以及实质公平是其基本价值，其不仅关注“个人”的传统利益，而且关注作为“人类”的环境权益，既具有私益性又具有公益性；不仅追求代内公平，又同时追求代际公平。[③] 在环境侵权中，环境法律关系具有“人—自然—人”的特点，环境损害行为集中体现为环境污染和生态破坏，行为结果不仅使一定范围的民事主体遭受人身、财产、精神损害，而且会对生态环境造成严重损害。这种产生于高度的专门知识、复杂的装置设备以及规模化经营的生态环境损害，虽然表征为环境危害行为导致生态系统结构或功能发生不利改变，实质上是环境危害行为侵犯了人们在健康、安全的环境下生存与发展的生态利益，损害后果呈现系统性、代际性和不对称性。身处严峻的生态环境中，除寻求公法救济手段来严惩生态环境损害行为人外，生态利益受损者还需要通过私法救济来尽量恢复安全有序的生活。因此，以保护民事主体合法权益、预防侵权行为发生为己任的现代侵权责任法，应当

---

① 参见王明远：《论环境权诉讼——通过私人诉讼维护环境公益》，载《比较法研究》2008 年第 3 期。

② 参见宋宗宇：《环境侵权民事责任研究》，重庆大学出版社 2005 年版，第 76 页。

③ 参见吴一冉：《环境民事侵权归责原则的价值选择——兼评〈环境保护法〉第 64 条》，载中国法院网 2016 年 8 月 3 日，https：//www. chinacourt. org/article/detail/2016/08/id/2048519. shtml。

正视人们对安全价值的期待和需求，不仅要将受损的生态利益纳入环境侵权救济体系，而且应当采用严格的归责原则，通过让生态环境损害行为人承担民事责任的方式来尽量恢复受损的权益以及被破坏的环境。目前，我国环境污染损害责任在归责原则上实行过错侵权责任与无过错侵权责任的“二分结构”：对损害生态环境的民事责任部分适用过错责任原则，污染环境造成人身、财产损害的民事责任部分适用无过错责任原则。这种区分，与环境法所追求的环境正义、公共利益以及实质平等价值观相去甚远，也造成同一侵权行为适用不同的归责原则这一尴尬局面。因此，为体现法律的正义与公平价值，维护公众和社会利益，同时对引起环境污染的侵权者提出更高的要求，必须发展与完善我国环境侵权民事责任制度。对于生态环境损害行为的民事责任归责，应当修改《民法典》第 1234 条、第 1235 条关于“违反国家规定”的表述，相应地改变《改革方案》中的“违反法律法规”要求，与环境污染造成人身、财产损害保持一致，实行严格的责任归责原则，不管污染者是否具有主观或客观上的过错，也不考虑污染物的排放是否超过了国家或行业标准，都应当就侵害行为造成的损失承担相应的民事责任。

再次，应当将公民的环境公益诉讼权利纳入环境侵权救济程序子体系。在确认民事主体生态环境权益的合理地位前提下，应当安排实现这一权益的私法程序路径。尽管生态环境权益有其显著的公益性，与以救济民事主体人身、财产权为本位的传统侵权法律似乎存在一定程度的“不兼容性”，但从法理上来说，生态环境损害实质上是污染行为对保障人们生存与发展的生态权益的侵害，与污染行为侵害人身与财产权一样，都能通过法律对污染行为进行否定性评价来矫正被破坏的权益平衡。在因污染导致人身、财产损害的同时导致生态环境损害的情形下，法律赋予民事主体请求污染者补偿或请求政府、司法机关救济其受损的人身、财产权益以及生态环境权益毫无不妥之处。在只存在生态环境损害而不存在直接的人身、财产损害的情形下，鉴于受害主体众多以及个别受害主体在收集证据上的困难性，而这通常容易导致受害者的理性淡漠（rationales desinteresse），[①] 因此可以依据“公共信托理

---

① 参见［德］汉斯－贝恩德·舍费尔、［德］克劳斯·奥特：《民法的经济分析》，江清云、杜涛译，法律出版社 2009 年版，第 344 页。

论”，先由能代表环境公共权益的政府机构来行使索赔请求权和诉讼请求权。若政府怠于或拒绝行使索赔权和诉权，公民、环保组织有权代表社会公共利益提起行政不作为诉讼和环境公益诉讼；检察机关作为宪法所规定的法律监督机关，可基于民事、行政公诉权和国家生态文明建设义务，作为候补主体，对相关政府机构提起环境行政公益诉讼，在保护环境权益方面发挥最后的保障作用。[①] 甚至，在提起环境公益诉讼之前，公民、环保组织作为环境公共利益的代表，可以与行为人之间就环境污染和生态破坏问题进行谈判和协商以提出合理的环境恢复与治理方案。[②] 在技术路线上，宜通过修订《环境保护法》直接将公民纳入环境民事公益诉讼主体范围，并修改《环境保护法》第 58 条，调整提起公益诉讼的社会组织的法定条件。如此，便能通过将公民与社会组织、政府机关共同纳入环境侵权救济体系，拓宽公民参与环境保护的渠道，加大污染者的责任风险并提高责任风险的预测可能性，使环境污染行为人合理承担环境侵权损害赔偿责任，从而具有将环境风险管理纳入经营成本的内在动力。

最后，应当将社会化损害补偿机制纳入环境侵权责任体系之中。鉴于传统侵权责任体系在填补环境受害人损失方面的局限性，为使环境污染受害人能够得到及时、充分的救助，同时避免侵害方因某次事故的损害赔偿数额负担过重而走向破产，我国应当突破传统侵权法严格强调个人责任自负的原则，在遵循“污染者负担原则”的前提下，将社会化损害补偿机制纳入环境侵权法律体系。可取的技术路径为：参照《民法典》第 1213 条（第五章）关于交通事故责任社会化承担的规定，在侵权责任编第七章增加一个条款：“污染者依照本法应当承担环境污染及生态损害责任，已参加环境污染责任保险的，先由保险人在保险责任限额范围内予以赔偿；污染者不明确或者未参加环境污染责任保险，需要支付被侵权人人身伤亡的抢救、丧葬等费用的，由环境污染事故社会救助基金垫付。环境污染事故社会救助基金垫付后，其管理机构有权向环境污染事故责任人追偿。”如此，便能通过环境责任保险和

① 参见杨朝霞：《论环境权的性质》，载《中国法学》2020 年第 2 期。

② 参见史玉成：《环境利益、环境权利与环境权力的分层建构——基于法益分析方法的思考》，载《法商研究》2013 年第 5 期。

其他社会化补偿机制，来强化我国环境侵权法律补偿损害的社会功能，同时平衡受害人权益保护与侵权人的行动自由。

（二）建构环境责任保险法律体系

环境责任保险只有在法律框架下才能得到长效发展。从国外环境责任保险的发展历程看，立法是开展环境责任保险的基础，也是衡量一个国家环境责任保险发展水平的重要标准。许多国家均以立法形式确立了环境责任保险的法律地位，在此基础上对运作模式、承保方式、管理机构等具体制度进行规定，使环境侵权责任保险具有法律上的强制力。① 在英国，1965 年颁布的《核装置法》，要求安装核装置的人强制购买最低限额为 500 万英镑的核责任保险；1970 年，随着高分贝声震损害赔偿制度建立，声震责任保险随之兴起。② 在美国，《清洁水法》规定，为确保受害者得到经济补偿，船舶所有人或营运人必须证明自己具有财务偿付能力，其中证据就包括保险单。③ 1976 年后，《资源保全与恢复法》授权美国国家环境保护署，通过行政命令要求业主就环境损害赔偿责任、关闭估算费用及关闭后 30 年内可能引发的监测费用进行投保。④《综合环境反应、赔偿和责任法》规定危险物质运载工具的所有人或经营人，都必须建立和保持保险等形式的财产责任。⑤ 在德国，1990 年颁布《环境责任法》，规定被列入重大环境风险设施名录的特定设施所有者必须投保环境损害责任保险。⑥ 德国《循环经济法》和《垃圾废物处理条例》第 6 条规定，对于从事垃圾废物的收集、运输、储存、加工与处置的企

---

① 参见胡艳香、刘宏武：《我国强制性环境责任保险制度的 SWOT 分析》，载《法学杂志》2014 年第 4 期；周道许：《环境污染风险的社会化管理手段研究：我国环境污染责任保险发展的路径选择与制度构想》，载《环境经济》2011 年第 5 期。

② 参见杨辉：《欧洲环境责任保险法律制度审视及启示》，载《中国保险》2010 年第 3 期。

③ 参见孙宏涛：《绿色保险：环境责任强制保险制度研究》，上海人民出版社 2019 年版，第 38 页。

④ 参见贾爱玲：《国外环境责任保险制度评析与启示》，载《环境保护与循环经济》2012 年第 12 期。

⑤ 参见毕思勇、张龙军：《进一步推广和完善我国环境污染责任保险的建议》，载《宏观经济研究》2009 年第 11 期。

⑥ 德国《环境责任法》第 19 条规定的特定设施是指该法附录 2 中的设备，具体包括：按照德国《事故条例》第 1 条和第 7 条必须设立安全分析系统的设备；通过燃烧从固体物质中获得个别成分的设备；用来制造油漆或打印油墨的配料的设备。这些设备对环境具有特别高的危险性。

业适用强制环境责任保险。德国《危险废物的收集和运输许可条例》第 7 条第 2 款第 1 项规定，从事危险废物的收集和运输的企业在申请经营许可证时，必须提供相应的环境责任保险证明。在法国，尽管环境污染保险采取以自愿保险为主、强制保险为辅的方式，但法律规定必须投保的，企业应当依法投保。1998 年，法国《环境法典》就规定了企业必须投保油污损害责任险。芬兰和瑞典等国也分别制定了环境污染损害保险法和环境保护法，强制所有可能对环境产生危害的企业购买环境责任保险。[①] 总的来说，域外可供参考的立法模式主要有三种：一是在环境法典中对环境责任保险的规则进行专门章节规定，该模式在环境法律法典化程度较高的国家比较常见；二是运用通用性环境责任保险单行法律进行规定，该模式通常在施行环境侵权损害赔偿特别法的国家较为常见，法律的效力层级较高；三是通过环境领域特别法专门条款规定，该种模式通常在没有通用性的单行法或一般性法律规则的国家或地区较为常见。前面两种立法模式下的法律制度效力层级较高，而第三种模式多是在相关国家或地区在某一具有紧急需求的个别领域单独出台，法律的效力层次往往较低，属于实验性立法或者立法上的缓兵之计。[②] 域外经验也充分证明，只有通过统一立法建立有效的环境污染责任保险制度体系，才能保障环境责任保险的可持续发展，从而真正有利于完善生态和环境保护机制，实现环境侵权法的社会功能。

针对我国环境责任保险试点、推广缺乏法律依据的困境，以及现有环境责任保险制度格局存在规范性文件效力低、彼此之间协调性差、具体操作程序缺乏等严重问题，我国必须通过国家层面的统一立法明确环境污染责任保险的法律地位，为环境责任保险提供切实有效的法律保障。在技术路径上，要做好以下三点：一是修改现有环境保护法律，将环境责任保险制度纳入《环境保护法》及环境单行法中。借鉴他国立法经验及我国《道路交通安全法》第 17 条和第 98 条的规定，修改《环境保护法》第 52 条作为实行环境

① 参见陈冬梅：《环境污染责任保险：理论与实践》，复旦大学出版社 2019 年版，第 136－140 页。

② 参见顾向一、陈诗一：《环境污染责任保险制度演进及路径选择》，载《复旦学报（社会科学版）》2020 年第 3 期。

责任保险的原则性条款，将“国家鼓励投保环境污染责任保险”修改为“国家实行环境污染责任保险制度，具体办法由国务院规定”；规定实行强制责任保险的行业范围及风险标准；设置不按规定投保环境责任保险的法律责任。另外，通过单行立法，以“特别法优先于一般法”的规则，在特定领域创设环境污染强制责任保险，如《海洋环境保护法》第66条、《固体废物污染环境防治法》第99条。可以在《水污染防治法》《大气污染防治法》《环境噪声污染防治法》《放射性污染防治法》《水土保持法》《野生动物保护法》等环境保护单行法中规定强制环境责任保险。如果条件成熟，国家也可以在将来制定环境责任保险法，以统一的法律来确立环境责任保险制度的地位，对适用范围、投保标准以及不按规定投保的法律责任作出明确规定。二是在法律地位得以明文确立以及在2018年原则通过的《管理办法（草案)》基础上，具体规定环境责任保险的微观制度，制定环境责任保险实施细则，对险种的风险评估、风险控制、风险分担与联保、免责条款、保费标准、赔偿范围、赔偿标准等细节问题进行科学公平合理的设计。三是各地的立法机关根据辖区内的实际情况制定地方性的环境责任保险条例，形成国家立法与地方立法协调发展的格局。这样，中观层面上的环境责任保险法律体系将得以建立。通过上述方式，《管理办法（草案)》和各地有关环境责任保险的地方性法规、政府规章能够获得合法性，进而完善和巩固环境污染强制责任保险制度。①

（三）健全环境责任保险的协同配套制度体系

环境责任保险体系的良好运行，离不开完善的配套机制。2007年《保险工作指导意见》提出应建立环境事故勘查与责任认定机制，要求相关企业、保险人和环保部门应公开环境事故的有关信息；环保部门为环境保险责任认定提供支持，制定环境事故损失核算标准和相应核算指南，规定具备条件的环保部门可以把部分行业或企业是否投保与“项目环境影响评价”“三同时”等制度结合起来。少数试点省市据此建立环境风险评估、环境损害评估、绿

① 参见吴琼、邵稚权：《我国环境污染强制责任保险的法律制度困境及完善路径》，载《南方金融》2020年第2期。

色信贷等环境责任保险配套制度，并取得了一些实效。但整体上看，我国尚未形成系统的环境责任保险配套机制，难以从国家制度层面对涉污企业投保环境责任保险、保险人积极承保形成正向激励。2016 年，中国人民银行、财政部、国家发展和改革委员会、原环境保护部、原中国银监会、中国证监会、原中国保监会联合公布《关于构建绿色金融体系的指导意见》，为环境责任保险配套机制建设提供了政策性依据。我国应当以此为契机，尽快建立以环境信息公开和共享、环境风险预判和环境损失评估、投保联合激励和不投保联合惩戒机制等为主要内容的协同支撑体系，与环境侵权法律体系、环境责任保险法律体系形成严密高效的整体发展框架。

1. 构建环境信息公开和共享机制

环境信息公开共享是环境治理体系中的一项基础性、全局性工作。[①] 对保险人而言，涉污企业的环境信息是其科学合理计算保费费率的前提条件。只有详细了解相关的环境信息，才能对投保企业面临的环境责任风险进行准确的预判。环境责任保险市场中，保险人、涉污企业以及受害人三方民事主体之间力量对比悬殊，彼此之间信息不能对称。当保险合同双方当事人之间存在信息不对称时，很容易引发道德风险和逆向选择问题，加上双方对风险信息的感知程度不一致，往往会导致供求不平衡并由此引发保险人融资成本过高等问题，[②] 而这些都是引致环境责任保险“市场失灵”的重要原因。因此，要实现环境责任保险的良性发展，需要在保险人、投保企业、环保部门、保险监管部门等相关政府部门之间形成信息公开共享机制。目前，在环境信息公开共享方面，域外可资借鉴的典型立法例有美国和德国。

在企业环境信息公开共享立法上，美国有着较为完善的法律制度。1966 年，美国制定《信息自由法》，赋予公众获取相关环境信息的权利，规定公共信息以公开为原则、不公开为例外；1969 年，美国制定《国家环境政策法》，规定公众有权参与环境监督管理，为美国企业环境信息公开制度完善

① 参见王华、郭红燕、黄德生：《我国环境信息公开现状、问题与对策》，载《中国环境管理》2016 年第 1 期。

② 参见张庆洪、葛良骥、凌春海：《巨灾保险市场失灵原因及巨灾的公共管理模式分析》，载《保险研究》2008 年第 5 期。

提供权利基础。另外，美国《清洁空气法》《清洁水法》等系列环境保护单行法对企业环境信息强制公开作出了明确规定。1977 年，美国《有毒物质控制法》生效。1986 年，美国《紧急计划与社区知情权法》生效。这两部法律建立了针对有毒物质排放的环境信息公开制度，要求企业进一步报告有关化学物质尤其是有毒物质的生产、运输、使用和处置等各个环节的相关信息。之后，美国不仅颁布实施了《有毒物质排放条例》，而且建立了“有毒物质排放登记系统”（TRI），要求企业登记并定期报告有毒物质排放的具体情况。美国国家环境保护署通过互联网公开发布 TRI 数据，公众能非常便利地获取环境信息。

在政府环境信息公开共享立法上，德国则具有较为完善的法律制度。作为欧盟成员国，德国环境信息立法以欧盟有关指令为指导。根据 1990 年欧共体颁布的环境信息公开指令（Richttinie 90/313/EWG），1994 年德国颁布了第一部环境信息法，以确保公民自由获取并传播由政府主管部门掌握的环境信息。根据欧盟 2003 年颁布的环境信息公开指令（EU Richtlinie 2003/4/EG），2004 年德国颁布了新的环境信息法，规定政府部门必须提高信息透明度，主动利用互联网等现代媒体，使公众更方便快捷地获取环境信息或参与管理。德国环境信息立法强调现代信息技术在环境信息公开中的应用，提出环境门户网站与信息系统建设发展需求。[①] 2006 年 6 月，德国环境门户网站正式公布上线，提供联邦和各州政府环境信息与数据统一入口。为方便公众检索，网站提供功能强大的搜索引擎、环境数据目录及分类索引。同时，德国建立发布系列大型数据库和专业环境信息系统，其中许多系统由联邦与地方共同建设和维护；不同政府部门和组织机构合作建构跨环境信息系统，使所有与环境相关的数据，如土壤、空气、水、噪声、气候、自然保护区、洪泛区等环境数据得以在同一系统中得到管理和利用，使所有环境相关领域的信息共享成为可能。

针对我国在环境信息披露及共享机制上存在的问题，我们有必要在借鉴国外有益经验基础上完善环境信息披露及共享的法律法规。目前，比较可行

---

① 参见沈红军：《德国环境信息公开与共享》，载《世界环境》2009 年第 6 期；李醒、石春玲：《经验与借鉴：欧盟环境信息公开与中国相关立法的完善》，载《河南省政法管理干部学院学报》2011 年第 3 期。

的办法是对《环境信息公开办法（试行）》进行系统修订，除考虑信息公开的完整性、真实性、及时性外，还需列出不公开环境信息的负面清单，健全环境信息公开主体制度，完善环境信息公开的救济手段。从长远计，应由国务院制定环境信息公开条例以取代政府规章《环境信息公开办法（试行）》，将其作为其他相关部门规章或地方政府规章的“基本依据”，对环境信息公开共享起基础性和指导性作用。条例中应强调现代信息技术在环境信息公开共享中的应用，扩大公开共享的环境信息范围及主体范围，强制规定相关政府部门提高信息透明度，使公众更方便快捷地获取环境信息或参与管理，保障公众环境知情权、参与权和监督权，严格规定各类主体未依法公开环境信息的法律责任。在环境责任保险领域，涉污企业应根据既有的《企业事业单位环境信息公开办法》及将来制定或修订的法律法规，建立健全本单位环境信息公开制度，按照强制公开与自愿公开相结合的原则，及时、如实地发布企业环境信息；各级环保部门充分利用互联网和数据技术，建设和完善环境信息公开共享平台，遵循公正、公平、便民、客观原则及时、准确地公开政府环境信息，对企业事业单位的环境行为进行信用评价。保险方自己或者通过第三方建立集企业投保、环境风险服务、保险定损理赔，以及数据归集与信息公开于一体的环境污染责任保险服务平台，在为企业提供环境风险管理服务和理赔服务的同时，为环保部门提供有效的企业环保监管决策支撑。另外，保险监管部门对保险人在环境责任保险上的偿付能力和市场行为、保险保障基金、资金运用等进行监管，并将监管信息及时准确地公开。如此，便能形成相对公开透明的环境责任保险信息网络。环境责任保险参与主体都能够从中迅速获得需要的相关数据和信息，尽可能减少道德风险和逆向选择，同时促进环境风险的有效管理。

2. 构建环境风险预判与损害评估机制

环境责任保险的风险评估，依赖“污染者负担原则”在环境侵权责任领域的有效落实，而后者则需要以完善的环境风险预判与损害评估机制为支撑。环境风险与损害评估都是系统工程，其核心问题是在监测排放污染物种类、查清污染源及其排放量的基础上，预判及核算污染对空气、水体、土壤和生物及其区域功能等的损害范围和程度。要形成完整的环境风险预判与损害评估机制，则必须有明确的法律条文依据、完善的评估技术方法标准和全社会较强的环境意识。[①] 因此，现代发达国家在自身环境保护发展历程中逐渐形成了独特的环境损害评估制度，将环境损害相关立法及管理模式、损害评估方法与技术导则、资源环境价值理念和自然文化传统融为一体，演进出健全的环境资源保护和环境权益保障体系。[②] 美国是较早建立完备环境损害评估制度的国家，也是欧盟各国、日本等国家建立环境损害评估制度过程中的主要借鉴对象。在美国联邦层面，环境损害评估（Natural Resource Damage Assessment，NRDA，又译作"自然资源损害评估"）相关的法律主要有《清洁水法》《综合环境反应、赔偿和责任法》《石油污染法》，重点针对石油类物质泄漏、危险固体废物不当处置及有毒有害物质排放等类型的环境污染事件造成的生态环境损害进行评估和追责。三部法律中，《清洁水法》《综合环境反应、赔偿和责任法》主要针对资源环境损害，而《石油污染法》则对损害评估和求偿的范围作了较大的扩展。根据以上法律，美国内政部（DOI）、商务部（DOC）、农业部（USDA）、国防部（DOD）、能源部（DOE）、各州政府、印第安部落组织和外国政府可以作为自然资源受托人开展环境损害评估，内政部和商贸部等在《综合环境反应、赔偿和责任法》框架下颁布了各自的自然资源损害评估规章。[③] 在美国各州层面，也制定了相关环境损害评估规定，如加利福尼亚州指定州渔猎部（DFG）、佛罗里达州和新泽西州指定州环保局（EDP）、华盛顿州指定州生态部（DOE）、明尼苏达州指定州污染控制署（MPCA）负责开展环境损害评估。[④]

针对我国环境损害评估机制目前存在的问题，应重点做好以下两方面的工作：一方面，应当加大评估技术研发投资，基于重建成本理念（将评估重

---

① 参见张红振等：《环境损害评估：国际制度及对中国的启示》，载《环境科学》2012 年第 5 期。

② See Edward B. Barbier, *Progress and Challenges in Valuing Coastal and Marine Ecosystem Services*, Review of Environmental Economics and Policy, Vol. 6: 1, p. 1 – 19 (2012).

③ 参见牛坤玉等：《自然资源损害评估在美国：法律、程序以及评估思路》，载《中国人口·资源与环境》2014 年第 3 期。

④ 参见张红振等：《环境损害评估：国际制度及对中国的启示》，载《环境科学》2013 年第 5 期。

点从环境资源的价值货币化转移到直接重建自然资源上)，[①] 构建符合国情的且覆盖生态、大气、水、土壤、噪声、放射性等各领域的环境风险预判及损害评估技术方法与体系，为环境管理与环境司法过程提供科学依据，以此为基础开展环境责任保险风险评估。另一方面，为使预判和评估鉴定结果具有科学性和权威性，国家应当结合现有环境侵权责任解决困境及相关法律规定，出台专门性的法律法规保障这些环境风险预判与损害评估方法与体系的权威性，要建立以损害事实为基础的评估监督管理制度，明确评估中介机构的准入条件、业务范围、法定义务及严格法律责任。相关行政管理部门要结合部门职责和管辖权，在法律框架下制定具体的环境风险预判与损害评估规章制度，并加紧完善相关的技术支撑指导性文件。

3. 完善投保联合激励和不投保联合惩戒机制

目前，环境多元共治理念已渗透到环境责任保险领域。为更好地实现对投保主体的激励，我国可在国家层面进一步完善环境责任保险的市场联动、政府部门联动机制。在市场联动层面，主要加强绿色信贷与环境责任保险的联动；在政府部门联动上，主要加强环境责任保险与排污许可管理、重点排污单位管理、应急预案管理等的有效衔接。在技术路径上，首先，鉴于市场层面即银行层面的绿色信贷动力源于国家层面的绿色信贷政策或法律，可统一制定促进绿色信贷发展的法律法规，加快建立绿色信贷实施的监督和信息公开机制，重点规范政府、企业和银行的行为并调节三方之间的关系。这方面可资借鉴的国家有美国和德国。根据美国《综合环境反应、赔偿和责任法》，银行必须对客户造成的环境污染负责，并支付修复成本。法律对银行环境责任的追究，迫使银行在进行经营战略部署时对环境因素进行考量。在德国，20 世纪 70 年代初的环境污染灾难，促使德国政府出台了一系列环境

---

① 参见牛坤玉等：《自然资源损害评估在美国：法律、程序以及评估思路》，载《中国人口·资源与环境》2014 年第 3 期。See Unsworth R. E. & Bishop R. C. , *Assessing Natural Resource Damages Using Environmental Annuities*, Ecological Economics, Vol. 11, p. 35 – 41 (1994); C. A. Jones & K. A. Pease, *Restoration – Based Compensation Measures in Natural Resource Liability Statutes*, Contemporary Economic Policy, Vol. 15: 4, p. 11 – 22 (1997); R. E. Unsworth, M. D. Barash & M. T. Huguenin, *Proposed Framework for Developing and Selecting Compensatory Restoration Projects under Federal Natural Resource Damage Assessment Statutes*, MA: Industrial Economics (1999).

保护立法，给银行带来了环境责任风险。基于这些立法，德国国家层面对绿色信贷项目予以贴息贷款。其中，一个最显著的特征就是对节能、环保项目，国家支持银行给予持续 10 年、贷款利率小于 1% 的优惠信贷政策，利率差额由政府予以贴息补贴。当然，环保部门的审批是企业项目获得贴息补贴的关键。其次，鉴于绿色信贷的核心内容主要是对节能环保项目给予信贷支持、对环境社会影响差的项目不予或限制信贷支持两个方面，所以在银行的绿色信贷环境风险审核中，会将环境责任保险投保情况作为污染防治和控制因素的一个考量点。完善企业环境信用评价法律体系，将法律或政策性文件强制要求购买环境责任保险的高风险企业的投保情况纳入企业环境信用评价体系，并充分运用信用激励手段，加大对投保主体的正向激励以及对拒绝投保主体的负向激励，在环境责任保险领域形成"褒扬诚信、惩戒失信"的制度机制。最后，在环境信息公开共享法律法规及其他规范性文件中，规定将企业环境信用评价结果在中国人民银行、财政部、国家发展和改革委员会、生态环境部、中国证监会、国家金融监管总局等相关部门之间实现信息共享，建立涉污企业投保联合激励和不投保联合惩戒机制。对于积极投保环境责任保险的企业，在上市融资、银行借贷、环保审核、创先评级、申报项目和安排环境保护专项资金等方面予以优先，对未投保或拒绝投保的企业，各部门对其实行联合惩戒。

三、实现环境责任保险有效供需的微观法律对策

微观上，结合环境侵权责任法律、环境责任保险制度以及相关配套机制的协同作用机理及其各自的发展规律，修订相关法律条款，制定相关实施细则或司法解释。根据环境污染行为特征、损害后果、救济程度、遏制效果等因素，对环境侵权责任法律微观制度进行具体修改；根据保险模式、保险范围、承保机构、费率、赔付率及理赔额度、索赔时效、险种开发等因素及其权重，考虑从加强强制责任保险、扩大保险范围、实行保费费率个性化和保障保险索赔时效长期化、保险机构专门化等方面，确定环境责任保险微观制度安排和规范设计；根据配套机制的正反激励效应，开展环境风险等级划分、风险与损害评估、环境信息公开、保险信用、财税支持等各项配套

微观制度建设。

（一）完善环境侵权责任法律微观制度

1. 区分举证责任人采用程度不一的盖然性因果关系判断标准

鉴于环境法律关系所具有的“人—自然—人”的特点，即侵权行为往往需要通过环境媒介的作用对人身、财产及生态权益造成损害，且损害具有长期性、复杂性等特征，因此环境侵权的因果关系判断比一般侵权的因果关系判断更具困难。为有效保护环境污染受害人，实现环境政策目标，有必要适当降低我国环境侵权损害因果关系的证明标准。

目前，可资借鉴的关于环境侵权的因果关系判断标准主要有三大类，分别是盖然性因果关系判断、疫学因果关系判断和适用经验法则判断因果关系（事实上的因果关系推定）。[①] 盖然性因果关系判断学说由日本判例创立，并经由日本理论界发展而来，要点在于对受害人要求的因果关系证明，只就因果关系的存在表示出相当程度的盖然性即为充分。[②] 甚至有学者譬如加藤一郎主张在超过50%的盖然性的场合就可以得出存在因果关系的结论。疫学因果关系判断则是利用统计方法分析各种可能的因素与显现的疾病之间的关系，并选择相关性较大的因素进行综合研究，以判断其与结果之间有无因果联系。具体而言，若该因素满足以下四个条件，则可以认定其与疾病之间存在因果关系：（1）存在于疾病发生前的一定期间内；（2）发挥作用的程度越显著则疾病的罹患率越高；（3）在被减少或消除的情况下患病概率减小或病情减弱；（4）引发疾病的机理与生物学、病理学说不矛盾。疫学因果关系判断标准降低了因果关系的证明度，为许多国家所采用。比如，发生在日本的痛痛病、水俣病、哮喘病等公害诉讼和斯蒙病诉讼，就采用疫学因果关系学说。运用经验法则判断因果关系，即通过“姑且推定”和“间接反证”来分析和证明构成因果关系的要件事实。其中，“姑且推定”是根据普通人的经验，事实A的发生通常以事实B作为其原因，若存在事实B并出现事实A，即使

① 参见宋宗宇：《环境侵权因果关系判断标准的理论歧向与体系建构》，载《重庆大学学报（社会科学版）》2009年第1期。

② 参见于敏：《日本侵权行为法》，法律出版社2006年版，第192－196页。

对现实的事实经过不甚明了，根据经验法则也可“姑且推定”B与A之间存在因果关系，而不必再提出特别证据加以证明。若要推翻上述推定，则必须由否定方就其特别情况作出说明。因该学说可以大大减轻原告的举证负担，各国侵权法对此纷纷加以援用，如德国《环境责任法》规定：“环境侵权事件发生以后，设备所有人应当根据受害人的请求，提供关于设备、排放物质的种类、浓度，以及遵守环境行政法所规定的特别操作义务等方面的有关情况。”据此，受害人可以要求企业提供信息。运用经验法则来进行因果关系判断，不需要原告对所有阶段的事实和过程进行证明，只要求其在证明某事实、过程的存在时，根据普通人的经验就可以推定其他事实、过程存在。在此场合下，若被告不能就不适用经验法则的特别情况进行证明，就可认定因果关系存在。[①] 以上三种判断标准均在一定程度上克服了传统的必然因果关系、相当因果关系判断标准的不足，在侵权责任构成要件层面上实现侵权法的正义与公平价值。

我国环境侵权因果关系的判断标准，应当在坚持“人与自然和谐共生”的发展理念基础上，借鉴以上三种因果关系判断的有益经验进行科学构建。具体而言，在对正义、秩序和效率等价值进行综合考量、对环境侵权受害人和行为人利益进行权衡的基础上，重点考察事实的因果关系，细化最高人民法院《关于审理环境侵权责任纠纷案件适用法律若干问题的解释》第6条以及《关于审理生态环境损害赔偿案件的若干规定（试行）》第6条关于“关联性”的规定，[②] 将时间先后、空间位置、环境接触、污染种类、生态关系、生理反应、疫学原理、概率统计等纳入考察因素，对受害人（或代表环境公益提起诉讼的原告）和污染行为人引入不同程度的盖然性规则来建构判断标准，对受害人（或原告）则适用较低程度的盖然性证明标准。在单一因果关系的环境侵权中，只要受害人（或原告）能证明若无污染行为就不会有自身

① 参见马栩生、吕忠梅：《环境侵权诉讼中的举证责任分配》，载《法律科学》2005年第2期。

② 根据最高人民法院《关于审理环境侵权责任纠纷案件适用法律若干问题的解释》第6条的规定，被侵权人根据《民法典》第七编第七章的规定请求赔偿的，应当提供证明以下事实的证据材料：（1）侵权人排放了污染物或者破坏了生态；（2）被侵权人的损害；（3）侵权人排放的污染物或者其次生污染物、破坏生态行为与损害之间具有关联性。

权益损害的可能性，且该可能性只需达到51%以上，则可认定污染行为与损害之间存在因果关系。在复合因果关系的环境侵权中，受害人（或原告）能证明发生某种污染行为就有权益损害发生的可能性，且该可能性只需达到51%以上，即可认定该种污染行为与权益损害之间存在因果关系。[①] 对环境污染和生态破坏行为人，则适用较高程度的盖然性证明标准。行为人若要主张自己的行为与损害没有因果关系，则必须证明“即使有污染行为之发生，也几乎不存在损害发生的可能性”，即对事实因果关系的证明应当和普通民事诉讼中的证明一样要达到民事诉讼法所主张的证明标准。[②] 在区分环境污染受害人与侵害人从而规定程度不同的盖然性规则的基础上，鉴于环境风险信息控制的单方性及信息披露制度的不完善，所以对环境侵权的因果关系的证明责任分配，可以根据《民法典》第1230条的规定，修改最高人民法院《关于审理生态环境损害赔偿案件的若干规定（试行）》第7条，与最高人民法院《关于审理环境侵权责任纠纷案件适用法律若干问题的解释》第7条相统一，明确规定实行因果关系举证责任部分倒置，[③] 让行为人就法律规定的不承担或者减轻责任的情形及其行为与损害之间不存在因果关系承担举证责任。具体而言，就是在原告完成关联性证明责任之后，由被告从两个方面进行证明：一是提供证据证明不具有原告提出的时间、空间、环境、物质、疫学等关联性，使是否具有关联性处于真伪不明状态；二是提供证据推翻法官在关联性真伪不明时依据其自由心证推定因果关系存在的判断，即证明不存在因果关系。

2. 解决纯粹经济损害的可赔性问题

所谓纯粹经济损失，“系指被害人直接遭受财产的上不利益，而非因人身或者物被侵害而发生”。[④] 污染者是否需要对纯粹经济损失予以赔偿，关系

---

① 参见邹雄：《论环境侵权的因果关系》，载《中国法学》2004年第5期。

② 参见宋宗宇：《环境侵权因果关系判断标准的理论歧向与体系建构》，载《重庆大学学报（社会科学版）》2009年第1期。

③ 参见杨朝霞、刘轩、高翔：《环境侵权因果关系推定之新规判解——以“中国垃圾焚烧致病第一案”的检视为中心》，载《环境保护》2016年第16期。

④ 参见王泽鉴：《挖断电缆的民事责任：经济上损失的赔偿》，载王泽鉴：《民法学说与判例研究》（第7册），中国政法大学出版社1998年版，第9-80页。

到环境污染的外部不经济效应的内部化程度高低，以及污染者通过环境责任保险等社会化途径分散环境责任风险的意愿大小。为了给环境受害人提供适当、及时的法律救济，以使涉污企业的外部不经济效应内部化，同时为了使保险人能够从风险控制的角度确定财产损害责任风险的规模范围，从而决定从多大程度上承保环境责任风险，需要通过环境侵权法律规定侵权人对纯粹经济损失进行赔偿，并且必须明确纯粹经济损害的内涵和外延。综观域外对纯粹经济损失给予的侵权法救济情况，迄今只有瑞典《赔偿法》第 2 条从法律上对纯粹经济损失进行了明确规定："根据本法，纯粹经济损失是一种在任何方面与人身伤害或财产损害都没有关联的经济损失。"① 因为纯粹经济损失表征为一种抽象的不利益，受损利益边界模糊，尤其是该损失的发生具有连锁效应，各国立法以及判例大多只承认故意行为导致的纯粹经济损失的赔偿救济。对过失行为所致纯粹经济损失，除在一些特殊案件中判决给予赔付外，基本上在侵权法上予以排除。② 在英美法系国家，对纯粹经济损失的保护，主要是通过判断在特定情势下侵害人是否违反注意义务，来确定是否保护受害人的纯粹经济利益。③ 在法国，根据法国《民法典》第 1382 条、第 1383 条的一般性规定，侵权损害赔偿不以受害人绝对权性质的权益被侵害为前提，因此只要满足侵权责任的构成要件，原则上纯粹经济损失可以纳入该条的调整范畴。在德国，根据德国《民法典》第 823 条第 1 款，适用侵权法进行救济的前提条件是绝对权性质的权益被侵害，若否，受害人则必须能够证明其损害属于德国《民法典》第 823 条第 2 款或第 826 条所保护的对象。在此法律规定基础上，通过对以上法条进行扩充解释，让纯粹经济损失进入到侵权损害赔偿救济范围。较之其他国家通过立法或判例积极应对现实中的纯粹经济损失，我国侵权法明确对受害人的纯粹经济损失进行救济的规则只存在于《民法典》的极个别条款当中，如《民法典》第 1179 条规定在造成

① See W. Van Gerven, J. Lever & P. Larounche et al., *Tort Law Scope of Protection*, Hart, Oxford, 1998, p. 44.

② 参见王泽鉴：《侵权行为》（第 1 册），中国政法大学出版社 2001 年版，第 98 页。

③ 参见朱晓峰、崔兆在：《赔还是不赔：纯粹经济损失侵权法救济的困境和出路》，载《山东审判》2016 年第 6 期。

他人人身损害或死亡时，应赔偿他人护理费、残疾赔偿金、死亡赔偿金等费用，该条规定中应赔偿给受害人的费用都属于纯粹经济损失的一种。

为解决纯粹经济损失侵权法救济规范不足的尴尬局面，我国可以借鉴域外有益经验，利用现有《民法典》对民事权益保护的开放性和包容性规定，通过公布司法解释和指导性案例明确对环境污染导致的何种范围的纯粹经济损失予以侵权法上的救济。具体而言，根据《民法典》第 3 条“民事主体的人身权利、财产权利以及其他合法权益受法律保护，任何组织或者个人不得侵犯”、第 113 条“民事主体的财产权利受法律平等保护”，以及第 126 条关于“民事主体享有法律规定的其他民事权利和利益”的兜底性规定，通过司法解释将民事主体享有的民事权利和利益向纯粹经济利益、环境权益等类型扩充。另外，按照《民法典》第 1229 条的规定，凡是“因污染环境、破坏生态造成他人损害的，侵权人应当承担侵权责任”，纯粹经济损失作为一种损害，自然包括在环境侵权责任制度的保护范围内。鉴于此，可以通过司法解释或指导性案例将环境污染事故受害人的纯粹经济损失纳入侵权责任编、环境污染和生态破坏侵权责任制度的调整范围中来。当然，纯粹经济损失在现实生活中往往具有不确定性，而基于有限的法律资源以及侵权人承担赔偿责任的能力和损失承担的公平性，实践中不可能对所有因环境污染、生态破坏导致的纯粹经济损失都进行救济，所以有必要对纯粹经济损失赔偿进行一定的限制。在限制规则上，可资借鉴的有美国有关判例中法官提出的限制规则以及奥地利学者赫尔穆特·考茨欧（Helmut Koziol）教授提出的纯粹经济损失可获赔偿的十条规则。在美国的有关判例中，法院提出了决定纯粹经济损失可赔偿性的六项标准：交易预期对原告的影响程度、原告损害的可预见性、原告遭受损害的必然性、被告行为与此种损害的联系、被告行为在道德上的可谴责性以及避免更大损害的政策考量。[①] 赫尔穆特·考茨欧教授提出的衡量标准，包括潜在请求人的可限制性、不额外增加行为人的注意义务、紧密和特殊的关系、危险性、依赖性、显著性和明确知悉、清晰的边界、过

① 参见满洪杰：《论纯粹经济利益损失保护——兼评〈侵权责任法〉第 2 条》，载《法学论坛》2011 年第 2 期。

失和故意、原告经济损失的重要性以及被告的经济利益。① 在规制途径上，可采取“一般条款 + 类型化列举”方式，对可预见的纯粹经济损失类型化，使环境侵权导致的纯粹经济损失案件类型在司法解释中有明确规范，同时通过指导性案例和学说创造出一个较为科学合理的判断标准体系，为法官个案裁判提供依据。

3. 完善生态环境损害赔偿制度

正如前文所述，将生态环境损害纳入环境污染损害赔偿制度当中，让环境污染者承担生态损害的全部成本，有助于解决“企业污染破坏，公众为其‘埋单’”的外部不经济现象。污染者是否需要对生态环境损害予以赔偿，关系到环境污染的外部不经济效应内部化程度高低，以及污染者通过环境责任保险等社会化途径分散环境责任风险的意愿大小。为了防止生态环境的进一步恶化，救济人们受损的生态环境法益，使涉污企业的外部不经济效应内部化，同时为了使保险人能够从风险控制的角度确定生态环境损害责任风险的规模大小，从而决定是否承保以及从多大程度上承保环境责任风险，需要通过修改《民法典》或者公布相关司法解释对生态环境损害内涵、归责原则、责任范围及责任承担方面等进行更为合理的规定。

对于生态环境损害的内涵，法律或相关司法解释应当使之区别于以生态环境为媒介而造成的民事主体的人身伤害、财产损失和精神损害，并将其限制在“人类生存和发展所必须依赖的生态环境的任何组成部分，或者其任何多个部分相互作用而构成的整体的物理、化学、生物性能的任何重大退化”，② 或者“因污染环境、破坏生态造成环境要素和生物要素的不利改变，及上述要素构成的生态系统功能的退化”。③

对生态环境损害行为的归责，应当修改《民法典》第 1234 条和第 1235 条关于“违反国家规定”的要求，采取与环境污染造成人身、财产损害一致

---

① See Helmut Koziol, *Recovery for Economic Loss in the European Union*, Arizona Law Review, Vol. 4, p. 871 – 895 (2006). 转引自满洪杰：《论纯粹经济利益损失保护——兼评〈侵权责任法〉第 2 条》，载《法学论坛》2011 年第 2 期。

② 参见竺效：《反思松花江水污染事故行政罚款的法律尴尬——以生态损害填补责任制为视角》，载《法学》2007 年第 3 期。

③ 参见《生态环境损害赔偿制度改革试点方案》。

的归责原则，即实行严格责任归责原则。据此，涉污企业承担生态环境损害责任，同样不需要考虑其是否具有主观、客观过错或污染物的排放是否超过国家或行业标准。严格责任归责原则的采用，将会使我国环境侵权责任风险的可预测性增强，可以为我国构建和发展环境侵权责任保险打下良好的基础。

关于生态环境损害的民事责任范围，国内理论界已有一些学者基于域外立法和司法实践，对生态环境损害额度问题进行了深入研究，他们的研究成果值得在将来的立法或法律修改中予以借鉴。其中，以竺效教授为代表的学者主张，生态环境损害赔偿的范围包括防范性措施费用、清理措施费用、修复性措施费用、附带损失和象征性损害等五个方面。① 学术理论上对生态环境损害赔偿的分类在国内外规范性文件中多有体现：《欧盟环境指令》第 2 条第 10 项以及美国《国家海洋保护区法》第 1432 条第 7 款都明确规定了防范性措施费用的赔偿。② 关于清理措施费用，我国《强制责任保险指导意见》《管理办法（草案）》都确认清理措施费用的含义为“必要而且合理的清污费用”；英国、美国、瑞典等国立法或司法实践也都给予清理费用以赔偿救济。③ 对于修复性措施费用，欧共体理事会 1993 年制定的《卢加诺公约》第 2 条第 8 款和《欧盟环境指令》第 2 条第 11 项明确界定了“恢复措施”。④ 关于附带损失和象征性费用，美国《国家海洋保护区法》第 1432 条第 6 款规定了损害评估费用、合理的监测费用以及在生态环境无法恢复时，赔偿保护区资源的费用。

---

① 参见竺效：《反思松花江水污染事故行政罚款的法律尴尬——以生态损害填补责任制为视角》，载《法学》2007 年第 3 期。

② 根据欧盟《关于预防和补救环境损害的环境责任指令》第 2 条第 10 项的规定，预防性措施是对造成即将来临的环境损害威胁的事件、行动或不作为所采取的旨在防止或降低损害的任何措施。根据美国《国家海洋保护区法》第 1432 条第 7 款的规定，反应费用是指旨在使已经发生的或即将发生的破坏、丧失或侵害保护区资源的程度或危险降低到最低，由此发生的包括捕获、没收、贮存或处置行为的费用。

③ 参见阳露昭：《环境污染责任保险基本法律问题研究》，中国海洋大学 2011 年博士学位论文，第 109 页。

④ 根据欧共体理事会 1993 年制定的《卢加诺公约》第 2 条第 8 款的规定，恢复措施，旨在恢复或复原损害或被破坏的环境要素合理的措施，或者在合理的情况下，向环境引入替代物。根据《欧盟环境责任指令》第 2 条第 11 项的规定，修复措施是为减轻或临时的恢复、修复或替换被损害的自然资源和或服务的措施，或者向这些资源或服务提供一种功能替代物的任何行动或组合行动。

对生态环境损害的民事责任承担方式，宜在《民法典》第1234条（生态损害修复责任）和第1235条（生态损害赔偿责任）基础上，通过司法解释的方式明确规定如果存在具备生态环境修复可能性，“应当优先适用生态环境修复责任，不能适用赔偿损失的责任来替代生态环境修复责任”。[①] 具体而言，如果具备生态环境修复可能性，《民法典》第1235条规定的损害赔偿责任是一种补充性的责任，即补充生态环境修复责任不能涵盖的部分，包括防止损害的发生和扩大所支出的合理费用、清除污染费用、期间功能损失等；如果不具备生态环境修复可能性，若全面适用生态环境损害赔偿责任，为了让涉污企业承担社会成本，除让侵害者承担防止损害发生和扩大支出的合理费用、清除污染费用、期间功能损失外，还要承担通过虚拟治理成本方法评估的生态环境修复费用，以及生态环境功能永久性损害造成的损失。具体生态环境损害案件可参考《〈1969年国际油污损害民事责任公约〉1992年议定书》和《2001年国际燃油污染损害民事责任公约》，对生态损害赔偿的责任构成进行认定；参考《水域污染事故渔业损失计算方法规定》、《海洋溢油生态损害评估技术导则》、《环境影响评价技术导则—生态影响》、最高人民法院《关于审理海洋自然资源与生态环境损害赔偿纠纷案件若干问题的规定》等来评估生态环境损失。在具体技术操作上，法院也可以参考国外经验，如瑞士再保险公司根据欧盟2004年《关于预防和补救环境损害的环境责任指令》（以下简称《欧盟环境指令》）对生态环境损害风险评估进行的分析，该分析将评估内容定义为《欧盟环境指令》中规定的受保护物种及栖息地、水资源、土地资源发生损害的程度与概率，将损害规范在自然资源本身及其服务功能发生的可以被测量的不利变化；损害程度评估主要是估算污染物质对受保护资源的接触程度及危害程度；损害概率评估主要是在统计各行业、各国既往的污染发生概率数据基础上，结合投保方的环境管理、生产设备、生产方法以及已发生污染事故情况等进行确定。最终，损害程度与损害发生概率相乘，便得出生态环境损失数额。[②] 在美国，其在1972年公布的《国家海

① 参见徐以祥：《〈民法典〉中生态环境损害责任的规范解释》，载《法学评论》2021年第2期。

② See Jürg Busenhart, Pascal Baumann et al., *Insuring environmental damage in the European Union* (*R*), Swiss Republications, 2007, p. 35 -40.

洋保护区法》通过列举的方式将生态环境损害区分为五个主要类型。[①]

4. 实现环境侵权损害司法救济程序之间的高度耦合

（1）完善环境民事公益诉讼的原告主体制度

基于社会正义，环境民事公益诉讼制度旨在强调对弱势群体的环境权益保护，同时保障公民拥有充分的机会参公共事务以防止行政机关对环境私权的干预。面对日益严重的环境污染和生态破坏，为实现对受损环境权益的有效救济和预防环境侵权行为，我国应当借鉴国外的有益经验，在法律授权符合法定条件的社会组织、检察机关以及相关政府机构可以提起环境民事公益诉讼的基础上，适度扩大环境民事公益诉讼的原告范围。作为我国环境公益诉讼制度的借鉴蓝本，美国的环境公益诉讼有集团诉讼（class actions）、检察长诉讼（attorney general claims）和公民诉讼（citizen suits）等形式，其中公民诉讼是"当代环境法中最普遍、最显眼、最具持续性的制度创新"。[②] 自 20 世纪 70 年代，美国便通过在《清洁空气法》（1970）、《清洁水法》（1972）等一些重要联邦环境资源法律中设计"公民诉讼"条款赋予公民环境公益诉讼原告资格。[③] 据此，原则上凡是利害关系人乃至任何人都如检察官和司法部部长一般，有权对违反环境保护义务的污染源和开发者提起民事诉讼。当然，美国对公民诉讼中的"公民"并非无任何限制。尽管《清洁空气法》（1970）对"公民"未做任何利益关联的限制，规定"任何人（Any Person）得提起诉讼"，但后来的环境法律都对提起公益诉讼的"公民"作出限制性规定。比如，《清洁水法》（1972）在"公民诉讼"条款中采纳美国联邦最高法院在"西埃拉俱乐部诉莫顿案"（Sierra Club v. Morton）中对原告资格的见解，将

① 美国《国家海洋保护区法》第 1432 条第 6 款列举了以下几种类型的生态损害：（1）赔偿保护区资源的更换、恢复、导入替代物的费用，以及在前述方式恢复过程中，无法使用保护区资源的价值或者在无法恢复时，赔偿保护区资源的价值。（2）损害评估费用。（3）对受害的、被恢复的或更换的资源进行恰当的检测的合理费用。（4）对保护区资源进行考古学上的、历史的和文化性修复和保护的费用。（5）实施针对破坏、丧失或侵害保护区资源的反应行动的费用。参见阳露昭：《环境污染责任保险基本法律问题研究》，中国海洋大学 2011 年博士学位论文，第 108 页。

② See Barton H. Thompson, *the Continuing Innovation of Citizen Enforcement*, University of Illinois Law Review, Vol. 25, p. 185 – 236 (2000).

③ See James R. May, *Now More than Ever: Environmental Citizen Suit Trends*, Environmental Law Reporter, Vol. 33, p. 107 – 144 (2003).

"公民"定义为"其利益被严重影响或有被严重影响之虞者"。[①] 不管怎么限制，美国法律对环境公益诉讼原告主体的资格总体上不再以法律权利为要件，而是将"法律权利"软化为"事实上的损害"。此外，为保护环境公共利益，美国国会还可以通过制定法律，授权原本不具备诉讼资格的某个公民或公民团体提起诉讼，因为其"具有公共利益代表人的资格"。[②]

在完善我国环境公益诉讼原告主体制度的具体路径上，应当在秉持更好地保护环境公共权益理念的基础上扩充原告主体范围。具体而言：

一是修改《环境保护法》，设计我国环境民事公益诉权的一般性条款，将环保部门、检察机关及公民纳入环境公益诉讼主体范围；将《民事诉讼法》第58条作为我国环境民事公益诉讼的一般性条款，并通过修改该法将公民、政府机构纳入环境民事公益诉讼的原告范围，从而拓宽公民参与环境保护的渠道。诚然，《民事诉讼法》，最高人民法院、最高人民检察院《关于检察公益诉讼案件适用法律若干问题的解释》以法律、司法解释的方式明确和细化了检察机关的环境民事公益诉讼权利，2017年12月公布的《改革方案》授权省、市地级人民政府（包括直辖市所辖的区县级人民政府）作为本行政区域内生态环境损害赔偿权利人，检察机关、各级人民政府作为环境公益诉讼请求权主体已有相应法律和政策作为依据，但是《环境保护法》作为环境治理领域的基本法，其第58条只规定符合法定条件的社会组织可以向人民法院提起诉讼，与《民事诉讼法》及相关司法解释赋予检察机关、环保部门诉权的规定有出入，因此有必要对《环境保护法》第58条加以修改。首先，基于环保部门的环境管理职责，有必要赋予环保部门环境民事公益诉讼起诉权。一方面，尽管环保部门的主要职权是执行环境资源法律，制定环境保护规章，实施环境资源领域的行政许可、行政处罚、行政强制、行政征收、行政检查等行政措施，但正是基于以上管理职权及其具体实施，环保部门堪称环境公共利益的最佳代表。另一方面，环境民事公益诉讼的被告往往是具有

---

① 参见吴卫星：《环境公益诉讼原告资格比较研究与借鉴——以美国、印度和欧盟为例》，载《江苏行政学院学报》2011年第3期；王明远：《论环境权诉讼——通过私人诉讼维护环境公益》，载《比较法研究》2008年第3期。

② 参见王明远：《论环境权诉讼——通过私人诉讼维护环境公益》，载《比较法研究》2008年第3期。

强势地位的涉污企业，环保部门提起公益诉讼，能够使侵害环境公益的行为处于严密的监督和有效的遏制之下，可以最大限度地保证起诉标准的统一公正，实现诉讼的效率与效益。当环保部门通过行政手段无法达到环境保护管理目标、实现环境公共利益的有效保护时，便可以代表广大环境权益受损的公民，通过独立、公正的司法手段来实现公民环境权益的保障。其次，基于检察机关拥有的法律监督权和其具有的公益代表性，在该法中赋予检察机关提起环境公益诉讼的主体资格。赋予检察机关环境民事公益诉讼原告主体资格，与“当事人适格理论”和“诉的利益理论”的发展相适应。目前，世界上绝大多数国家都在立法上授予检察机关针对包括公益诉讼案件在内的特定民事、行政案件提起诉讼的权利，赋予检察机关环境公益诉讼起诉权在理论上和制度上均可行。最后，基于宪法赋予公民的国家管理参与权以及从鼓励公民参与环境治理的角度来看，宜在《环境保护法》中赋予公民为维护环境公共利益提起诉讼的权利。一般情况下，当公共利益受到不法侵害时，任何公民的利益都可能受到不同程度的侵害，他们理所当然有权选择通过诉讼保护自己的权益。事实上，公民作为生存在现实社会中的基本组成部分，对社会生活的微小变化有切身的感觉，能够敏锐地发现公益侵权行为。很多情况下，国家机关和社会团体提起的公益诉讼往往最初也是由公民检举和揭露的。关于公民作为公共利益的代表、以自己的名义提起公益诉讼的制度规定，在美国、瑞典和加拿大等国的环境保护立法中已有先例，建议在修改《环境保护法》时赋予满足条件的公民以环境民事公益诉讼原告资格。当然，对公民的环境民事公益诉权，应当有所限制，只有在公民向相应的行政管理部门报告或检举后，在行政机关怠于行使职权或违法行政时，公民才可以直接以自己的名义向法院提起公益诉讼，由司法机关通过司法程序运用法律手段维护公民环境权益。可资借鉴的立法例有美国。其有关法律规定公民必须在提起环境公益诉讼前60日通知美国联邦环境保护署、州政府以及其将要控告的对象。[①]

二是鉴于社会组织是提起环境公益诉讼案件的主力军，[②] 建议调整《环境保护法》第58条中能提起公益诉讼的社会组织的法定条件，从而鼓励社会

① 参见齐树洁：《环境公益诉讼原告资格的扩张》，载《法学论坛》2007年第3期。
② 参见侯佳儒：《环境公益诉讼的美国蓝本与中国借鉴》，载《交大法学》2015年第4期。

组织积极参与环境公益。根据现行《环境保护法》第58条的规定，能够参与环境公益诉讼的社会组织必须满足以下三个条件：依法在设区的市级以上人民政府民政部门登记，专门从事环境保护公益活动连续五年以上，以及连续五年无违法记录。司法实践中，有些法院还会基于社会组织"不是专门从事环境保护工作"或是"起诉事项与其业务范围不具有关联性"等理由，认定其不具有原告主体资格。如此严格的限定条件，势必将绝大多数社会组织排除在外。因此，建议通过修改《环境保护法》第58条对社会组织进行"松绑"，降低相应标准，具体如下：①不再将社会组织的登记层级作为是否具有环境民事公益诉讼原告主体资格的考量因素，只要在民政部门依法进行登记即可；[①] ②修改"专门从事环境保护公益活动连续五年以上且无违法记录"，将时间标准改为3年，这样既确保社会组织有从事环保活动的经验和专业能力，也可以增加能够提起环境民事公益诉讼的社会组织数量，提高社会组织提起环境民事公益诉讼的积极性；③为解决法院对社会组织是否专门从事环境保护公益活动的认定标准不一这一问题，应完善环境民事公益诉讼原告主体资格指导性案例制度，不单纯依据社会组织章程的文字叙述，而应该考证其实际工作内容，对社会组织章程确定的宗旨和主要业务范围是否维护社会公共利益，应该通过对其内涵和本质进行解读和分析来确定，而并不局限于章程中直接有"维护环境公共利益"的文字表述，只要社会组织工作内容与生态环境保护有关即可。[②]

（2）理顺环境公益诉讼与生态环境损害赔偿诉讼程序之间的关系

针对目前我国生态环境损害赔偿诉讼制度与环境公益诉讼制度在衔接时存在龃龉的现象，应当秉持整体主义环境哲学观及系统创新理念，基于资源配置效率与公平改进要求，根据行政、司法及社会公众等生态环境损害救济资源状况，确定效率与公平相统一的制度创新方向。基于制度最佳配置原则，坚持生态环境损害公法、私法协同救济，提出行政优先、司法兜底、公众参与、协商适度等制度安排原则，通过设计合理的法律条款确定相关公法、私

① 参见王灿发、程多威：《新〈环境保护法〉规范下环境公益诉讼制度的构建》，载《环境保护》2014年第10期；吕忠梅：《环境司法理性不能止于"天价"赔偿：泰州环境公益诉讼案评析》，载《中国法学》2016年第3期。

② 参见张彬、况美玲：《我国环境民事公益诉讼原告主体资格的认定》，载《河北环境工程学院学报》2021年第3期。

法救济制度的合理顺位、适用场景。

目前，理论界关于解决二者冲突、协调二者关系的主要进路有三条：

一是适当修改最高人民法院《关于审理生态环境损害赔偿案件的若干规定（试行）》，保留生态环境损害赔偿制度与环境公益诉讼制度的独立性。具体而言，在最高人民法院《关于审理生态环境损害赔偿案件的若干规定（试行）》第 17 条后增加但书“但社会组织或检察机关提起环境民事公益诉讼前已通知生态赔偿权利人，权利人在 30 日内明确表示不启动生态环境损害赔偿或不回复的除外”，使已履行前置程序的环境民事公益诉讼案件不适用生态赔偿案件优先审理原则。[①] 有学者甚至建议社会组织在提起环境民事公益诉讼之前应告知相关行政机关，只有行政机关怠于行使诉权或明确表明不提起诉讼时，社会组织才能提起公益诉讼。[②] 另外，为节约司法资源，有效发挥两类诉讼制度对生态环境公共利益的保护作用，同时充分发挥法律监督和社会监督的优势，有学者建议在最高人民法院《关于审理生态环境损害赔偿案件的若干规定（试行）》第 5 条对提起生态赔偿诉讼应提交的有关材料增加一项内容，作为第 5 项：邀请拟对同一生态环境损害提起环境民事公益诉讼的原告参与生态环境损害赔偿磋商或诉讼的公告。如此一来，既能更好地促进环境民事公益诉讼的发展，也能发挥好监督权在保护生态环境公益中的作用。

二是废止最高人民法院《关于审理生态环境损害赔偿案件的若干规定（试行）》的同时适当修改最高人民法院《关于审理环境民事公益诉讼案件适用法律若干问题的解释》，把生态赔偿诉讼制度整合进环境民事公益诉讼制度当中。基于生态损害赔偿与环境民事公益诉讼两种制度具有保护生态环境公益的共同目的，诉讼法学界提出“法定诉讼担当说”，从理论上统一生态损害赔偿与环境民事公益诉讼的诉权基础。“广义上的环境民事公益诉讼，既包括狭义的由立法明确规定的环境民事公益诉讼，也包括目前正在试行将来有待立法化的生态环境损害赔偿诉讼。”[③] 如此一来，环境民事公益诉讼的

---

① 参见徐忠麟、夏虹：《生态环境损害赔偿与环境民事公益诉讼的冲突与协调》，载《江西社会科学》2021 年第 7 期。

② 参见颜运秋、余彦：《我国环境民事公益诉讼制度的亮点、不足及完善——以 2014 年 12 月最高人民法院通过的“两解释”为分析重点》，载《湘潭大学学报（哲学社会科学版）》2015 年第 3 期。

③ 参见王旭光：《论生态环境损害赔偿诉讼的若干基本关系》，载《法律适用》2019 年第 21 期。

原告当然包括法定机关和有关组织，现存于生态环境损害赔偿诉讼与环境公益诉讼之间的龃龉现象将得以解决。在现行法律中，《海洋环境保护法》第89条规定的海洋环境监管部门和《民法典》第1235条规定的国家规定的机关，都是可以提起环境民事公益诉讼的法定机关。为更好地发挥行政机关在环境民事公益诉讼中的作用和优势，建议废止最高人民法院《关于审理生态环境损害赔偿案件的若干规定（试行）》，并且在修改最高人民法院《关于审理环境民事公益诉讼案件适用法律若干问题的解释》时吸收最高人民法院《关于审理生态环境损害赔偿案件的若干规定（试行）》的一些合理规则，如明确环境民事公益诉讼的第一顺位原告是政府及其指定机构；检察机关、社会组织或公民提起环境民事公益诉讼设立前置程序，只有政府及其指定机构不提起诉讼或在30日内未明确回复的，其他主体才可以提起环境民事公益诉讼。同时，可以规定检察机关和社会组织有权以支持起诉人或共同原告身份申请加入政府及其指定机构提起的环境民事公益诉讼。①

三是修改相关法律，把生态环境损害赔偿诉讼制度转换为生态环境行政执法制度。有学者认为，行政机关无论是提起生态环境损害赔偿诉讼还是环境民事公益诉讼，都是把本属日常行政工作的内容推给了法院，是一种推卸责任、怠于行政的行为。② 为处理好行政权与司法权在保护生态环境公共利益中的关系，有必要进行制度重构。“生态环境损害本质上是对社会公众享有的生态公共利益的侵害，因而，通过公法手段预防、恢复和救济生态环境损害是其应有之义。”③ 由行政机关保护生态环境，在能动性、灵活性、效率性以及专业知识上具有不可比拟的优势。④ 因此，行政机关具有维护生态环境公共利益的职责，不必寻求效率比行政低的司法来解决，而应通过生态环境行政执法实现。我国现有环境保护法律体系已构建了通过行政机关责令

---

① 参见徐忠麟、夏虹：《生态环境损害赔偿与环境民事公益诉讼的冲突与协调》，载《江西社会科学》2021年第7期。

② 参见颜运秋、余彦：《我国环境民事公益诉讼制度的亮点、不足及完善——以2014年12月最高人民法院通过的“两解释”为分析重点》，载《湘潭大学学报（哲学社会科学版）》2015年第3期。

③ 参见柯坚：《建立我国生态环境损害多元化法律救济机制——以康菲溢油污染事件为背景》，载《甘肃政法学院学报》2012年第1期。

④ 参见谭冰霖：《环境行政处罚规制功能之补强》，载《法学研究》2018年第4期。

赔偿损失、责令恢复生态环境和自然资源、责令支付代为治理费（处置费）的制度。[①]“现行监管制度基本能够实现对生态环境损害的矫正。”[②] 这表明，除赔偿生态环境服务功能损失外，生态环境损害赔偿诉讼的主要责任方式，都可以根据相关行政法律法规，通过行政执法手段强力高效实现。如果行政机关“转换身份成为诉讼原告，不仅矮化了行政机关作为公益保障的直接责任者地位，也迫使法院承担了原本应由行政机关承担的监管职责，从而导致‘行政职权民事化、审判职权行政化’”。[③] 而赔偿生态环境服务功能损失，可以通过其他行政手段来实现，为补强行政处罚功能，可以将行政处罚种类中的罚款扩大解释为包括恢复性罚款，也可以明确法律法规规定的其他行政处罚包括责令赔偿生态环境服务功能损失，还可以基于《行政处罚法》第 11 ~ 12 条的授权，在制定行政法规或地方性法规以及实施相关法律或行政法规时，补充设定赔偿生态环境服务功能损失的行政处罚。[④] 当然，为防止行政权的懈怠或“合谋”，司法权仍要发挥督监保障作用。“社会组织提起的环境民事公益诉讼，是对环境行政执法维护环境公共利益的补充。”[⑤] 检察机关可以提起环境行政公益诉讼督促生态环境执法，社会组织和检察机关亦可通过提起环境民事公益诉讼来补位生态环境公益行政执法的缺失。

综上，从长远考虑，要全面彻底解决生态环境损害赔偿诉讼与环境民事公益诉讼的龃龉，需修改相关法律法规，把生态损害赔偿制度转化为行政执法制度，建立严格的生态赔偿行政执法体系，并通过行政公益诉讼以及环境民事公益诉讼来监督、补位行政机关的生态环境执法，形成以“行政执法先行、检察行政公益诉讼监督、环境民事公益诉讼补位”三位一体的生态环境公共利益法律救济体系。[⑥] 而在现阶段，则可通过“微调”来协调两个制度的龃龉，时机成熟时再通过“整合”解决两个制度间的龃龉。具体而言，鉴

---

① 参见罗丽：《我国环境公益诉讼制度的建构问题与解决对策》，载《中国法学》2017 年第 3 期。

② 参见张宝：《生态环境损害政府索赔权与监管权的适用关系辨析》，载《法学论坛》2017 年第 3 期。

③ 参见张宝：《生态环境损害政府索赔权与监管权的适用关系辨析》，载《法学论坛》2017 年第 3 期。

④ 参见谭冰霖：《环境行政处罚规制功能之补强》，载《法学研究》2018 年第 4 期。

⑤ 参见罗丽：《我国环境公益诉讼制度的建构问题与解决对策》，载《中国法学》2017 年第 3 期。

⑥ 参见徐忠麟、夏虹：《生态环境损害赔偿与环境民事公益诉讼的冲突与协调》，载《江西社会科学》2021 年第 7 期。

于环境污染受害主体多元以及个别受害主体在收集证据上的困难性，可以依据“公共信托理论”，规定先由能代表环境公共权益的地方政府及其环境管理职能部门、检察机关来行使索赔请求权和诉讼请求权。政府机构、检察机关与侵害人之间就生态环境损害可以依法进行磋商，但磋商后提出的环境恢复与治理方案必须接受社会监督。在政府机构行使诉权的职能顺位上，为防止政府及其环境管理职能部门的职能错位，应当规定只有在环境管理职能部门已尽到其应尽的环境管理职责的前提下，地方政府或环境管理职能部门方可提起生态环境损害赔偿诉讼。对于环境侵害人因触犯与环境污染相关的罪名而被检察机关提起刑事诉讼的情形，鉴于该行为同时给国家、集体财产或大规模人群造成重大损失，可以规定先由检察机关代为提起刑事附带民事诉讼要求赔偿。对于行政机关怠于或拒绝行使索赔权和诉权，规定公民或环保组织有权代表公共利益提起行政不作为诉讼和环境民事公益诉讼。对于检察机关怠于或拒绝行使刑事附带民事诉讼权利的情形，公民或环保组织有权代表公共利益提起环境公益诉讼。

（二）科学设计环境责任保险的微观制度

古斯塔夫·拉德布鲁赫（Gustav Radbruch）曾言，“法律是人的创造物，只能根据人的理念，也即创造的目的或价值来理解”。[①] 明确法律的基本价值定位，是相关具体规范、制度有机结合的基础，在构建和发展环境责任保险制度时莫不如此。如前所述，环境责任保险作为一种社会管理创新机制，具有补偿损害、分散风险和预防环境侵权的社会功能。强调补偿损害，则意味着相关制度以实现环境侵权受害人权利救济为基本价值取向。倚重分散风险，则意味着各项制度都应当尽量围绕减轻环境侵权人（通常是被保险人）的经济负担这一立法目的来设置。面对日益严重的环境污染，我国环境责任保险法律制度不能忽视人们对安全的要求以及由此产生的社会安全的需要。在2007年出台的《保险工作指导意见》和2013年出台的《强制责任保险指导意见》两个政策性文件中，国家将环境责任保险定位于“采取综合手段加强污染事故防范和处置”，从“社会管理和经济补偿功能”角度重点考量涉污企业的经营风险分散和环境风险管理。而2018年的《管理办法（草案）》，

① 转引自沈宗灵：《现代西方法理学》，北京大学出版社1992年版，第41页。

则将发展环境责任保险定位为“完善环境污染损害赔偿机制”的重要途径，重点考虑的是环境污染受害人的损害补偿。这种价值功能的调整符合世界环境责任保险的发展潮流，也契合了我国目前解决国民经济高速发展、产业结构不断调整带来严重环境侵权问题的需要。正是基于“保护环境侵权受害人权益”这样一种核心价值取向，本部分将在借鉴美国、德国、法国等国家的环境责任保险制度基础上，结合我国环境责任保险试点中出现的制约因素，针对我国具体国情提出建构和发展环境责任保险微观制度的基本设想。

1. 采取强制性为主的保险模式

综观国外立法，环境责任保险的发展模式主要包括强制性责任保险和自愿性责任保险两种。尽管一些国家根据实际需要衍生出一些新型模式（如德国兼采强制责任保险与财务保证或担保相结合的模式），但基本上还属于这两种保险的范畴。实施强制性环境污染责任保险的国家以美国和瑞典为代表，而以英国、法国为代表的一些国家则实行自愿性保险为主、强制性保险为辅的模式。[①] 在我国，采取何种保险模式是建构一个科学合理的环境责任保险制度必须解决的问题。从开展环境责任保险试点以来的法律规定及相关政策性文件看，我国实行的是自愿性责任保险为主、强制性责任保险为辅的发展模式：《环境保护法》第52条的规定表明，企业投保环境责任保险是受鼓励而非法律强制。根据生态环境部原则上通过的《管理办法（草案）》，只有少数行业企业（八类）被强制购买环境责任保险。[②] 理论上，自愿性的环境责

① 参见王莉：《构建我国环境责任保险制度的几点思考》，载《河南省政法管理干部学院学报》2008年第3期。

② 根据《管理办法（草案）》第5条的规定，具有以下情形之一的，属于本办法第2条所称环境高风险生产经营活动。（1）从事石油和天然气开采，基础化学原料制造、合成材料制造，化学药品原料药制造，Ⅲ类及以上高风险放射源的移动探伤、测井；（2）收集、贮存、利用、处置危险废物；（3）建设或者使用尾矿库；（4）经营液体化工码头、油气码头；（5）生产、储存、使用、经营、运输《突发环境事件风险物质及临界量清单》（原环境保护部办公厅印发的《企业突发环境事件风险评估指南（试行）》所列物质并且达到或者超过临界量）；（6）生产《环境保护综合名录（2015年版）》原环境保护部办公厅印发的《关于提供环境保护综合名录（2015年版）的函》（环办函［2015］2139号附件）所列具有高环境风险特性的产品；（7）从事铜、铅锌、镍钴、锡、锑冶炼，铅蓄电池极板制造、组装，皮革鞣制加工，电镀，或生产经营活动中使用含汞催化剂生产氯乙烯、氯碱、乙醛、聚氨酯等；（8）国务院规定或者国务院授权环境保护部会同保险监管部门规定应当投保环境污染强制责任保险的其他情形。2005年以来发生过特别重大、重大或者较大突发环境事件的企业也应当投保环境污染强制责任保险。

任保险将充分尊重保险人和投保人的自主选择，在双方博弈下形成的交易规则与秩序，和市场经济的内在要求是相符合的。但是，自愿性保险完全依赖市场的自我发展，要实行自愿环境责任保险需要满足如下前提：（1）假设人是理性的、抽象平等的；（2）假设市场环境中没有不利的第三方效应、充分的信息、众多可选择的契约伙伴以及零交易成本。① 基于上述假设，当代西方经济学家提出了一个精致的“原理”：给定一些理想条件，单个消费者和供给者在完全竞争的最优化行为将导致帕累托最优状态。然而，在现实当中，上述假设条件都难以成立，尤其是投保人往往比承保人掌握着更多更充分的信息，保险人处于信息劣势的地位。这种信息不对称将会导致“次品”驱逐“良品”，保险市场将被具有高风险的人群所占据，从而使低风险的人群退出保险市场。

长期以来，我国企业环境风险意识淡薄、环境责任风险存在较大的不确定性甚或环境责任风险很小、环境污染风险信息在投保人和保险人之间存在不对称性，自愿性责任保险基本不能激发涉污企业和保险人的投保和承保动力，2007 年至 2012 年我国自愿性环境责任保险试点的不佳效果足以明证。与自愿性保险相反，强制性责任保险模式可以不考虑涉污企业意愿而强制其购买环境责任保险，并通过市场调节与国家强制力干预的双重作用来推动环境责任保险制度的完善和发展。从法经济学视角来看，强制责任保险将会减轻逆向选择问题，也可以降低交易成本，并使高风险者和低风险者都得到帕累托改进。实践中，2013 年《强制责任保险指导意见》出台后，我国环境责任保险投保企业数量曾一度迅速增长。遗憾的是，由于缺乏法律上的强制，政策性文件的强制效力有限，2014 年和 2015 年投保企业数量明显减少。试点的经验表明，在我国环境责任保险制度发展初期，实行自愿性环境责任保险模式是不可取的。2007 年 4 月，环境污染责任保险联合调查组在《调研报告》中就指出，我国应当将环境污染责任保险以强制责任保险的形式推出，

① 参见游桂云：《环境责任保险模式选择与定价研究》，中国海洋大学 2009 年博士学位论文，第 75 页。

本书赞成这一主张。正如霍尔姆斯所言，法律的生命不在于逻辑而在于经验。在我国环境责任保险制度构建之初，选择强制责任保险是借鉴他国有益经验和立足本国实际国情的结果。

首先，实行强制责任保险将有效刺激我国企业将环境风险成本内化。尽管有学者认为，鉴于市场通常会产生最优水平的保险，不必要对保险进行立法强制。[①] 也就是说，如果清楚自身的不谨慎行为将导致保费费率增加或者解除保险合同，被保险人便会在生产经营过程中提高注意程度以避免损失发生。相应地，当保险人能够对被保险人的注意程度进行有效监控，用法律来强制投保将不能促进被保险人减低风险。[②] 但是，我们应当清醒地认识到，保险市场在我国还远未发展到这种理想境界，即仅通过市场这只“看不见的手”还不能对减少风险产生足够的刺激。由于我国环境侵权法律不完善，因果关系证明的严格要求与环境公益诉讼主体地位的法律缺失，以及侵权法律执行不力导致许多涉污企业逃脱于环境侵权责任之外。此外，我国涉污企业环保意识淡薄，在“侥幸心理”的作用下常常低估环境灾难的可能性和严重程度，几乎不会在没有国家强制力的情况下主动将环境污染产生的“外部不经济”内部化。鉴于此，在我国保险市场因为侵害人能够逃避环境侵权责任而失灵时实行强制责任保险，将有力地促使涉污企业通过保费将受害人预期的损害赔偿进行成本内化，[③] 这“无论从政治上还是从经济效率上都不愧为有效处理企业环境外部性问题的一种好式”。[④]

其次，实行强制责任保险可以有效减少高风险企业的逆向选择。在强制责任保险下，高风险、低风险企业均能进入保险市场，从而可以集中大量独立的同质风险以及用以支付损失的资金。集中同质风险，将增加环境责任保

---

① See Stevem Shavell, *Economic Analysis of Accident Law*, Harvard University Press, 1987, p. 8 – 10.

② 参见胡艳香、刘宏武：《我国强制性环境责任保险制度的 SWOT 分析》，载《法学杂志》2014 年第 4 期。

③ 参见胡艳香、刘宏武：《我国强制性环境责任保险制度的 SWOT 分析》，载《法学杂志》2014 年第 4 期。

④ See Mattias K. Polborn, *Mandatoty Insurance and the Judgment – Proof Problem*, International Review of Law and Economics, Vol. 18, p. 141 – 158 (1998).

险人对风险发生规律的认识，从而相对提高风险的确定性；集中赔付资金，不仅能有效地减少保险成本，而且可以使环境责任保险为环境损害提供一个很好的赔偿安全网。特别是在实施强制性环境污染责任保险下采用制定名录的方式实现强制管理，对不同风险进行区分从而针对重点污染区域、一般污染区域、轻度污染区域的排污企业实行差别费率，并且针对每个区域内具有不同管理水平、技术水平和排污程度的排污企业实行可浮动的保费费率，将进一步减少高风险企业逆向选择的可能性。

最后，实行强制责任保险更有利于保护环境侵权受害人利益。环境责任保险制度产生的最初目的，是分散投保企业的环境责任风险、弥补投保企业因赔偿他人损失而遭受的财产损失。但是，随着我国环境责任保险的不断发展，它对受害人权益的救济价值日益受到重视。在 2007 年和 2013 年的政策性文件中，国家将环境责任保险定位为“采取综合手段加强污染事故防范和处置”的一个重要举措，从“社会管理和经济补偿功能”角度重点考量涉污企业的经营风险分散（2007 年）和环境风险管理（2013 年）。而 2018 年的《管理办法（草案）》则将发展环境责任保险定位为“完善环境污染损害赔偿机制”的重要途径，考虑的是环境污染受害人的损害补偿。《管理办法（草案）》第 22 条第 3 款、第 23 条第 2 款关于保险金给付请求权、保险金给付的规定，很明显有利于对受害人的权益保护。但是，站在潜在的受害人的角度看，如果有可能造成其损害的涉污企业是否投保完全取决于自愿，一旦涉污企业不投保或不续保，环境责任保险之损害补偿的制度价值将大打折扣。而在强制责任保险制度下，对涉污企业的投保要求及对不投保者的相应处罚，有利于弥补以自愿为基础的环境责任保险在保护受害人利益方面的缺陷。

我国实行强制性环境责任保险模式，必须通过立法加以确认，为环境责任保险发展提供强有力的法律依据。具体的技术路径是：修改《环境保护法》第 52 条，规定“国家实行环境污染责任保险制度”；修改其他环境保护单行法，将环境污染责任保险制度纳入进来；或者制定环境责任保险法，通过高位阶的法律构建环境责任保险制度，汲取地方试点经验，调整、优化现有的环境污染强制险责任限额量化标准，对强制投保环境责任保险的行业、企业类型和标准进行详细规定，为地方提供较为统一、全面的环境风险量化标准，对违反强制责任保险的情形规定相应的法律责任。授权各地方立法机关根据本地实际情况制定环境责任保险条例，进一步对高风险行业企业投保环境责任保险作出强制要求；生态环境部等相关部门制定环境责任保险的相关实施细则或办法。如此，强制性环境责任保险制度体系便可基本形成。在强制性保险基础上，区分重度涉污企业、中度涉污企业、轻度涉污企业，分地区、分行业实行最低投保额并实行差别费率，即对高污染风险的行业如石油、化工、造纸、核燃料生产、有毒危险废弃物的处理等行业中的企业规定较高的投保额及保费费率，对其他污染程度较低的行业中的企业或已采取有效环保措施的企业，规定相对较低的投保额及保费费率。实践中，地方环境责任强制保险在风险与最低投保额及投保费率上做了不同程度的探索。如四川省，将企业购买环境污染责任保险的最低责任限额分为五个类别：（1）环境风险较高且规模大的企业（一类企业）：600 万元；（2）环境风险较高、规模中等的企业（二类企业）：450 万元；（3）环境风险较高、规模小的企业（三类企业）：300 万元；（4）环境风险较低、规模大（中）型的企业（四类企业）：200 万元；（5）环境风险较低、规模小的企业（五类企业）：100 万元（详见表 5－1）。

表 5－1　四川省环境污染责任保险最低责任限额

单位：万元

序号	企业类别	最低责任限额	序号	企业类别	最低责任限额
1	一类	600	4	四类	200
2	二类	450	5	五类	100
3	三类	300			

注：年产值 3 亿元（含）以上为大规模企业，年产值 2000 万元（含）至 3 亿元为中等规模企业，年产值 2000 万元以下为小规模企业。

江苏省无锡市则将投保企业按照风险评估等级的不同，设定不同的最低投保限额并确定相应的保费费率（详见表 5－2）。

表 5－2　江苏省无锡市企业风险等级及其最低投保限额的对应情况

单位：元

<table>
<tr><th rowspan="2">风险等级</th><th colspan="12">保费</th></tr>
<tr><th>情形 1（保险金额 50 万元）</th><th>情形 2（保险金额 100 万元）</th><th>情形 3（保险金额 200 万元）</th><th>情形 4（保险金额 500 万元）</th><th>情形 5（保险金额 800 万元）</th><th>情形 6（保险金额 1000 万元）</th><th>情形 7（保险金额 1500 万元）</th><th>情形 8（保险金额 2000 万元）</th><th>情形 9（保险金额 4000 万元）</th><th>情形 10（保险金额 6000 万元）</th><th>情形 11（保险金额 8000 万元）</th><th>情形 12（保险金额 1 亿元）</th></tr>
<tr><td>一级</td><td>9000</td><td>14000</td><td>18000</td><td>22000</td><td>25000</td><td>28000</td><td colspan="6" rowspan="6">保险人与投保单位自行协商</td></tr>
<tr><td>二级</td><td>11000</td><td>18000</td><td>30000</td><td>35000</td><td>38000</td><td>40000</td></tr>
<tr><td>三级</td><td>13000</td><td>20000</td><td>35000</td><td>45000</td><td>52000</td><td>58000</td></tr>
<tr><td>四级</td><td>14000</td><td>25000</td><td>40000</td><td>58000</td><td>70000</td><td>80000</td></tr>
<tr><td>五级</td><td>15000</td><td>28000</td><td>48000</td><td>70000</td><td>100000</td><td>120000</td></tr>
<tr><td>无等级</td><td>13000</td><td>20000</td><td>38000</td><td>47000</td><td>54000</td><td>60000</td></tr>
</table>

2021 年，《深圳市环境污染强制责任保险实施办法》第 10 条规定："环境污染强制责任保险实施统一的最低责任限额。最低责任限额由市生态环境主管部门组织相关部门根据不同环境风险的单位可能致使第三者以及生态环境遭受损害范围、程度等因素确定或者调整。单位投保环境污染强制责任保险不得低于最低责任限额。鼓励单位根据自身环境风险防控需要增加保险金额，提高风险保障能力。"

这些尝试，都可以为我国构建全国性环境责任强制保险制度提供有益参考。当我国环境责任保险发展到一定阶段，且人们的环境意识和保险意识都足够强，我国也可以适时调整环境责任保险模式，即以强制性责任保险为主、自愿性责任保险为辅，以更好地发挥环境责任保险制度的社会功能。

2. 扩大环境责任保险的承保范围

理想的环境责任保险制度，应当将被保险人需要承担的法定赔偿责任全部考虑进来，但由于考虑到被保险人的道德风险及保险人的经营能力，实践中的保险范围通常小于全部责任损失。从国外实践来看，保险责任范围有扩大趋势，但也并非包括所有的责任风险，即使在环境责任保险制度发展得较为成熟的国家，对环境责任保险的承保范围也有严格限定。[①] 1976 年，美国出台《环境资源保全与赔偿法》，其规定的业主投保范围包括人身、财产损害赔偿责任、关闭估算费用和监测与维护费用。[②] 德国的环境侵权赔偿责任被严格区分为私法意义上的赔偿责任和公法意义上的赔偿责任，[③] 私法意义上的赔偿责任包括因环境污染造成的人的损害、物的损害以及被规定和列举的与环境相关的损害，公法意义上的赔偿责任包括污染者因污染行为所应承担的治理费用。依据德国 1990 年《环境责任法》的要求，环境责任保险的承保范围被限制在私法意义上的赔偿责任，包括因环境污染而产生的人身伤亡、健康损害以及对生态和环境损害的赔偿责任。[④] 2007 年，德国颁布《环

① 参见安平：《我国环境责任保险承保范围研究》，载《合作经济与科技》2008 年第 4 期。

② 参见阳露昭、刘艳：《美国环境责任保险制度审视及启示》，载《法学杂志》2005 年第 6 期。

③ See R. Maurer & B. Somove, *the German insurance industry*: *Market Overview and Trends Handbook of International Insurance*, Springer, 2007, p. 305 – 307.

④ 参见周道许：《环境污染风险的社会化管理手段研究：我国环境污染责任保险发展的路径选择与制度构想》，载《环境经济》2011 年第 5 期。

境损害法》。德国创新性地发展出了《环境损害保险一般条款（USV）》，对发生在投保人自有土地之外的，即发生在他人土地、水域之上的生态环境损害进行保险。依据澳大利亚环境保护法律，生态环境损害责任包含在该国概括式保单以及环境损害责任保单当中。① 在我国，必须结合经济和保险业发展的实际情况，对环境责任保险范围进行合理设计。

确定我国环境责任保险的保险范围，既应考虑对受害者的损害补偿、被保险人的损失分担，也应考虑保险人的经济利益和保险能力。如果保险范围过窄，投保企业能够转移的环境风险太少，赔付率自然就很低，企业对投保环境责任保险就缺乏积极性，通过社会化途径解决环境侵权受害人的损害补偿目标就会落空。以20世纪90年代我国环境责任保险试点为例。由于可保环境损害赔偿责任范围过于狭窄，保险赔付率非常低：与国内其他险种50%左右的赔付率相比，辽宁省大连市环境责任保险的赔付率平均只有5.7%，辽宁省沈阳市在试点期间的保险赔付率为零，与国外环境责任保险赔付率（70%～80%）有较大差距。② 如果将所有的污染损害都纳入环境责任保险的保险范畴，对保险能力不是很强的中国保险业来讲明显不现实。在吸取试点教训及借鉴他国经验的基础上，确定我国环境责任保险的承保范围时应当考虑如下几个方面。

（1）将突发性和渐进性污染事故造成的损害责任纳入保险范围

从风险的偶然性来考虑，突发性事故和渐进性事故都符合风险的不确定性特征。虽然渐进性污染事故从足够长的时间来讲会必然发生，似乎不符合风险发生的偶然性，但是责任保险合同一般约有特定期限，渐进性的污染损害在此期间内是否发生，具体在何时、何地发生以及发生的后果如何都存在不确定性或偶然性。所以，渐进性的环境责任风险与突发性的责任风险一样，在理论上都是可保风险。从事故造成的损害结果看，不仅突发性的事故可以造成环境侵权，渐进性的污染同样会对第三人造成人身或财产损害，且造成

① See Werner Pfenningstorf, *Pollution Insurance: International Survey of Coverages and Exclusions*, European Journal of Pharmaceutics & Biopharmaceutics, 2003, p. 18.

② 参见毕思勇、张龙军：《进一步推广和完善我国环境污染责任保险的建议》，载《宏观经济研究》2009年第11期。

的后果可能比前者更为严重。随着我国环境侵权法律的进一步完善，涉污企业逃脱渐进性污染造成的侵权损害赔偿的可能性将大大增加，而这一部分损失风险正是投保人亟须转嫁、受害人亟须得到补偿的。尽管有学者主张把渐进性污染排除在环境保险责任范围外将有助于降低道德风险，因为渐进性污染事故比突发性污染事故更有可能起因于被保险人经营行为的内在特质而非无意的灾难。① 但是，正是因为涉污企业具有高风险的内在特质，才有必要建立环境责任保险制度以分散环境责任风险，况且“经营行为的内在特质”更接近于事实描述而非价值判断。因此，应当将渐进性污染导致的损害赔偿纳入保险范围，除非这种损害是被保险人一直期望发生或故意造成的。

实践中，德国自1990年《环境责任法》实施后，又于1992年制定《环境责任模式》，根据其第1条第3款的规定，德国的环境责任保险承保渐进性污染引发的损害责任。② 在英国，环境损害赔偿责任保单对突发的和渐进的污染损害责任都予以承保；③ 在法国，其共保联合体保单也承保突发性的和渐进性污染造成的损害责任。④ 在美国，尽管一般责任保单（CGL）将承保范围限制在“突然和意外”的污染事件上，但法院往往通过对“突然和意外”作出诸如“非故意非期望”“非故意的和意料之外的”等含义的解释，最终让保险人分担被保险人因渐进性污染导致的损害责任。由此可见，由于环境污染损害本身的复杂特性，人为地将环境污染损害责任划分为突发性和渐进性两种，不仅在理论上难以阐明其合理性，在司法实践中也难以操作。试点十余年来，我国大多数试点省市的环境责任保险只承保突发性环境污染责任，如《中国人民财产保险股份有限公司江苏省分公司环境污染责任

① See Kenneth Abraham, *Environmental Liability and the Limits of Insurance*, Columbia Law Review, Vol. 5, p. 942 – 988 (1988).

② 德国《环境责任模式》第1条第3款规定，环境责任保险的承保范围包括因为温度、气体、蒸汽、湿度、烟、烟灰、尘上等沉降的逐渐影响所导致财产损害的法定责任。

③ 参见阳露昭：《环境污染责任保险基本法律问题研究》，中国海洋大学2011年博士学位论文，第100页。

④ See Werner Pfenningstorf, *Pollution Insurance: International Survey of Coverages and Exclusions*, European Journal of Pharmaceutics & Biopharmaceutics, 2003, p. 53.

保险条款》[1]《英大泰和财产保险股份有限公司湖南分公司环境污染责任保险条款》,[2] 导致保险赔付率极低，严重影响了涉污企业的投保积极性。为充分发挥环境责任保险在生态环境保护领域的社会保障功能，在众多试点省市中，深圳市在环境责任保险承保范围条款设计上开始大胆创新，《深圳市环境污染强制责任保险条款》就突破了突发性环境污染责任承保范围的局限，规定保险责任包括保险期间被保险人在依法从事经营业务时，因突发环境事件或生产经营过程中的环境污染所造成的经济赔偿责任或费用。[3] 2021 年，深圳市又率先通过立法确立环境污染强制责任保险制度，开展环境污染强制责任保险综合改革，探索建立环境污染强制责任保险的“深圳模式”，《中国平安财产保险股份有限公司平安产险深圳市环境污染责任保险

---

① 根据《中国人民财产保险股份有限公司江苏省分公司环境污染责任保险条款》第 3 条的规定，在保险期间或本保险合同载明的追溯期内，被保险人在本保险合同列明的保险地址内，依法从事生产经营活动过程中，由于突发的意外事故或安全生产事故导致有毒有害物质的排放、泄露、溢出、渗漏，且被县级以上（含县级）环境保护部门认定为环境污染责任事故，造成承保区域内第三者的人身伤亡或直接财产损失，由受害人在保险期间内首次向被保险人提出损害赔偿请求，依照中华人民共和国法律应由被保险人承担经济赔偿责任的，保险人按照本保险合同的约定负责赔偿。本保险合同所指“承保区域”是指保险地址外围一千米以内的范围。

② 根据《英大泰和财产保险股份有限公司湖南分公司环境污染责任保险条款》第 3 条的规定，在保险期间或保险合同载明的追溯期内，被保险人在被保险场所内依法从事保险单载明的业务时，因突发意外事故，导致有毒有害物质的释放、散布、泄漏、逸出，并由此造成第三者的下列损失，由第三者在保险期间内首次向被保险人提出损害赔偿请求，依照中华人民共和国法律（不包括港澳台地区法律）应由被保险人承担的经济赔偿责任，保险人按照本保险合同约定负责赔偿：（1）第三者因污染损害遭受的人身伤亡或直接财产损失；（2）第三者为排除或减轻污染损害对其所属场所内的污染物进行调查、检验、检测、清除、处理、中和、控制而发生的合理必要的清理费用。

③ 根据《深圳市环境污染强制责任保险条款》第 3 条的规定，在保险期间，被保险人在依法从事经营业务时，因突发环境事件或生产经营过程中的环境污染所造成的下列经济赔偿责任或费用，由受到损害的第三者、政府有关部门、公益组织在保险期间或在保险合同结束后三年内向被保险人提出的损害赔偿，保险人按照本保险合同约定负责赔偿。（1）第三者人身伤亡或直接财产损失，包括第三者的死亡、伤残、医疗和健康损害，以及第三者有形财产的直接毁损或价值减少，依照中华人民共和国法律（不包括港澳台地区法律）应由被保险人承担的经济赔偿责任。（2）生态环境损害，因发生较大以上（含较大）突发环境事件造成的生态环境损害，依照中华人民共和国法律（不包括港澳台地区法律）应由被保险人承担的经济赔偿责任，包括生态环境损害鉴定费用、生态环境修复费用、生态环境修复期间服务功能的损失和生态环境功能永久性损害造成的损失。（3）应急处置与清污费用，依照中华人民共和国法律（不包括港澳台地区法律）应由被保险人承担的为避免或者减少第三者人身损害、财产损失或者生态环境损害而支出的必要、合理的应急处置费用、污染物清理费用以及周边人员应急疏散、应急监测费、风险应急专家评估费。（4）法律费用，保险事故发生后，被保险人因保险事故而被提起仲裁或者诉讼的，对应由被保险人支付的仲裁或诉讼费用以及事先经保险人书面同意支付的其他必要的、合理的费用。

(2021版) 条款》中甚至已将原来的保险条款第3条内容及《深圳市环境污染强制责任保险实施办法》第8条[①]中的"突发"之类的措辞完全去掉，调整为"被保险人因污染环境、破坏生态造成第三者人身伤亡或直接财产损失""被保险人因污染环境、破坏生态造成生态环境损害"。[②] 因此，在反思我国当前多数省市的相关制度设计缺陷基础上，应借鉴他国的有益经验并吸收深圳市的创新成果，将渐进性污染损害责任纳入我国环境责任保险的承保范围。

(2) 将环境污染导致的间接损失及纯粹经济损失责任风险纳入保险范围

间接损失通常包括因损害原因事实的发生，致使应增加而没有增加的利益和为恢复正常的管理活动或者挽回所造成的损失所支付的各种开支、费用等。虽然《民法典》侵权责任编未明确规定侵害人应当赔偿受害人的间接损失，但只要能够证明间接损失的利益取得具有客观确定性，根据《民法典》第3条"民事主体的人身权利、财产权利以及其他合法权益受法律保护，任

---

① 根据《深圳市环境污染强制责任保险实施办法》第8条的规定，环境污染强制责任保险的保险责任应当包括：(1) 第三者人身损害。投保单位因突发环境事件或者生产经营活动中污染环境，导致第三者生命、健康、身体遭受侵害，造成人体疾病、伤残、死亡等，依法应当承担的赔偿费用。(2) 第三者财产损失。投保单位因突发环境事件或者生产经营活动中污染环境，造成第三者财产损失，依法应当承担的赔偿费用。(3) 生态环境损害。投保单位因突发环境事件或者生产经营活动中造成生态环境损害应当承担的赔偿费用，包括生态环境受到损害至修复完成期间服务功能丧失导致的损失，生态环境功能永久性损害造成的损失，以及生态环境损害调查、鉴定评估等费用，修复生态环境费用，防止损害的发生和扩大所支出的合理费用。(4) 应急处置与清污费用。投保单位、第三者或者政府有关部门，为避免或者减少第三者人身损害、财产损失或者生态环境损害，支出的应急监测及处置费用、污染物清理及处理费用。(5) 其他费用。环境事件或者生产经营活动污染环境引发的必要的、合理的诉讼费、仲裁费、律师费等法律费用。

② 根据《中国平安财产保险股份有限公司平安产险深圳市环境污染责任保险（2021年版）条款》第4条的规定，在保险期间或保险合同载明的追溯期内，被保险人因污染环境、破坏生态造成第三者人身伤亡或直接财产损失，由受到损害的第三者在保险期间内首次向被保险人提出损害赔偿请求的，依照中华人民共和国法律（不包括港澳台地区法律，下同，以下简称"依法"）应由被保险人承担的经济赔偿责任，保险人按照本保险合同的约定负责赔偿。根据第5条的规定，在保险期间或保险合同载明的追溯期内，被保险人因污染环境、破坏生态造成生态环境损害，由国家规定的机关或者法律规定的组织在保险期间内首次向被保险人提出损害赔偿请求的，根据法律认可的第三方专业机构依据国家生态环境损害鉴定评估标准出具的生态环境损害鉴定评估材料，依法应由被保险人承担的生态环境修复费用以及下列经济赔偿责任，保险人按照本保险合同的约定负责赔偿：(1) 生态环境受到损害至修复完成期间服务功能丧失导致的损失；(2) 生态环境功能永久性损害造成的损失；(3) 生态环境损害调查、鉴定评估等费用；(4) 清除污染、修复生态环境费用；(5) 防止损害的发生和扩大所支出的合理费用。

何组织或者个人不得侵犯”、第113条“民事主体的财产权利受法律平等保护”、第126条关于“民事主体享有法律规定的其他民事权利和利益”的兜底性规定以及《民法典》第1229条的规定，间接损失作为一种损害，自然包括在环境侵权责任制度的保护范围内。因此，建议根据我国《民法典》侵权责任编的规定，将属于受害人财产损害范畴的间接损失纳入环境责任保险的承保范围。

鉴于纯粹经济损失具有独立性、抽象性以及连锁效应性，一些国家的环境责任保险并未将纯粹经济损失纳入保险范围，如西班牙、瑞士和挪威。[①] 但是，纯粹经济损失毕竟是受害人整体财产上的一种不利益，因此也有许多国家将因环境污染引发的该种损害纳入环境责任保险的承保范围。如澳大利亚，其概括式保单和环境损害责任保单均承保纯粹经济损失。德国在《环境责任法》颁布之前，就承认纯粹经济损失责任的可保性，其范围包括妨害占有权、妨害生产经营权、妨害水体使用权或妨害采水权而导致的纯经济损失。[②] 意大利对环境污染导致的纯粹经济损失进行承保。在法国，一般责任保单并非全然排除承保纯粹经济损失，而是根据投保人（通常是被保险人）的规模大小及其重要程度来确定是否承保纯粹经济损失。由此可见，不同国家在环境污染所致纯粹经济损失是否承保这一问题上没有统一的做法，即使是予以承保的国家，也大多是将承保范围限制在有形财产使用权行使障碍时发生的纯粹经济损失。[③] 为使投保人在保险事故发生时按照保险合同获赔的机会增大，从而使因为环境污染遭受纯粹经济损失的受害人获得社会化救济的机会，建议根据我国《民法典》侵权责任编，将纯粹经济损失分情况纳入我国环境责任保险的承保范围。具体而言，故意污染行为导致的纯粹经济损失责任可以不纳入承保范围，对于过失污染行为引发的纯粹经济损失责任可以由保险人承保。

---

① See Werner Pfenningstorf, *Pollution Insurance*: *International Survey of Coverages and Exclusions*, European Journal of Pharmaceutics & Biopharmaceutics, 2003, p. 95, 102.

② 参见阳露昭：《环境污染责任保险基本法律问题研究》，中国海洋大学2011年博士学位论文，第105页。

③ 参见阳露昭：《环境污染责任保险基本法律问题研究》，中国海洋大学2011年博士学位论文，第109页。

（3）将环境污染导致的精神损害责任纳入保险范围

关于环境侵权责任是否包括精神损害赔偿的问题，《民法典》第1183条明确规定了环境侵权责任包括精神损害赔偿，之前的《侵权责任法》第22条和几个司法解释中也都有明确规定。因此，精神损害赔偿是所有侵权责任都包括的赔偿项目。只要在环境污染事故中，被害人存在严重精神损害就可以主张精神损害赔偿。目前，我国环境责任保险的相关规范性文件《保险工作指导意见》《强制责任保险指导意见》中都没有将精神损害赔偿责任纳入环境责任保险的保险标的，实为一种遗憾。英大泰和、大地保险将精神损害明确排除在环境责任保险之外；平安保险相关条款中虽排除精神损害赔偿，但规定由法院判决支持的不在此限；中国人保、中华联合保险和长安保险在排除精神损害的同时，设置了附加精神损害赔偿责任险；华泰保险将精神痛苦归入到人身伤害中一并予以赔偿。鉴于环境污染侵权责任的损害赔偿范围中明确包括精神损害，为使环境污染造成精神损害的受害人获得社会化救济的机会，同时使投保人在保险事故发生时按照保险合同获赔的机会增大，加上在环境责任保险中并无足够强大的理由将精神损害从保险范围中排除，故而应当将精神损害纳入我国环境责任保险的保险范围。

（4）设计科学合理的责任免除制度对保险范围进行必要限制

尽管环境责任保险制度旨在通过社会化途径来补偿损害和分散风险，但环境责任保险毕竟不属于社会保险。如果认为通过环境责任保险，就能够使受害人对其所遭受的权益损害获得全部补偿、让被污染的场地都能得到修复，那无疑是对环境责任保险制度的一种误解。[①] 从保险人角度来看，承保环境责任风险尽管具有积极的社会意义，但保险人是一种典型的商事主体，营利性是其本性。如果将所有的民事侵权责任风险都纳入保险范围，保险人要么因承担环境责任保险的风险过大而拒绝承保，要么将陷入严重的经济困难甚至走向破产。尤其值得注意的是，如果故意行为造成的赔偿责任能够获得保险，对涉污企业来说则缺乏谨慎行为的刺激并容易导致道德风险；相应地，

① See Chris Clarke, *the European Commission's White Paper on Environmental Liability*, Journal of Environmental Law, Vol. 3, p. 188 – 204 (2000).

如果涉污企业“通过对其所遭受的经济责任进行保险而能够忽略其行为后果”，那么环境责任保险将与环境保护法的主旨相冲突。[①] 因此，应当科学合理地规定除外责任以维系保险人和被保险人之间的利益平衡，从反面缩减保险人的承保范围以维持保险人的清偿能力，同时防止保险人滥用除外责任逃避赔付责任，预防收取保费后却无力赔保的情形出现，从而间接保护被保险人的利益。具体做法如下：

一是通过法律对企业投保环境责任保险作出明确规定，对强制环境责任保险实行的对象、范围、违反投保规定的具体惩罚措施都明确列明在相关法规中。有了法律制度保证，污染除外责任条款的设定才会更具执行力和可操作性。

二是鉴于除外责任条款旨在免除保险人责任，根据《民法典》第 496 条对格式条款提供方的法定义务规定，可以要求保险人在设置除外责任条款时必须进行详细而清晰的描述或说明，禁止设计兜底条款为保险人逃避保险责任留有后路。对于除外责任，美国适用从严解释的原则。比如，被保险人的故意行为引起的损害赔偿责任，仅以被保险人具有特定致害目的所造成第三人损害而应当承担的赔偿责任为限，属于除外责任。也就是说，保险人以被保险人故意行为为由，拒绝承担保险责任，应当满足以下三个条件：①被保险人故意为特定的行为；②第三人因被保险人的行为而受到损害；③被保险人有致使第三人受害的目的。

三是鉴于环境污染责任保险所填补的是不可预料事件引起的损失，且生态环境损害不同于一般的环境侵权损害，需要依据《民法典》对生态环境损害修复及赔偿的特别规定，对《管理办法（草案)》中的除外责任设置进行相应的调整。《民法典》第 1234 条和第 1235 条明确要求生态环境损害赔偿须以违反国家规定为前提。这就要求在环境责任保险中设置与生态环境损害相适应的除外责任，需要以违反国家规定为出发点。出于对保险人利益的维护，环境污染责任保险在承保生态环境损害时，仍然应该将环境犯罪行为导致的损害纳入除外责任。因被保险人故意违法行为而引发的生态环境损害，也应

---

① See Jacqueline Lipton, *Insurance for Environmental Liability: Some Policy Issues*, Journal of Environmental Law, Vol. 198, p. 198 – 205 (1998).

该归为除外责任。被保险人故意作为或者不作为导致的损失或者损失扩大属于道德危险，不符合可保风险的定义，并且由于被保险人的故意行为超出了保险人的控制，将导致保险人通过保险精算等方式所拟定的保费与预计承担的风险失衡，若予以承保，将加大保险人的经营风险。另外，因被保险人重大过失违法行为而引发的生态环境损害也应该归为除外责任。虽然过失违法行为的社会危害性和主观恶性低于故意违法行为，但是由于生态环境损害会造成严重的负面影响，因此企业在生产经营活动中就应该对生态环境损害的发生承担较高要求的预防和注意义务。考量被保险人的过失程度，将重大过失违法行为导致的生态环境损害纳入除外责任，不仅有利于缓解当前保险机构清偿能力有限、无法负担所有生态环境损害赔偿的困境，[①] 而且有利于强化被保险人对生态环境损害事故发生的预防意识以及事后的减损意识。

3. 设立多元化的承保机构

建立环境责任保险制度，目的是利用保险工具来参与环境污染事故处理，使受害人及时获得损害补偿，分散企业经营风险，促使企业加强环境风险管理，从而稳定社会经济秩序，减轻政府负担，即通过平衡加害人与受害人之间、不同企业之间、国家与个人之间、代内与代际之间的利益来实现对社会公众利益的有效保护。[②] 正是基于这种公益性特征，再加上环境责任风险具有潜伏性和多变性，要求承保机构必须具有强大的保险补偿能力，同时要求其不能将该种责任保险视为单纯的商业保险产品来加以经营。目前，国内保险人的保险偿付能力参差不齐，再保险制度也很不完善，一旦发生重大环境污染事故，偿付能力不强的保险人便有可能因巨额的赔偿费用而引发财务危机甚至倒闭破产。如此，不仅难以实现环境责任保险补偿损害和分散风险的社会功能，而且还可能影响整个经济社会的稳定。更为重要的是，环境责任保险的公益性与商业保险人营利性的矛盾在环境责任保险试点实践中无法得到很好的调和，保险人往往通过在保险合同中设计高额的保费费率、狭窄的承保范围以及宽泛的除外责任来逃避保险责任的承担，涉污企业基于成本考

① 参见王灿发、黄鹏辉：《环境污染责任保险承保生态环境损害的理性审视》，载《湖南师范大学社会科学学报》2021 年第 3 期。

② 参见张晓文：《环境责任保险的公益性》，载《政法论坛》2009 年第 4 期。

虑而缺乏投保环境责任保险的积极性。因此，基于环境责任保险的公益性特点，以及环境污染损害的严重性和复杂性，我国应当在重视基本国情的基础上，借鉴他国有益经验进行制度创新，设立多元化的环境责任保险机构。具体的技术路径如下。

从横向上，依据环境损害责任风险特性，充分结合市场活力和政府干预，通过法律将环境责任保险的承保重任由原来的商业保险人一肩挑改为由商业性保险人和政策性保险机构共同承担。对于高风险行业和渐进性的环境侵权责任，可以借鉴美国的模式，建立专业性的环境责任保险机构进行承保；在专门的政策性承保机构组建之前，由环保部门与保险监管部门代表国家在全面考察、衡量的基础上选取具有强大实力的商业保险人或保险人共保联合体进行承保，[①] 同时由政府给予政策或资金上的支持。对于风险较低的行业和突发性环境侵权责任，可以借鉴英国的方式，由财产保险人开展相应的保险业务，由保险监管部门进行具体核准，并给予财政税收上的支持。另外，国家鼓励在各高风险行业内部发展环境责任互助保险，依据自愿原则，开展灵活多样的环境责任保险险种，保险机构设置、保费厘定、保险期限、赔付条件均可由参保者共同决议，与政策性的责任保险和商业性的责任保险互不代替。如此，三种类型的保险机构在承保我国环境损害责任风险上各负其责，相得益彰。然后，在以环境责任保险作为分散环境责任风险主要渠道的基础上，由国家和地方财政、污染风险企业以及保险人共同出资设立环境救济基金，用以解决超出保险赔偿限额且保险人也无力赔付的损害补偿问题，作为环境责任保险制度的重要补充。

从纵向上，应当根据基本国情合理开发保险市场资源来增强保险人的偿付能力。第一，在上市公开发行、增资扩股、财务再保和发行次级债务的基础上，借鉴他国成功经验合理开发新的融资渠道来增加保险人的资本金，化解保险人偿付能力不足的危机。比如，可以利用环境污染巨灾风险基金、环

① 关于环境责任保险的共保体，江苏省无锡市具有很好的经验：在前两年试点阶段由一家保险人负责承保业务的基础上，于2011年8月，依据《无锡市环境污染责任保险实施意见》，无锡市环保部门、金融办等共同委托有资质的政府采购代理机构通过公开招标，确定了环境责任保险的基本条款、相关行业的基准费率、保险经纪公司、保险共保人和首席承保人。

境污染巨灾风险证券化等风险管理技术，将环境污染损害风险加以分散和重组，并引入资本市场以增加环境污染巨灾风险的可保性，同时降低系统性风险。第二，支持保险人和其他各类投资主体参股或设立再保险人，加快再保险市场建设，增强我国再保险市场整体承保能力。第三，拓宽保险资金运用渠道，提高资金运用收益率。突破《保险法》规定的银行存款、买卖债券、股票、证券投资基金份额等有价证券以及投资不动产等资金运用方式，进一步拓宽保险人的投资渠道。在积极发展与保险资金运用有关的金融市场的基础上，允许保险人根据自身情况灵活选择投资组合，增加保险资金积累，从而提高保险机构的偿付能力。

4. 设计合理的索赔时效

为了督促被保险人或者受益人及时行使权利，促使保险人尽早赔付保险金，以便于通过环境责任保险来补偿损害、分散风险和稳定社会关系，同时为平衡保险人的利益，减少环境责任保险风险的不确定性，以利于环境责任保险进一步推广和发展，环境责任保险法律应当科学设计索赔时效制度。所谓索赔时效，是指当环境责任保险合同中约定的环境事故发生，被保险人或者受益人可以在法定期限内请求保险人赔付保险金；一旦法定时间经过，保险人不再向被保险人承担保险责任。事实上，环境污染后果往往具有潜伏性和累积性，其所引起的损害尤其对身体的伤害一般要在几年或几十年后才会爆发，但由于我国缺乏对索赔时效的法律规定，在客观上环境责任保险的被保险人或受益人向保险人进行索赔没有时间限制。根据《环境保护法》第64条，《民法典》第188条、第189条、第1229条以及《保险法》第26条，保险人的补偿责任可能延续到几年、几十年甚至理论上的无限长。被保险人终身索赔以及保险责任向前无限追溯都将使保险人的保险风险具有极大的不确定性。实践中，各保险人为逃脱过重的保险责任负担，纷纷在合同中约定极短的索赔时效，以至于严重影响了环境责任保险的赔付率，造成涉污企业的投保积极性不高。

从平衡被保险人、污染受害人权利和保险人经济利益出发，有必要借鉴国外的既有经验，根据不同承保模式设计科学的索赔时效制度：在将来可能制定的环境责任保险法中或者通过制定环境责任保险相关条例，对采取以污染事故发生为基础的“期内发生式”责任保险设计合理的“日落条款”，即根据环境责任保险制度的价值定位，规定自保单失效之日起被保险人或受益人得以请求保险人支付约定保险金额的最长期限。在此期限内，若发生了环境污染事故，且该事故导致被保险人承担侵权责任，则由保险人负责赔付保单约定的保险金额；若超过此期限，保险人不承担保险责任。西方发达国家的通行做法是在环境责任保险的保单中将索赔时效约定为 30 年，我们可以参考并在法律中规定“日落条款”的最低年限。对采取以侵权索赔提出为基础的“期内索赔式”[①] 责任保险设计合理的“日出条款”，即规定保险合同生效之前被保险人或受益人得以请求赔付保险金的环境污染事故发生的最早时间，以避免将保险人承担责任的时间无限前置而承受过重的负担。

5. 确立科学的费率计算标准

不同于其他纯粹的商业性财产保险，环境责任保险具有较强的公共产品属性，其构建和运行表现出正外部性特征。为保障费率适当、合理和公正，许多国家都对保费费率有所管制。在瑞士，在个人人寿保险中，保险监管当局制定出最低费率和参照费率，企业若没有提供足够的理由和统计证明，不能偏离最低费率和参照费率，而其精确的费率厘定则由行业公会的专门委员会进行计算，并经监管部门批准后，以法令形式公布执行。有些特殊险种则是由国家厘定费率，若保险公司不执行该费率，则不得经营该险种。就我国保险领域而言，趋向于对保费费率实施分类监管，即将费率分为法定费率、批准费率、备案费率和自由竞争费率 4 种，这样既维护费率的相对稳定，又允许适度的市场竞争，给予保险人一定的自由生存空间。合理拟定保费费率，不仅是平衡保险人和投保人（被保险人）利益的内在要求，而且在效果上将有效减少环境责任保险中的道德风险及逆向选择现象。

关于环境责任保险的保费费率的厘定原则、标准和方法，学术界进行了一定的探讨。在法学领域，彭中遥等学者认为，环境责任保险尤其是强制性环境责任保险的运营目标应当是保值和适当增值，因而其保费费率的确定应

---

① 在这种承保基础下，保险人负责赔偿在保险单有效期间内受害人向被保险人提出的索赔。无论造成第三人损害的事件或侵权行为是否在保险单生效后发生，只要受到侵害的第三人在保险期限内向被保险人第一次提出有效索赔，保险人就要依照合同承担支付保险金的责任。

参照机动车交通事故责任强制保险费率厘定，因而需要遵循“无亏无盈”原则[①]。在“无亏无盈”基本原则下，由保险人设定基本费率，并确定费率限额，并根据投保企业的运行状况，相应调整费率高低，实行差别浮动费率。[②]别涛、王彬、贾爱玲等学者主张根据环保部门确定的环境风险等级，对地处重点污染区、一般污染区以及轻度污染区的投保企业分别适用不同的保费费率，并根据企业排污程度不同实行可浮动的保费费率。[③] 在经济学领域，安平、张遥等学者主张“先验费率基础上考虑无赔款优待”的环境责任保险的保费费率厘定机制。具体而言，先根据行业、地区以及污染程度三个因素确定先验纯保费费率，在此基础上，按照各投保企业前段时间内的环境损害事故次数设置不同的参数对先验费率进行调整。[④] 李志学、游桂云等学者主张将环境责任保险产品视为欧式看跌期权，分别运用 B－S 期权定价模型厘定化工、石油行业的环境责任保险的保费费率，以期对传统精算法厘定的费率进行补充。[⑤] 游桂云、戴蕾奇、张蕾等学者立足于精算定价理论，以化学制品行业为考察对象，对环境污染的损失次数和金额分别进行二项分布和对数正态分布的拟合，测算出该行业的环境责任保险纯费率，并在此基础上确定附加费率，最终得出环境责任保险总费率。[⑥] 赵领娣、冯家星等学者则根据环境责任保险自身特点，在 Myers－Cohn 模型基础上，运用模糊数学方法修正和扩展理论模型，得出环境责任保险的基础费率在 1.2%～1.7%，保险人再根据被保险人的营业情况以及所处行业，通过协商最终确定环境责任保费

---

① 无亏无盈原则在我国机动车交通事故责任强制保险的实践中已有探索。例如，根据《机动车交通事故责任强制保险条例》第 6 条第 1 款的规定，国务院保险监督管理机构按照机动车交通事故责任强制保险业务总体上不盈利不亏损的原则审批保险费率。该经验适用于环境污染强制责任保险领域。

② 参见彭中遥：《环境污染强制责任保险有关问题及法治策略》，载《湖南农业大学学报（社会科学版）》2017 年第 3 期。

③ 参见别涛、王彬：《保险费率因地而异 承保机构可多元化——环境污染责任保险法律制度研究系列谈之六》，载新浪网，https：//news.sina.com.cn/s/2006－11－17/100410527283s.shtml。

④ 参见安平、张遥：《环境责任保险费率制度研究》，载《现代管理科学》2011 年第 3 期。

⑤ 参见李志学、张丽：《环境责任保险费率的 Black－Scholes 期权定价方法》，载《统计与决策》2011 年第 9 期；游桂云、鞠铮：《B－S 模型在环境责任保险中的应用》，载《改革与开放》2009 年第 3 期。

⑥ 参见游桂云、戴蕾奇、张蕾：《环境责任保险精算定价实证研究》，载《统计与决策》2012 年第 5 期。

费率。[①] 郑苏晋、姚丹等学者基于赔付率的奖惩系统对责任风险的区分度更强的研究，建议保险公司在环境责任保险中引入基于赔付率的费率奖惩系统，谨慎设定费率最低折扣，并把环保检查、经验赔付率纳入费率奖惩系统。[②] 尽管学者们主张的保费费率厘定方法各有千秋，但总的宗旨都是公平合理地厘定费率以保障各方利益。

面对目前环境责任保险的保费费率偏高的现象，我国必须坚持贯彻权利与义务相等原则，遵循充分、公平、合理、稳定灵活以及促进防损等基本准则，通过制度明确环境责任保险的保费费率计算标准，[③] 规定由保险监管部门制定参照费率，保险人若无统计证明或其他充分的理由，不能偏离参照费率。具体而言：

首先，应明确保费费率设定原则。一是为保证保险人有足够的能力进行偿付，应当考虑收取的保费足以支付保险金及必要的营业费用、预期利润及税收。二是在保证保费收入与预期支付相对称的基础上，应当考虑被保险人所负担的保费应与其所获得的保险权利相一致；风险性质相同则保费费率相同，对风险性质不同的行业企业则实行差别费率。三是保证保费费率的合理性，不会使保险人因收取过高保费而获得超额利润。四是在保持保费费率基本稳定的基础上，随风险和市场需求等因素的变化而适当调整费率。五是通过实行奖优罚劣形式的浮动费率制度促进被保险人加强防灾防损。

其次，应制定各行业企业环境风险评估技术指南。在明确保费费率设定原则基础上，参照《企业突发环境事件风险评估指南（试行）》，以及《环境风险评估技术指南——氯碱企业环境风险等级划分方法》《环境风险评估技术指南——硫酸企业环境风险等级划分方法（试行）》《环境风险评估技术指南——粗铅冶炼企业环境风险等级划分方法（试行）》等分类技术指南，尽快制定其他行业企业的环境风险评估技术指南，为确定涉污企业的风险等级

① 参见赵领娣、冯家星：《基于MC模型的环境责任保险费率模糊定价》，载《保险研究》2016年第5期。

② 参见郑苏晋、姚丹：《我国环境污染责任保险费率奖惩系统比较》，载《保险研究》2015年第8期。

③ 参见贾爱玲：《环境责任保险制度研究》，中国环境科学出版社2010年版，第20－252页。

提供科学合理的评判依据。另外，省级地方政府环保部门也可根据本辖区产业特征，制定地方企业环境风险评估技术指南。如此，保险人在承保环境责任保险之时，便可根据对企业的现场调查及投保人如实告知的风险信息，对照相应的风险评估技术指南，比较准确地判断投保人的环境风险等级。

最后，应确定科学合理的基础费率计算标准及调整系数参考因素。在准确判断投保人环境风险等级的基础上，可以运用修正后的 Myers – Cohn 模型或 B – S 期权定价模型来测算投保企业的环境责任保险基础费率。① 然后，再根据企业既往的环境污染事故发生情况实行浮动费率，对前一年未发生污染事故的投保企业实行费率优惠，而对出险率高的企业则在基础费率上浮一定比例。在运用各种模型进行保费定价时，各种重要的环境影响因子都将被考虑进来，如行业类型、生产规模、原材料性质、生产工艺流程、产品结构、产业政策、清洁生产、环境敏感性、环保安全管理等因素。目前，针对我国环境责任保险基础费率较高的实情，保险公司应当把握高基础保费搭配高调整幅度、低基础保费搭配低调整幅度的费率设计原则，根据我国环境责任保险基础费率较高的现状，保险公司可以选择加大奖惩力度，或者适当降低基础保费后稍稍减少调整幅度。②

6. 科学设计环境责任保险赔偿限额制度

责任限额制度早已在我国无过错侵权责任领域加以适用，其目的是以牺牲受害人部分利益为代价，保障重大民生行业的生存和发展，同时实现法律的效率与发展价值。在责任保险领域，《机动车交通事故责任强制保险条例》也引入了责任限额制度，该条例规定，机动车交通事故责任强制保险在全国范围内实行统一的责任限额。责任限额分为死亡伤残赔偿限额、医疗费用赔偿限额、财产损失赔偿限额以及被保险人在道路交通事故中无责任的赔偿限额。为更好地发挥交强险的保障功能作用，2020 年 9 月原中国银保监会公布

---

① 参见赵领娣、冯家星：《基于 MC 模型的环境责任保险费率模糊定价》，载《保险研究》2016 年第 5 期；李志学、张丽：《环境责任保险费率的 Black – Scholes 期权定价方法》，载《统计与决策》2011 年第 9 期。

② 参见陈冬梅：《环境污染责任保险：理论与实践》，复旦大学出版社 2019 年版，第 95 – 96 页。

《关于实施车险综合改革的指导意见》，在不提高投保人成本支出的前提下，将机动车交通事故责任强制保险总责任限额从12.2万元提高到20万元，其中死亡伤残赔偿限额从11万元提高到18万元，医疗费用赔偿限额从1万元提高到1.8万元，财产损失赔偿限额维持0.2万元不变。无责任赔偿限额按照相同比例进行调整，其中死亡伤残赔偿限额从1.1万元提高到1.8万元，医疗费用赔偿限额从1000元提高到1800元，财产损失赔偿限额维持100元不变。机动车交通事故责任强制保险的赔偿责任限额大幅度提高，有助于实现机动车交通事故责任强制保险制度救济交通事故受害人的功能目标。与机动车交通事故责任强制保险相比，环境责任保险的标的价值更加没有客观依据，无法预计赔偿金额大小，保险金额难以确定。而且，涉污企业因污染环境而对第三者造成人身伤害和财产损失所应承担的赔偿责任以及为清除污染物而支出的费用一般都相当巨大。面对巨大的赔偿风险，保险人不得不对环境责任保险的赔偿限额给予严格限定。在环境责任保险实践中，责任限额制度业已成为环境保险制度发展较为成熟的国家分散保险人行业风险必备的制度要素。在美国，无论是环境损害责任保险还是自有场地治理责任保险，都规定了责任限额制度，保险双方可以约定累计最高赔付限额、单次污染事故的赔偿限额、单次污染事故中每人的最高赔偿限额和应由投保企业自负的赔偿金额。[①] 德国1991年颁布的《环境责任法》以“最绿环境法”著称，但为缓解保险人的赔偿风险，该国在环境责任保险制度中规定了限额赔偿制度。[②] 日本拥有一套完善的环境保护法律体系，采取损害赔偿请求基础的模式来限定赔偿范围，从而减轻加害方的赔偿责任。[③]

在我国，鉴于目前保险机构的资产规模和盈利能力还十分有限，需要对环境污染所造成的巨大损害实行一定的限额赔偿，以有利于环境责任保险开展。否则，结果要么是部分保险人不愿承保，要么是部分保险人陷入困境甚

① 参见张燕、侯娟：《美国污染法律责任保险发展中的法律效应评析》，载《西南金融》2013年第5期。

② 参见孙增芹、张欣媛：《美德印环境污染强制责任保险制度考察及对我国的启示》，载《生态经济》2018年第12期。

③ 参见张兴伟：《日本环境污染赔偿责任保险的实践与启示》，载《苏州大学学报（哲学社会科学版）》2016年第4期。

至走向破产。2007年，《保险工作指导意见》要求重点解决赔偿限额以加强保险的可操作性等关键问题。2010年，原交通部公布实施《船舶油污损害民事责任保险实施办法》，明确规定了强制责任保险以及各种吨位的船舶必须购买的最低责任限额。2013年，《强制责任保险指导意见》正式规定了环境强制责任保险的责任限额制度，要求环境高风险企业根据自身环境风险水平和事故损害范围等因素确定足以赔付环境事故损失的责任限额。2018年，《管理办法（草案）》第9条规定，环境污染强制责任保险根据环境高风险企业的不同类型实行不同的责任限额，环境高风险企业应当按照责任限额投保环境污染强制责任保险。以上政策性文件或部门规章主要是从涉污企业最低投保责任限额角度来规定环境责任保险限额。也就是说，若保险人与投保人在签订环境责任保险合同时未协商超限额投保或未能就超限额投保达成一致意见，保险事故发生后，保险人则只需要承担上述最低限额的赔偿责任。

在地方试点中，各省、市依据全国规范性文件的指示精神，对环境强制保险及其责任限额制度开展了不同程度的实践及立法探索。

无锡市人民政府办公室印发的《无锡市环境污染责任保险实施意见》（锡政办发〔2011〕48号）规定，每次环境污染事故及累计赔偿限额共设100万元、200万元、500万元、800万元、1000万元5档，投保企业应当按照生产经营规模和环境风险等级选择相对应的赔偿限额。其中，每次环境污染事故每人死亡伤残责任赔偿限额20万~30万元（其中含医疗费用5万~8万元）；每次环境污染事故清污费用责任限额对应每次事故及累计赔偿限额档次的50%。投保企业与保险人在签订保险合同时，对保障范围和赔偿限额可进行特别约定。

2013年，原贵州省环境保护厅、原中国保监会贵州省监管局《关于印发〈关于开展环境污染强制责任保险试点工作的指导意见〉的通知》中对环境污染强制险责任限额制度做了较为细化的规定，将每次环境污染事故每次及累计责任限额设50万元、100万元、200万元、500万元、800万元、1000万元、2000万元、4000万元8个档次。投保企业应当根据自身生产经营规模和环境风险等级选择相应的责任限额。

2018年，湖州市人民政府公布的《关于环境污染责任保险工作的实施意见》对责任限额制度进行了定义："责任限额为投保企业在一个保险年度内发生一次或多次环境污染事故可从保险公司累计赔付的最高额度。"此外，该意见将保险人应承担的环境污染事故责任限额划分为九等；将企业规模划分为微型企业、小型企业、中型企业、大型企业共四等；将环境风险划分为低风险、一般风险、中等风险、较高风险和高风险共五等，规定投保企业根据环境风险等级和企业规模确定足以赔付环境污染损失的责任限额，并鼓励投保企业选择高于最低责任限额的保障（详见表5-3）。

表5-3 浙江省湖州市不同企业规模、风险等级所对应的最低责任限额

单位：万元

企业规模风险等级	微型企业	小型企业	中型企业	大型企业
低风险	50	80	100	200
一般风险	80	100	150	300
中等风险	100	150	200	500
较高风险	150	200	300	800
高风险	200	300	500	1000

2019年，厦门市人民政府出台《关于在环境高风险领域推行环境污染强制责任保险制度的意见》（厦府〔2019〕176号）。该意见指出，环境高风险企业和保险人约定的责任限额不得低于国家依法确定的最低责任限额，在国家出台最低责任限额前，可由保险双方协商确定保额。此外，保险人可以根据年度"环保体检"的结果，在不低于最低限额的前提下，由保险双方协商确定提高或降低次年续保合同约定的责任限额，并据此投保。

2021年《深圳市环境污染强制责任保险实施办法》第10条规定："环境污染强制责任保险实施统一的最低责任限额。最低责任限额由市生态环境主管部门组织相关部门根据不同环境风险的单位可能致使第三者以及生态环境遭受损害范围、程度等因素确定或者调整。单位投保环境污染强制责任保险不得低于最低责任限额。鼓励单位根据自身环境风险防控需要增加保险金额，提高风险保障能力。"相应地，《中国平安财产保险股份有限公司平安产险深圳市环境污染责任保险（2021版）条款》第12条规定："责任限额包括每次事故责任限额、每次事故第三者责任限额、每次事故生态环境损害责任限额、每次事故应急处置与清除污染费用责任限额、每次事故应急责任补偿费用限额、每次事故法律费用责任限额、累计责任限额，由投保人与保险人协商确定，并在保险合同中载明。”

从以上规定及实践不难发现，虽然我国有关规范性文件规定了环境强制责任保险责任限额制度，但存在上位法规定缺乏、限额表达模式不一、内容较为简单、量化标准差异大等问题。缺乏责任保险及责任限额的上位法规定，将使责任保险限额制度实施的合法性受到质疑；虽然保险人与投保人可在最低限额之上、最高限额之下约定环境责任保险的赔偿具体数额并确定相应的保费费率，但责任保险的最低限额规定旨在强制投保人最低限度投保，而责任保险最高限额则旨在保护保险人免受巨大责任风险之苦，两种制度及其功能目标不能混为一谈。而且，环境强制险责任限额制度量化标准在试点过程中呈现地方规范性文件与中央规范性文件差异大、不同地区之间规范性文件之间差异也很大的情况，法的统一和公平原则难以保障。

为实现我国环境强制责任保险及其责任限额制度的良性发展，有必要参考借鉴域外先进的环境保护理念和制度发展经验，在我国《保险法》《环境保护法》中增加环境强制保险及其责任限额制度的原则性规定。参照德国分项责任限额制度及我国《机动车交通事故强制责任保险条例》，制定环境强制责任保险条例，在条例中设专章规定责任限额制度，确立责任限额适用的一般原则，使环境强制责任保险责任限额制度既能够体现国家给予处于发展初期的环境强制责任保险行业特殊保护，又能最大限度保障受害人的合法利益。在构建环境强制责任保险责任限额制度时，可以考虑适用事故分项限额来综合处理受害人的人身权、财产权和受损的生态环境，将事故限额区分为财产损失赔偿限额、医疗费用赔偿限额、死亡伤残赔偿限额和生态损害修复或赔偿限额等类型，使环境强制责任保险责任限额制度适用实现社会成本最优化、资源利用效率最大化。为规范责任限额量化标准，有学者提出借鉴《环境风险评估技术指南》系列文件，以及《工业企业场地环境调查评估与修复工作指南（试行）》与《企业突发环境事件风险评估指南（试行）》中提出的指标体系，根据环境高风险企业的不同类型进行区分，区分内容包含环境风险源影响因素、环境风险的传播与表征及环境风险受体影响因子因素，在上述因素基础上还需考虑种类繁杂的下级指标，再根据各项影响因素得分情况划分涉污企业的环境风险等级，为责任限额约定提供参考（详见表5－4）。①

表5－4　基于环境责任保险的环境风险管理指标体系框架

指标类别	一级指标	二级指标
环境风险源方面	环境风险源现状	危险物质存量与临界量的比值、生产现状、风险源的聚集程度，以及区域自然灾害发生概率及其严重性
	环境风险源控制	操作层面：生产设施运行与维护，在线监测与预警设施建设、运行与维护，污染物削减设施建设、运行与维护 管理层面：企业环境管理体系，企业生产管理体系
环境污染途径方面	污染物应急处理	企业环境应急投入，地方政府环境应急投入，周边环境状况
	污染物在环境中的扩散条件	大气环境介质，水环境介质和土壤环境介质的扩散条件
	污染物的累积性和持续性	污染物的降解能力
环境风险暴露程度	企业周边人群分布	企业周边人群密度，企业周边人口结构及其活动方式
	企业周边生产活动类别	企业周边生产活动类型
环境风险表征	污染物接触	污染物接触方式
	污染物毒性效应	持续时间：急性毒性效应，慢性毒性效应 作用对象：私人财产损失，农业财产损失，工业财产损失

7. 规定严格的投保人告知义务

鉴于环境责任保险风险及其产生原因的特殊性，对投保人的如实告知义

① 参见李明奎等：《适于环境污染责任保险的环境风险管理指标体系构建》，载《环境保护》2017年第10期。

务的要求必定有别于其他保险。从环境责任保险产生的前提和基础来分析，除环境侵权制度导致环境责任风险具有法律不确定性外，环境事故的发生概率及其损害程度等因素直接导致环境责任风险具有事实不确定性，进而影响环境责任风险的可保性。[①] 环境事故是否发生以及可能导致的损害有多大，往往与投保人的风险偏好、营业范围、营业场所、污染物种类、生产工艺流程、污染防治措施、污染处理设备、排放物检测方式及风险控制能力息息相关。对保险人而言，潜在投保人的经营行业、生产规模、工艺流程各不相同，风险偏好及风险控制水平也各有特点，污染环境的可能性和危害性也都不同。若将保险风险信息的搜集和核实义务完全加诸保险人，无疑会大大增加保险人的交易成本。更重要的是，作为风险的产生者，投保人（或被保险人）往往绝对控制着相关风险的信息。仅凭自身努力，保险人很难获取准确的风险数据。基于环境风险信息的重要性以及信息控制上的单方性，依据保险合同最大诚信及对价平衡原则，应当从时间、方式、内容等各方面赋予环境责任保险投保人更为严格的如实告知义务，从而使保险人能准确估量风险，进而合理厘定保费费率，实现环境责任保险合同的实质平等与自由。

现行《保险法》及其司法解释中，有关投保人如实告知义务的履行期间以及违反告知义务的法律后果的规定均存在漏洞，需要通过修改《保险法》或通过新的司法解释予以填补。[②] 关于如实告知义务的履行期间，《保险法》第16条采用“订立保险合同”（第1款）和“保险人在合同订立时”（第6款）的措辞，最高人民法院《关于适用〈中华人民共和国保险法〉若干问题的解释（二）》（以下简称《保险法司法解释（二）》）未在《保险法》基础上作出进一步解释，仍然停留在“保险合同订立时”（第5条）。针对《保险法》及其司法解释的模糊规定，从严格环境投保人的告知义务处罚出发，应

---

① 参见经济合作与发展组织：《环境风险与保险：保险在环境相关风险管理中作用的比较分析》，李萱译，中国金融出版社2016年版，第36页；程玉：《论生态环境损害的可保性问题——兼评〈环境污染强制责任保险管理办法（征求意见稿）〉》，载《保险研究》2018年第5期。

② 参见马宁：《保险法如实告知义务的制度重构》，载《政治与法律》2014年第1期；周海涛、李天生：《保险法如实告知义务的司法裁量》，载《保险研究》2010年第11期；仲伟珩：《投保人如实告知义务研究——以中德法律比较为出发点》，载《比较法研究》2010年第6期。

将“保险合同订立时”解释为投保人提出投保申请至保险人作出承保意思表示之前的整个缔约过程,[①] 这样才更符合投保人如实告知义务的制度目的。关于投保人违反告知义务的法律后果,《保险法》采取解除主义,其第 16 条第 2 款、第 4 款和第 5 款对投保人故意或因重大过失未履行如实告知义务的情形进行了区别规定。对实践中投保人因轻过失甚至无过错违反如实告知义务的后果问题,《保险法》及其司法解释都未作出规定。有学者认为,《保险法》仅区别投保人的故意与重大过失,这样尚不足以体现差别对待的要求,为与保险消费者保护原则和对价平衡原则相契合,应当按照投保人故意、重大过失、轻过失和无过错违反如实告知义务分层次规定法律后果。[②] 具体而言,对投保人故意违反告知义务的,保险人可以行使合同解除权;在不解除合同的情况下,依据《保险法司法解释(二)》第 8 条推断可以通过裁判变更或者协议变更的方式变更保险合同。至于投保人非因故意违反如实告知义务的情形,在现有法律规定基础上,可以明确规定保险人在投保人基于一般过失违反告知义务时不能解除合同。[③] 若保险人在保险事故发生前能证明投保人因过失而违反告知义务,则可以选择终止合同,或者与投保人协商增加保费并继续维持保险合同的效力;若上述情形发生在保险事故发生后,保险人应当按照投保人实际缴纳的保费与保险人得知投保人或被保险人未告知的事实后将会确定的保费的比例来赔偿。

实践中,自 2008 年始,平安财险、中国人保、太保财险、英大长安等多家保险公司加入了承保我国环境责任保险的行列。各家保险公司均在其保险合同条款范本中设计了投保人告知义务,中国保险业协会起草的《环境污染责任保险的示范条款》也对投保人告知义务进行规定。以占市场份额较大的平安保险人和中国人保为例,前者将投保人的如实告知义务规定在环境责任

① 参见王静:《如实告知义务法律适用问题研究——以〈最高人民法院关于适用《中华人民共和国保险法》若干问题的解释(二)〉为核心》,载《法律适用》2014 年第 4 期。

② 参见李飞:《保险法上如实告知义务之新检视》,载《法学研究》2017 年第 1 期。

③ 参见孙宏涛:《我国〈保险法〉如实告知义务的规则完善》,载《江西社会科学》2016 年第 3 期。

保险条款（2008年经原中国保监会审核备案）第16条，[①] 后者（以《中国人民财产保险股份有限公司江苏省分公司环境污染责任保险条款》为样本）则拆分规定在第14条和第18条中[②]。从条款内容分析，平安财险关于投保人告知义务的规定几乎一字不差地搬用《保险法》第16条第1~6款，中国人保的相关保险条款内容也基本与《保险法》第16条无异，只是履行告知义务时不仅要求投保人如实回答保险人就有关情况提出的询问，而且要如实填写保单。环境责任保险投保人的告知内容以“保险人就保险标的或者被保险人的有关情况提出询问”为范围。为与保险条款相对应，平安财险的承保流程中第二个环节要求投保企业在办理投保手续时必须填写《环境污染责任险核保问卷》，其核保问卷从被保险人的基本信息、营业状况、被保险企业环境保护管理能力、周围环境、以往相关事故损失记录五个方面设计了较为详细的询问事项。以营业状况一项为例，可供选择回答的问题为主要污染物、经常性排污行为、是否符合国家环境保护标准、是否符合地方环境保护标准、是否通过环保部门验收、是否获得环保部门相应证书、行业名称以及企业所

① 根据《中国平安财产保险股份有限公司平安环境污染责任保险条款》第16条的规定，订立保险合同，保险人就保险标的或者被保险人的有关情况提出询问的，投保人应当如实告知。投保人故意或者因重大过失未履行前款规定的如实告知义务，足以影响保险人决定是否同意承保或者提高保险费率的，保险人有权解除合同。前款规定的合同解除权，自保险人知道有解除事由之日起，超过30日不行使而消灭。自合同成立之日起超过2年的，保险人不得解除合同；发生保险事故的，保险人应当承担赔偿或者给付保险金的责任。投保人故意不履行如实告知义务的，保险人对于合同解除前发生的保险事故，不承担赔偿或者给付保险金的责任，并不退还保险费。投保人因重大过失未履行如实告知义务，对保险事故的发生有严重影响的，保险人对于合同解除前发生的保险事故，不承担赔偿或者给付保险金的责任，但应当退还保险费。保险人在合同订立时已经知道投保人未如实告知的情况的，保险人不得解除合同；发生保险事故的，保险人应当承担赔偿或者给付保险金的责任。

② 根据《中国人民保险集团股份有限公司环境污染责任保险条款》第14条的规定，保险人依本保险条款第18条取得的合同解除权，自保险人知道有解除事由之日起，超过30日不行使而消灭。自保险合同成立之日起超过2年的，保险人不得解除合同；发生保险事故的，保险人承担赔偿责任。保险人在保险合同订立时已经知道投保人未如实告知的情况的，保险人不得解除合同；发生保险事故的，保险人应当承担赔偿责任。

根据该保险条款第18条的规定，投保人应履行如实告知义务，如实回答保险人就有关情况提出的询问，并如实填写投保单。投保人故意或者因重大过失未履行前款规定的如实告知义务，足以影响保险人决定是否同意承保或者提高保险费率的，保险人有权解除合同。投保人故意不履行如实告知义务的，保险人对于保险合同解除前发生的保险事故，不承担赔偿责任，并不退还保险费。投保人因重大过失未履行如实告知义务，对保险事故的发生有严重影响的，保险人对于保险合同解除前发生的保险事故，不承担赔偿责任，但可退还保险费。

处位置；需要进行详细描述的问题主要涉及营业场所、营业范围、生产工艺介绍、污染物详述、污染防治措施、污染处理设备、排放物检测方式、设备、标准员工总数、开业年限、销售额、资产总额等方面，问卷内容基本上涵盖了保险人借以决定是否承保或者决定是否提高保费费率的重要事实。在如实告知义务的履行时间上，为遵守《保险法》的对价平衡原则及基于对自身的承保风险预估，平安财险在其合同第16条第1款中规定，在订立环境责任保险合同时，投保人应当对保险人提出的询问进行如实告知，询问内容包括保险标的或者被保险人的相关情况。具体到平安财险的基本承保流程，投保人如实填写核保问卷的时间是在填写投保单、出具保单之前。① 中国人保没有在相关条款中明确投保人如实告知的时间，根据其保险合同条款第18条上下文分析，履行时间应以“保险人就有关情况提出的询问”的时间为准。

实践10余年，环境责任保险合同签订数量总体呈上升趋势，共计约5.0722万份，其中2008年至2012年总共签订2000份，② 2013年至2017年分别有9322家③、近5000家④、近4000家⑤、1.44万家⑥、1.6万家涉污企业签订。发展过程中，环境责任保险合同中的投保人告知义务条款未发生实质性变化。⑦ 值得注意的是，2018年3月公布的《贵州试点环境污染责任保险条款》对如实告知义务的要求有所提高。其第12条不仅要求投保人在订立

---

① 根据中国平安财产保险股份有限公司湖南分公司《环境污染责任险推广手册》第5页的承保流程图，承保流程如下：(1) 客户经理收集资料，解释保险条款；(2) 指导填制投保单、核保问卷；(3) 投保单信息录入系统，提请核保；(4) 核保通过，打印缴费通知单；(5) 企业缴费；(6) 打印保单与发票。

② 参见《高污行业试点强制投保环境污染责任险》，载中国新闻网，http://www.chinanews.com/cj/2013/03-29/4687679.shtml。

③ 参见王向楠：《美国环境污染责任保险的特点及借鉴意义》，载《金融与经济》2015年第9期。

④ 参见《22省5000家企业投保环境污染责任保险 涉石化等行业》，载中国新闻网，http://www.chinanews.com/gn/2014/12-04/6845890.shtml。

⑤ 参见《环境保护部：今年近4000家环保责任险投保企业名单公布》，载中国政府网，http://www.gov.cn/xinwen/2015-12/23/content_5027071.htm。

⑥ 参见李晨阳：《绿色保险产品有待丰富》，载《经济日报》2017年6月26日，第7版。

⑦ 考察平安保险、中国人保、华安保险、阳光保险、中华联合财险、安诚保险等公司的环境责任保险合同模本，有关投保人告知义务条款基本保持如下表达：“订立保险合同，保险人就保险标的或者被保险人的有关情况提出询问的，投保人应当如实告知。”或如是：“投保人应履行如实告知义务，如实回答保险人就有关情况提出的询问，并如实填写投保单。”

保险合同前对保险人询问的有关情况如实告知，而且在投保人已按国家有关规定制定并发布环境事件应急预案时，要求其将应急预案中的环境风险评估报告提交给保险人；如果投保人、被保险人在投保前因违反《环境保护法》《环境影响评价法》《刑法》相关规定被处以行政处罚或刑罚的，则投保人应当按照保险人提出的要求提供相应的行政处罚书、司法文书等材料。[①] 这种严于以往保险合同通行设计的如实告知义务条款，正好回应了环境责任保险的特殊性；在保险人可以通过正常渠道低成本获取环境责任风险信息之前，发出了合理提高环境责任保险投保人如实告知标准的信号。在投保人告知义务条款内核保持不变且告知标准趋向严格的前提下，实践中环境责任保险投保人与保险人之间也鲜因该义务的履行发生纠纷，这有中国裁判文书网相关数据作为明证：在“民事案件”类型下，以“保险合同”“责任保险合同纠纷”“如实告知义务”三个层级关键词进行搜索，2011 年 1 月 1 日至 2018 年 6 月 19 日（以案件审结的时间计算）对应的责任保险合同纠纷裁判文书结果共 94 份，其中涉及如实告知义务的案件数目为零。如果说我国的环境责任保险实践起步晚、保险合同数量少，以至于不足以下结论，那么即使在其他保险领域，有关如实告知义务的纠纷争点也基本集中在“投保人是否故意或者因重大过失而未告知”[②]、“保险人是否及时行使合同解除权”[③]，以及“保险人在订立合同时是否已经知道投保人未如实告知”[④] 等事实判断上，无一个案件涉及投保人就如实告知义务条款本身提出疑问。

综上分析，在建构专门的环境责任保险制度规定更高的如实告知义务之前，对投保人适用《保险法》的如实告知义务规则具有妥当性。10 余年来，

---

① 参见《贵州试点环境污染责任保险条款》，载多彩贵州网，http：//gzhb. gog. cn/system/2018/03/22/016485632. shtml。

② 参见北京市通州区人民法院民事判决书，（2018）京 0112 民初 2940 号；山东省威海市中级人民法院民事判决书，（2014）威商终字第 91 号；安徽省六安市金安区人民法院民事判决书，（2013）六金民二初字第 01148 号。

③ 参见福建省高级人民法院民事判决书，（2015）闵民申字第 87 号；湖北省荆门市东宝区人民法院民事判决书，（2014）鄂东宝民二初字第 00063 号。

④ 参见安徽省宿州市中级人民法院民事判决书，（2015）宿中民二终字第 00445 号；内蒙古自治区兴安盟中级人民法院民事判决书，（2014）兴商终字第 3 号；江苏省南京市鼓楼区人民法院民事判决书，（2013）鼓商初字第 61 号。

环境责任保险合同基本保持《保险法》第16条以及《保险法司法解释(二)》第5条、第6条设定的投保人告知义务标准，以及投保人与保险人对如实告知义务条款的无实质性分歧。可以推断：现行法律规则尚未使环境责任投保人如实告知义务预期呈现模糊不清甚至落空。在此规则下，潜在的环境责任保险投保人对自己告知义务的范围和内容，以及故意不履行或因重大过失未履行义务的法律后果具有一定的确信。对环境责任保险人而言，则可依据投保人告知义务的完全履行，较好地预测环境责任风险进而厘定合理的保费费率；如果投保人故意不履行与因严重过失未履行，确信其将依法拥有合同解除权。因此，从秩序价值视角，尽管法律并非一成不变，但是“基于一致性能产生对延续性的合理预期”,[①] 对于获得保险人与投保人如此认可的如实告知义务规则，在其他充分的理由出现之前，不宜轻率易变。

（三）加快环境责任保险配套微观制度建设

1. 环境责任保险配套制度地方经验及学者建议模式

（1）试点经验之一：湖南模式[②]

湖南省是国内首批环境责任保险的试点省。2008年7月，平安财险在该省签发了首张环境责任保险的保单。至2012年，已基本形成了政府试点引导、保险人共保运行、涉污企业积极参与的工作局面。多年的试点过程中，湖南省一直注重环境责任保险的配套机制建设。

一是通过保险经纪公司组建保险共保体。2012年，保险经纪公司在原湖南省环境保护厅组织下，采用竞争性谈判方式，组建了共保体试点公司，该共保体由平安财险、人保财险两家保险人组成。在运行机制上，共保体实行条款、费率、保障范围、赔偿标准以及操作方案等五个方面的统一，创新性地在市地级组建了保险服务团队。

二是建立良好的保险信息沟通机制。环境责任保险的共保体与经纪公司之间形成月度会议、随时信函等沟通制度，以便双方能够及时地发现和解决

---

① 参见［美］本杰明·N. 卡多佐：《法律的成长法律科学的悖论》，董炯、彭冰译，中国法制出版社2002年版，第31页。

② 参见《湖南省环境污染责任保险尝试“共保体”模式》，载中国新闻网，http：//finance.chinanews.com/ny/2014/10－16/6685405.shtml。

保险运行中存在的各种问题。

三是着手建构保险信息平台系统。在原湖南省环境保护厅的组织下，保险经纪公司充分运用网络技术，着手开发全省环境责任保险信息平台系统。借助该信息平台，环保部门可以对全省环境责任保险的承保、出险以及理赔等数据进行实时查询和统计；保险人与经纪公司则可以共建包括评估、检测、排查、预警、报告等多个环节的污染防灾防损综合体系；涉污企业则可以通过网络信息平台向保险人进行投保、告知和事故索赔；通过平台上的风险管理体系，企业可以获得相应的风险分析和排查服务。2021 年，湖南省生态环境厅有关强调，湖南省要大力推广现代化、信息化监管监控手段，全面加强信息化建设，全力推进污染源在线监控设施、环保电力监控平台、无人飞机、卫星遥感等技术手段。①

四是引入第三方事故鉴定和损失评估机构。目前，主要是引入湖南省环境风险与污染损害鉴定评估中心，运用其专业团队和专业技术对发生的环境事故进行鉴定和评估，从而尽量避免保险人和投保企业之间的理赔纠纷，有效保障保险合同双方的利益平衡。

五是市地级人民政府出台保障性措施。根据《强制责任保险指导意见》的要求，湖南省各州、市人民政府出台系列环境责任保险的保障性措施，将强制责任保险作为“三同时”验收、排污许可证核发、危险废物经营许可证核发的前置条件，将环境责任保险制度和日常环境管理手段有机结合。② 湖南省的环境责任保险配套机制建设，重点在于充分发挥保险经纪公司以及第三方风险与损害评估机构的作用，同时注重将环境责任保险制度与日常环境管理紧密结合，将企业投保情况纳入发放证照、环保验收的重要考察因素的范围。

湖南省在环境责任保险配套措施上亟须改进的是，应尽快出台与许可、验收等与实际管理工作相关的操作细则，并建立有效的工作联动。同时，在

① 参见邓立佳：《强化环保监管执法 压实企业主体责任》，载湖南省生态环境厅网，http：//sthjt. hunan. gov. cn/sthjt/xxgk/xwdt/zxdt/202105/t20210529_19392703. html。

② 参见《湖南省环境污染责任保险 尝试“共保体”模式》，载中国新闻网，http：//finance. chinanews. com/ny/2014/10 – 16/6685405. shtml。

推行环境责任保险过程中，尚与其他各部委协调不够，缺乏对保险试点企业配套的优惠政策。①

（2）试点经验之二：无锡模式②

作为原环境保护部明列的全国试点城市，江苏省无锡市早在 2009 年 6 月就开始了环境责任保险试点工作。2011 年 2 月，无锡市人民政府公布《无锡市环境污染责任保险实施意见》（锡政办发〔2011〕48 号），意在进一步推动企业切实履行环境责任，更好地推进生态文明先驱城市建设。试点过程中，无锡市注重环境责任保险配套机制建设，积极推进环境责任保险发展。

一是组织建立环境事故损害鉴定与损失评估专家队伍。由无锡市环保部门组织，聘请同济大学、南京大学等高等院校的专家和行业环境风险专家，建立环境损害鉴定与评估专家队伍，在企业投保前开展现场评估。2015 年，第三方环境风险评估专家队伍成立弘复环保公司，与高校联合自主开发现场勘查评估系统并取得国家计算机软件著作权证书。迄今，所有环境责任保险现场勘查与评估报告均来自该系统，该公司建立了全国第一个环境责任保险的专业网站“中国环境污染责任保险网”。专家组出具的《环责险现场勘查与评估报告》，内容涵盖企业环境风险隐患以及环境管理中的薄弱环节、整改建议、环境风险等级、建议保额等，给企业做全面“环保体检”。通过第三方环境风险管理专家，保险人可以在涉污企业投保前及保险中对其环境风险进行评估和检查；通过专家组的勘查、定损与责任认定，避免了保险人和投保企业之间的理赔纠纷，有效保障了保险双方之间的利益平衡。

二是给予投保企业系列优惠政策。无锡市内各级环保部门与同级财政部门形成联动机制，从保费补贴、污染防治资金报批等方面对投保企业实行优惠。具体而言，财政部门从征收的排污费中安排一定资金，给予投保的涉污企业一定比例的保费补贴；对参保企业的污染防治资金申报给予优先批准。除直接补贴投保企业外，无锡市注重事前的风险防范，构建了综合、立体、系统的环境

① 参见刘立平：《湖南省环境污染责任保险且行且探索：共保体能带来共赢吗?》，载《中国环境报》2014 年 10 月 16 日，第 9 版。

② 参见《绿色保险事业：人保财险在探索创新中奋然前行》，载搜狐网 2018 年 3 月 16 日，https：//www. sohu. com/a/225683386_468911。

风险管理体系，帮助企业建立完善隐患排查治理体系，督促环境高风险企业隐患整改，实现“隐患排查整改落实闭环管理”。无锡市环保部门要求辖区内环保部门及时组织环境监察部门和信访应急部门对《环责险企业环境风险评估报告》进行分析和研究，及时发文告知相关企业，明确整改要求与整改期限。而且，要求环境责任保险的共保体每年从保费中提取一定比例，用于开展企业应急演练、风险隐患排查。至2021年，共保体累计开展1.01万次企业环境风险现场勘查评估，出具评估报告1万余份，提出14大类、118小类、8万余个问题，帮助企业排查并整改较大环境污染安全隐患超过5万个，给出环境安全建议10万余条，为企业环保人员进行风险防范培训6500多人次。①

三是成立保险中介机构。2011年以来，无锡市已四次通过公开招标方式，确定环境责任保险的共保人和首席承保人、基本条款、行业基准费率和保险经纪公司，基本形成了由人保财险、太保财险、平安财险、永安财险、中华联合财险、天安财险、阳光财险、国寿财险、紫金财险九家保险公司参与，人保财险为首席承保人的环境责任保险共保体。保险人委托第三方机构为投保企业免费提供环境风险管理与指导服务，如果企业在投保期间发生污染事故，保险人委托专业团队进行定损评估后按限额赔付，未发生环境污染事故的企业保费最高可享七折优惠。

四是充分利用现代信息技术实现环境数据资源共享。无锡市以环境责任保险数据库为支撑，并依托互联网微信平台，开发建立“无锡环责险环境安全信息云平台”，构建了政府部门、保险人、投保企业三位一体的环境风险预警与防范系统，实现了多方共赢。云平台直接连通无锡市环保部门环境应急系统，借助云平台的“微现场”功能，发挥大数据优势，环保部门按照管理权限可对管理辖区内的参保企业的风险评估情况进行数据统计和趋势分析，锁定高风险区域和企业，有针对性地发出隐患整改提醒，大幅提升环境风险管控效率。保险人可以在线完成企业现场评估预约，在线接收企业的投保和理赔申请，在线速算环境风险等级，在线查看企业隐患整改情况，大幅提高

① 参见朱尊、钱天峰：《“青山绿水”守之有方，环责险“无锡模式”实现多方共赢》，载无锡市弘复环境科技有限公司网2022年4月14日，http：//www.chinaepli.com/front/articles/2586.htm。

评估报告的编制效率和投保理赔效率。云平台“微应急”专栏还储备了600多种环境风险物质数据，以及风险物质相关属性和泄露时的应急处理措施。参保企业可以通过云平台学习各类环境污染源处理方式，通过事先学习、开展演练的方式，提高自身环境风险防范和应急处置能力。发生环境污染事故时，通过云平台可精准查找事故企业和锁定问题点，减轻事故排查难度，同时可即时查找周边企业相应应急物资存储情况，既提升了应急处置能力，也便于企业将污染程度和损失程度降到最低。①

五是建立不参保企业的联合惩戒机制。2014年11月，原无锡市环境保护局、原中国银监会无锡监督分会《关于建立环保信息共享机制推进绿色信贷工作的通知》，将环境责任保险中的环境风险评估与环境信用等级评定、绿色信贷等挂钩。实践中，环保部门、政府金融办、人民银行、证券监管、银行监管等部门进行联合，对不参保的环境高风险企业，环保部门对其将采取以下措施：（1）新建、扩建设项目实行环保限批，对其环境信息公开等级作降级评定；（2）否决其参加评先活动资格；（3）不为其向银行监管部门或者证券监管部门出具环保守法证明。环保部门将未投保情况通报给人民银行，人民银行据此限制未参保企业获得信贷上的支持、上市或者再融资资格。市政府金融办、银行监管部门、人民银行制定并实施“绿色信贷”政策，引导商业银行根据投保情况对企业实施差别化信贷政策，优先放贷给投保企业。② 在政府部门的积极推进下，无锡市在环境责任保险试点过程中形成了保险人、企业、经纪公司、评估公司和政府部门多方协调合作的工作框架，重点突出环境风险与损害评估机制、政策层面的投保奖惩制度以及绿色信贷制度的建设，形成了以风险评估服务、防范环境风险、鼓励投保续保为核心的绿色保险配套模式。

（3）试点经验之三：湖州模式③

2018年1月，浙江省湖州市人民政府公布《关于环境污染责任保险工作

① 参见朱尊、钱天峰：《“青山绿水”守之有方，环责险“无锡模式”实现多方共赢》，载无锡市弘复环境科技有限公司网2022年4月14日，http://www.chinaepli.com/front/articles/2586.htm。

② 参见祖兆林：《责任保险：将推动江苏创新社会管理》，载沃保网2013年10月22日，https://news.vobao.com/article/767973095132.shtml。

③ 参见朱艳霞、梅琳：《环责险“湖州模式”：防重于赔》，载中国银行保险报网，http://xw.cbimc.cn/2018-06/05/content_263021.htm。

的实施意见》，建立健全环保部门、保险人、投保企业有机统一的环境污染责任保险协调运作机制，由保险人委托第三方专业机构对投保企业进行环境体检，建立完善的环境风险评估、污染责任认定、损害鉴定、承保理赔等各项工作制度，全面建成“保险 + 服务 + 监管 + 防范”为一体的绿色金融环境风险防范体系，逐步形成了具有特色的湖州模式。

一是通过专业环境体检，从源头上做好环境污染风险管理。投保前，保险人加强与第三方服务机构的合作，组织专业力量对投保企业进行环境体检，确保在企业生产、仓储、运输等全流程实现环境评估、检测、监督等工作。投保后，定期组织环境体检，从源头上做好环境风险的管理工作，真正发挥保险机制参与环境安全过程管理的第三方监督作用。一方面，环保部门根据环境体检报告结果，对环境风险企业实行风险隐患整改，促使企业有效降低环境风险，提高企业环境风险管理水平；另一方面，保险人按照企业环境风险的高低情况确定保险的投保方案，风险等级高的企业保费相应较高。

二是开展对涉污企业的“保险 + 服务 + 监管 + 信贷”联合奖惩。环境责任保险的发展离不开政府部门的强力推动，湖州市的“保险 + 服务 + 监管 + 信贷”的模式也是环保部门、金融办、保险监管部门、银行业、保险业等多方联动协作的结果。2018 年 4 月，湖州市国家绿色金融改革创新试验区建设领导小组下发了《关于深化绿色保险创新加快推进环境污染责任险的通知》，要求各部门和金融机构对重点企业是否投保环境责任保险、是否落实整改要求等情况开展联合奖惩。市级环保部门负责实施差别化的监管措施，在检查频率、政策扶持等方面给予奖惩。银行机构负责采取差别化的金融服务措施，在贷款利率、融资额度、增信措施等方面给予奖惩。保险人负责采取差别化的保险服务措施，在保费费率、保障金额、环境风险体检等方面给予奖惩。环保部门根据环境体检认定风险等级，以此对投保企业进行补助，其中低风险、一般风险、中等风险、较高风险和高风险企业分别按照其当年缴纳保费的 50%、45%、40%、35% 和 30% 进行补助。对于企业没有按照环保部门的监管要求采取有效措施降低风险隐患的，在下一年度续保时减少保费的优惠，对于存在环境事故等情形的控制环境风险不力的企业，提高风险企业风险等级。对于企业认真按照环保部门的要求排除风险隐患的，在下一年度续保时给予一定的保费优惠，鼓励企业积极配合环保部门降低环境风险。此外，环保部门会同财政部门，在安排环保专项资金时，对投保企业在同等条件下优先安排，对未投保企业不予安排，对应投保而未投保企业不得安排环保专项资金。该通知要求银行机构将环境高风险领域内的企业是否投保环境责任保险以及落实环境风险监管整改要求作为贷前调查、授信准入、贷后管理、资金定价等方面的评估内容，金融办正在设计相关细则。

三是首推市级环境责任保险风险评估技术规范。2019 年 5 月，湖州市市场监督管理局公布《环境污染责任保险风险评估技术规范》，为企业环境责任保险风险的等级划分提供技术支持，是国内首个“绿色保险”市级地方标准。具体来看，这部技术规范针对铅蓄电池、电镀、化工、纺织染整、制革、造纸 6 大类行业的危险废物收集、贮存、利用、处置的环境责任保险风险评估，设有“5 + 5” 10 大类风险指标，包括 80 项静态风险指标和 90 项动态风险指标，全方位考量企业的环境风险状况。经过 7 个评估流程后，最终将企业划分低风险、一般风险、中等风险、较高风险、高风险 5 个等级。

四是建立健全企业环境信息共享平台。建立企业污染排放、环境违法违规记录的信息共享平台，环保部门、企业等可以通过信息系统方便快捷地查询环境风险信息，尽早采取措施预防减少相关环境风险隐患。这个平台便于保险机构收集相关数据，并通过环境风险数据的采集逐步建立环境风险的预警机制，提供环境风险信息，降低环境污染风险。

（4）试点经验之四：深圳模式

广东省深圳市 2009 年就启动了环境责任保险试点。截至 2017 年年底，深圳市的投保企业数量和保费总额均名列广东省首位。为充分发挥环境责任保险在环境风险防控和有效补偿受害人等方面的制度功能，深圳市自 2018 年 7 月开始在环境高风险领域推进强制环境责任保险试点。在此过程中，深圳市不断强化并细化环境责任保险配套措施建设，重点突出企业投保信息的披露以及对拒不投保企业的全方位政策限制，同时加强对投保企业的多项政策优惠，从而促进涉污企业对环境责任保险的外生需求。

一是建立环境责任保险信息披露和环保信用评级制度。深圳市人居环境委员会定期分批次对未投保企业予以公开通报，并通过深圳人居环境网、深圳信用网等向社会公开，将投保情况纳入信用信息平台。进行环保信用等级评价时，对投保企业予以加分，提升其环保信用等级；对未参保企业不授予环保诚信企业荣誉，对已被确定为环保红牌企业的，限制其环保信用等级提升。2020 年 11 月公布的《深圳经济特区绿色金融条例》，要求部分金融机构自 2022 年 1 月 1 日起，按照类别披露环境信息。同时，该条例明确了环境信息披露的内容、时间和方式；规定环境信息披露责任主体未按照规定披露环境信息的，由市地方金融监管部门责令限期改正；拒不改正，或者虚构、捏造数据或者信息的，处 2 万元以上 10 万元以下罚款。

二是将环境强制责任保险与环保核查、罚款等挂钩。2012 年 5 月，深圳市人居环境委员会、原中国保监会深圳监管局联合下发《深圳市环境污染责任保险工作实施方案》。该方案强调，要将企业参加环境污染责任保险情况与企业信用管理、建设项目环保审批、环保处罚、环保核查、绿色信贷和升级转型等环境管理措施挂钩。2018 年 9 月，深圳市人居环境委员会公布《关于加快环境污染强制责任保险试点投保工作进度的通知》，与其他若干部门联合制定《深圳市关于对环境保护领域失信生产经营单位及其有关人员开展联合惩戒合作备忘录》，将投保情况与排污许可证环境管理相结合。对未按照排污许可证管理要求投保环境污染强制责任保险的，依法予以立案处罚；对环境失信生产经营单位及其有关人员实行联合惩戒。对环保守信和失信企业依法依规在商业贷款、实施专项补贴和评定奖励措施方面予以正负激励。2020 年公布的《深圳经济特区绿色金融条例》，规定从事重金属、危险废物、有毒有害物质等环境高风险行业的企业，应当投保环境强制责任保险，未投保或者未续保环境强制责任保险的，由市环保部门责令限期投保或者续保；拒不投保或者续保的，处保费三倍罚款。在这里，笔者将深圳市对环保失信生产经营单位及其有关人员的惩戒措施整理出来（详见表 5－5）。

表 5-5　深圳市对环保失信生产经营单位及其有关人员的联合惩戒措施

联合惩戒措施	法律、法规及政策依据	联合惩戒部门
限制取得政府供应土地	(1) 国务院《关于促进市场公平竞争维护市场正常秩序的若干意见》(国发〔2014〕20号) 第15条 (2) 国务院办公厅《关于运用大数据加强对市场主体服务和监管的若干意见》(国办发〔2015〕51号) 第13条 (3)《企业信息公示暂行条例》(中华人民共和国国务院令第654号) 第18条	市规划和自然资源局
限制取得工业产品生产许可证	(1)《工业产品生产许可证管理条例》(中华人民共和国国务院令第440号) 第9条第7项 (2) 国务院《关于促进市场公平竞争维护市场正常秩序的若干意见》(国发〔2014〕20号) 第15条	市工业和信息化局
禁止作为供应商参加政府采购活动	(1)《政府采购法》第22条第5项 (2)《政府采购法实施条例》(中华人民共和国国务院令第658号) 第19条 (3) 国务院《关于印发社会信用体系建设规划纲要(2014—2020年) 的通知》(国发〔2014〕21号) 第二部分第2条 (4)《企业信息公示暂行条例》(中华人民共和国国务院令第654号) 第18条	市财政局
限制参与财政投资公共工程建设项目投标活动	(1)《工程建设项目施工招标投标办法》(国家发展和改革委员会、中华人民共和国工业和信息化部、中华人民共和国财政部、中华人民共和国住房和城乡建设部、中华人民共和国交通运输部、中华人民共和国铁道部[1]、中华人民共和国水利部、国家广播电影电视总局[2]、中国民用航空局令第23号) 第20条 (2) 国务院《关于印发社会信用体系建设规划纲要(2014—2020年) 的通知》(国发〔2014〕21号) 第二部分第2条 (3) 国务院办公厅《关于运用大数据加强对市场主体服务和监管的若干意见》(国办发〔2015〕51号) 第四部分第13条 (4)《企业信息公示暂行条例》(中华人民共和国国务院令第654号) 第18条	市工业和信息化局、市住房和建设局、市交通运输局、市水务局

续表

联合惩戒措施	法律、法规及政策依据	联合惩戒部门
限制参与基础设施和公用事业特许经营	(1)《基础设施和公用事业特许经营管理办法》(国家发展和改革委员会、中华人民共和国财政部、中华人民共和国住房和城乡建设部、中华人民共和国交通运输部、中华人民共和国水利部、中国人民银行令第25号)第17条、第53条 (2)国务院《关于建立完善守信联合激励和失信联合惩戒制度加快推进社会诚信建设的指导意见》(国发〔2016〕33号)第10条	市财政局、市住房和建设局、市交通运输局、市水务局、中国人民银行深圳中心支行
限制发行企业债券的行为或者限制股票发行上市融资	(1)《企业债券管理条例》(中华人民共和国国务院令第588号)第12条第5项 (2)国务院《关于建立完善守信联合激励和失信联合惩戒制度加快推进社会诚信建设的指导意见》(国发〔2016〕33号)第10条	市发展和改革委员会
限制注册非金融企业债务融资工具	《银行间债券市场非金融企业债务融资工具管理办法》(中国人民银行令[2008]第1号)第13条、第17条、第18条	中国人民银行深圳中心支行
限制成为海关认证企业	(1)海关总署《关于公布〈海关认证企业标准〉的公告》(海关总署公告2014年第82号)中的《海关认证企业标准(一般认证)》第8项、《海关认证企业标准(高级认证)》第8项 (2)国务院《关于促进市场公平竞争维护市场正常秩序的若干意见》(国发〔2014〕20号)第13条	深圳海关
限制享受税收优惠	(1)财政部、国家税务总局《关于印发〈资源综合利用产品和劳务增值税优惠目录〉的通知》(财税〔2015〕78号)第4条 (2)国务院办公厅《关于运用大数据加强对市场主体服务和监管的若干意见》(国办发〔2015〕51号)第13条	市国税局

续表

联合惩戒措施	法律、法规及政策依据	联合惩戒部门
停止执行投资等领域相关优惠性政策，或者对其关于享受相关优惠性政策的申请不予批准	国务院《关于促进市场公平竞争维护市场正常秩序的若干意见》（国发〔2014〕20号）第7条	涉及有关优惠性政策的行业主管部门
限制获得荣誉称号	（1）国务院《关于促进市场公平竞争维护市场正常秩序的若干意见》（国发〔2014〕20号）第15条 （2）《企业信息公示暂行条例》（中华人民共和国国务院令第654号）第18条	市民政局、市总工会、市团委、市妇联、市工商联等单位
作为金融机构融资授信参考	（1）原国家环境保护总局、中国人民银行、原中国银监会《关于落实环保政策法规防范信贷风险的意见》（环发〔2007〕108号）第3条第4款 （2）原中国银监会《关于印发绿色信贷指引的通知》（银监发〔2012〕4号）第17条	中国人民银行深圳中心支行
强化上市公司或非上市公众公司收购事中与事后监管，对有严重失信行为的当事人予以重点关注	（1）《上市公司收购管理办法》（中国证券监督管理委员会令第166号）第4条、第6条第2款 （2）《非上市公众公司收购管理办法》（中国证券监督管理委员会令第166号）第6条第2款	中国证监会深圳监管局

资料来源：《深圳市关于对环境保护领域失信生产经营单位及其有关人员开展联合惩戒合作备忘录》。

［1］该国务院组成部门现已撤销。

［2］该国务院直属机构现称为国家广播电视总局。

三是以各项补贴支持环境责任保险创新产品发展。2018年9月，深圳市福田区试点公布绿色保险创新产品——绿色卫士装修污染责任险，并提供补贴支持。该细分险种聚焦于绿色建筑，实行全流程风险管控，提供施工时污染物评估、完工后污染物检测、出险后污染物治理等服务。主要保障业主房屋装修后室内空气质量安全、符合居住标准，避免因为新装修后产生的污染物对业主（尤其是儿童）的身体健康产生危害，并可对建筑物内因空气污染引起的人身伤亡和财产损失进行赔付。同时，福田区出台专项保险支持政策，对此类责任险项目，给予最高100万元的补贴支持。2018年，深圳市人民政府公布《关于构建绿色金融体系的实施意见》，提出创新绿色保险产品和服务。稳步推进涉及危险化学品、危险废物、铅蓄电池和再生铅等环境高风险行业的环境污染强制责任保险。鼓励保险机构持续推进环境污染责任保险、大型环保及资源综合利用装备保险、绿色产业产品质量责任险、船舶污染损害责任保险及其他类型的创新型责任险等绿色保险。2020年出台的《深圳经济特区绿色金融条例》，要求保险业金融机构创新绿色保险产品和服务，开展环境污染强制责任保险、绿色建筑质量保险、绿色产业产品质量责任保险，以及其他绿色保险业务。建立巨灾保险制度，优化巨灾保险共保体，完善以保障自然灾害风险和重大事故风险的巨灾保障体系。该条例第46条规定，深圳市人民政府应当建立健全与绿色金融发展相适应的人才培养、引进、使用、评价、激励、流动机制，将绿色金融人才作为重点引进和培育的高层次金融人才予以扶持。第48条规定，市、区人民政府可以对绿色金融活动予以补贴、贴息或者奖励。

四是对投保企业实施绿色保险保费补贴。在实施环境责任保险制度前期，深圳市对购买环境污染责任保险的企业给予一定比例的保费补贴，相关经费从市环境保护专项资金中列支。截至2017年，深圳市每年安排2000万元，对已投保绿色保险的企业和项目，按照实际保费的50%、单个企业最高不超过50万元的标准进行补助。① 根据深圳市生态环境局《关于组织实施2021年度深圳市生态环境专项资金项目申报的通知》，为助力环境强制责任保险市场化运行，市生态环境局采取事后补贴资助方式，支持参加环境责任保险的企事业单位和其他生产经营者（保险标的在深圳市内，且申报补贴时处于在保状态）申报生态环境专项资金，补贴额度可达上年度实缴保费的20%。②

① 参见《深圳三大创新举措助力绿色保险发展》，载中国金融信息网，http://greenfinance.xinhua08.com/a/20170722/1717013.shtml。

② 参见《深圳市生态环境局关于组织实施2021年度深圳市生态环境专项资金项目申报的通知》，载深圳市生态环境局网2020年12月23日，http://meeb.sz.gov.cn/xxgk/zjxx/hbzxzj/content/post_8366131.html。

（5）试点经验之五：贵州模式

2013 年 10 月，贵州省环境污染强制责任保险试点正式启动，首批试点涉及化工、电力、造纸、沿江沿河沿湖高污染风险等 12 类企业。近年来，贵州省探索建立了“保险服务管家 + 五个统一”的环境责任保险新模式，实现了环境污染强制责任保险试点全覆盖。截至 2021 年 9 月，全省共 119 家企业投保环境污染强制责任保险，保险机构实现保费收入 159.62 万元，为企业提供 6820 万元风险保障。① 试点过程中，贵州省重视环境责任保险配套机制建设，重点突出企业环境风险定量评估原则的制定以及保险机构引入第三方机构进行环境风险评估，在此基础上发展保险经纪人制度以及开发环境污染责任保险服务平台。另外，对拒不投保企业实施相应的政策限制，同时加强对投保企业的政策激励。

一是制定《贵州省环境污染责任保险风险评估指南（试行）》。根据该指南，保险人可以基于潜在投保企业的风险等级、风险值以及环境风险评估指标，直接评估其环境风险并据此确定保费。该指南还明确规定，在企业签订或续签保险合同前，保险人应当独立进行投保企业环境风险评估，当地环保部门应当给予积极支持。环境污染责任保险合同签订后，在保险合同有效期内，积极开展对投保企业的回访；对规模较大的高风险投保企业，聘请专业机构对企业开展风险排查、风险防范和风险管理工作。同时，积极帮助和配合投保企业搞好环境风险排查，提出降低环境风险的意见建议，并将服务情况书面通报当地环保部门。另外，规定在续保环境污染责任险时，保险人对保险期内未发生环境污染事故的投保企业予以保费优惠。②

根据该指南，笔者将贵州省各个环境风险等级所对应的责任限额与费率总结出来（详见表 5 – 6）。

---

① 参见贵州省生态环境厅《关于拓展贵州省环境污染强制责任保险试点范围的通知（征求意见稿）》。

② 《贵州出台环境污染责任保险指南》，载中国政府网，http：//info.gzgov.gov.cn/system/2015/04/30/014276498.shtml。

表5-6 贵州省环境风险等级对应责任限额与费率

风险等级	责任限额/万元	费率/%
一级风险	1000	3.9
二级风险	500	3.3
三级风险	300	2.7
四级风险	100	2.4
五级风险	20	2.0

在《贵州省环境污染责任保险风险评估指南（试行）》中，有一张贵州省环境风险分级表（详见表5-7）。

表5-7 贵州省环境风险分级

风险值（R）	风险等级（GR）
17.5≤R	一级风险
12≤R<17.5	二级风险
9.5≤R<12	三级风险
4.5≤R<9.5	四级风险
R<4.5	五级风险

在《贵州省环境污染责任保险风险评估指南（试行）》中，有一张贵州省环境污染责任保险指标评分表（详见表5-8）。

表5-8 贵州省环境污染责任保险风险评估指标评分标准

序号	评分指标	指标内容	评分依据	分值	数据来源
1	环境风险源现状	危险物质存量	危险物质存量与临界量最大比值大于1	7.0	企业提供危险物质存量数据
			危险物质存量与临界量最大比值为0.8（含）~1（含）	4.0	
			危险物质存量与临界量最大比值小于0.8	1.0	

续表

序号	评分指标	指标内容	评分依据	分值	数据来源
2	环境风险源现状	超标排放污染物累积	近1年内超标排放有毒有害、危险污染物，且等标污染负荷超过1.2	4.0	企业提供，并附上生态环境部门开具的超标排放缴/罚款单
			近1年内超标排放有毒有害、危险污染物，等标污染负荷为1~1.2（含）	3.0	
			近1年内超标排放一般污染物，且等标污染负荷超过1.5	1.5	
			近1年内超标排放一般污染物，且等标污染负荷为1~1.5（含）	1.0	
			近1年内未出现任何形式的超标排放	0	
3		企业生产工艺	企业生产工艺属“淘汰类”	3.0	企业提供生产工艺
			企业生产工艺属“限制类”	1.5	
			企业生产工艺属“允许类”	0.5	
			企业生产工艺属“鼓励类”	0	
4		企业环境风险源的聚集程度	企业环境风险物质总体环境风险等级极高	4.0	企业提供危险物质存量数据
			企业环境风险物质总体环境风险等级较高	3.0	
			企业环境风险物质总体环境风险等级较低	1.5	
			企业环境风险物质总体环境风险等级极低	0.5	
5		区域自然灾害风险	区域自然灾害风险等级极高	3.5	中国地震台网、地方统计年鉴等公开渠道
			区域自然灾害风险等级较高	3.0	
			区域自然灾害风险等级较低	1.5	
			区域自然灾害风险等级极低	0.5	

续表

序号	评分指标	指标内容	评分依据	分值	数据来源
6	环境风险源控制	安全生产管理水平	安全生产管理不合格	8.0	企业提供相关记录、证书等
			安全生产管理为初级水平	6.5	
			安全生产管理为中级水平	3.0	
			安全生产管理为高级水平	1.0	
7		环境管理水平	环境管理不合格	7.0	企业提供相关记录、证书等
			环境管理为初级水平	5.0	
			环境管理为中级水平	2.5	
			环境管理为高级水平	0.5	
8	污染物应急处理	企业环境应急投入	突发环境事件风险防控和应急管理措施基本缺乏	10.0	企业提供相关记录、证书、图件等
			突发环境事件风险防控和应急管理措施执行较差	7.5	
			突发环境事件风险防控和应急管理措施执行较好	4.0	
			突发环境事件风险防控和应急管理措施健全完善，执行良好	1.0	
9	污染物在环境中的排放与扩散	特征污染物排放量	特征污染物污染当量数大于 6×10^5	5.0	企业提供上一年度污染源统计年度报表或排污许可证
			特征污染物污染当量数为 $4 \times 10^5 \sim 6 \times 10^5$（含）	3.5	
			特征污染物污染当量数不大于 4×10^5	1.5	
10		环境介质中的扩散	特征污染物对应的环境介质扩散条件差、稀释能力弱	3.0	企业提供环评报告书/表
			特征污染物对应的环境介质扩散条件较差、稀释能力较弱	2.5	
			特征污染物对应的环境介质扩散条件较好、稀释能力较强	2.0	
			特征污染物对应的环境介质扩散条件好、稀释能力强	1.0	

续表

序号	评分指标	指标内容	评分依据	分值	数据来源
11	污染物的累积性	污染物影响的长期性	特征污染物具有致癌、致畸、致突变效应	8.0	企业提供污染物种类
			特征污染物不具有致癌、致畸、致突变效应，但具有毒性效应	5.5	
			特征污染物不具有致癌、致畸、致突变效应或毒性效应	1.5	
12	企业周边人群分布	企业周边人口密度及其活动类型	企业周边人口密度高，受企业环境风险影响大	10.0	企业提供环评报告书/表或环境风险评估报告
			企业周边人口密度适中，受企业环境风险影响一般	8.5	
			企业周边人口密度低，受企业环境风险影响小	2.5	
13	污染物毒性效应	人体损伤效应	特征污染物的人体损伤效应强	10.0	企业提供环评报告书/表中风险评价内容
			特征污染物的人体损伤效应较强	7.5	
			特征污染物的人体损伤效应较弱	5.0	
			特征污染物的人体损伤效应弱	2.0	
14		生态环境损害	企业位于禁止开发区域内	10	企业提供企业详细位置
			企业位于限制开发区域内（重点生态功能区与农产品主产区）	3	
			企业位于重点开发区域内	1	
			企业位于优化开发区内	0.5	

资料来源：贵州省生态环境厅《关于印发〈贵州省环境污染责任保险风险评估指南（试行）〉的通知》。

二是建立环境责任保险服务平台。贵州省试点期间采用“环境污染责任保险服务平台”开展投保企业登记注册、风险评估材料审核工作。该平台可以汇总投保理赔大数据，实现在线投保和承保出单。拟投保企业在统一投保平台注册账号，上传企业基本信息与风险评估资料，共保体核保后签订电子化保单，所有投保流程均在信息化平台完成。信息化平台向共保体与环保部门开放，可随时调取投保企业信息。共保体内的保险人、环保部门、保险监管部门均可以进行相关数据查询，探索实现环境污染责任保险的数据积累与共享机制。根据治理理论，信息公开共享是建立治理体系的前提条件，建立数据平台可有效促进环境污染责任保险信息共享和公开，投保和理赔数据可为费率精算和政策完善提供有效支撑，风险数据共享可为企业和行政区域风险分级管控提供数据基础。

三是实行环境责任保险经纪人制度。2018 年 6 月，为贯彻落实《国家生态文明试验区（贵州）实施方案》及《贵州省贵安新区建设绿色金融改革创新试验区总体方案》，根据《贵州省关于开展环境污染强制责任保险试点工作方案》，以及原贵州省环境保护厅公布的《关于公开组织申报环境污染强制责任保险经纪人的公告》，面向社会公开组织申报环境责任保险经纪人，为贵州省的环境强制责任保险试点工作提供保险经纪服务。保险经纪人需要提出明确、具体的保险经纪服务方案，服务内容包括但不限于风险评估、保险方案设计、保险采购、风险管理、出险理赔等；经纪服务应当接受贵州省环保部门及相关地方环保部门监督。

四是对应当投保而未及时投保的企业采取相应约束措施。贵州省将企业是否投保与建设项目环境影响评价文件审批、核发和换发排污许可证和危险废物经营许可证、清洁生产审核，以及危险废物转移联单管理、行业准入审查、上市环保核查、申报环保专项资金、建设项目竣工环境保护验收等制度的环境风险防范要求紧密结合；对应当投保而未及时投保的企业，暂停受理这些企业的环境保护专项资金、重金属污染防治专项资金等相关专项资金的申请，将这些企业未按规定投保的信息及时提供给银行业金融机构，为其客户评级、信贷准入退出和管理提供重要依据；进一步加强对高环境风险、较高环境风险企业的风险管理和环保监管，依法加大对环境污染事故、事件肇事单位的处罚力度。

五是对投保环境责任保险的企业，给予相应的政策激励。主要是环保部门在安排环境保护专项资金或重金属污染防治专项资金时，对投保企业污染防治项目予以倾斜；环保部门会同相关部门在污染治理、风险源整治、应急处置能力建设等工作上对参保企业给予一定的政策倾斜，将风险企业参与环境责任保险情况纳入企业环境行为信息公开评价体系，同时作为企业参与各类创先评优、ISO 14000 认证、上市融资等环保审核的重要内容。

（6）学者建议模式：大连模式①

在对我国2007年至2010年环境责任保险试点情况进行全面分析的基础上，针对2010年7月辽宁省大连市开发区新港镇中石油输油管道发生爆炸案件的处理，徐向峰等学者提出了基于第三方保障服务体系的环境责任保险“大连模式”基本构想，这是理论界就环境责任保险保障体系进行专门研究的典范。“大连模式”的目的在于通过第三方来发挥日常监督和服务保障功能，由“1个基点、2个手段、3个体系和4个支撑”构成，突出环境责任保险技术评估中心的“基点”地位，主要体现在由该中心研发环境风险管理信息系统、聘请相关行业的资深专家，并由其主导来招标承保环境责任保险的保险人，依照保险协议定期对被保险人的环境风险进行检查、预防和控制，及时向被检查企业提出排查意见；保险事故发生后，由中心充当第三方责任认定机构出具损害评估报告；地方政府及其相关部门积极配合环境责任保险技术评估中心的工作（详见图5-1）。

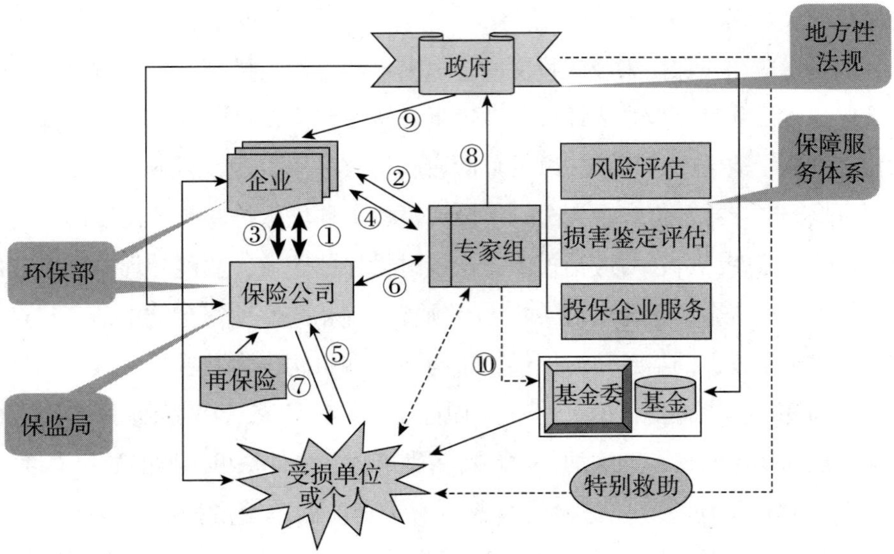

图5-1　基于第三方保障服务体系的环境责任保险“大连模式”基本框架

① 参见徐向峰：《基于第三方保障服务体系的大连市环境污染责任保险问题研究》，载《江西农业学报》2010年第12期；张瑜、徐向峰、毕芳芳：《大连环境污染责任保险的创新模式》，载《环境保护》2010年第21期。

根据徐向峰团队的研究，“大连模式”（图5－1）中的逻辑关系解释如下：①依地方性法规，保险人与拟保企业签订保险协议；②依保险协议，由环境责任险技术评估中心对拟保企业做风险评估；③依风险评估报告，保险人与投保企业签订正式保险合同；④依保险合同，保险人与环境责任险技术评估中心协同做例行督导；⑤受损害单位或个人依法向保险人提出理赔请求；⑥保险人向环境责任险技术评估中心提出损害鉴定评估；⑦保险人依损害鉴定评估报告向受损害单位或个人理赔；⑧环境责任险技术评估中心对欠保费企业向环保部门提出行政干预的提议；⑨环保部门依提议对欠保费企业作出相应行政行为；⑩理赔金额不足以补偿损失时，环境责任险技术评估中心向基金委提出补偿建议，基金委作出是否继续补偿的决定。

徐向峰团队认为，必须通过行政和市场两个手段来保障“大连模式”的实施：运用行政手段，确立环境责任保险的法律地位，督促改正评估中心上报的企业污染情况；运用市场手段，刺激保险人开发保险新产品，依法履行保险合同责任。[①] 在该模式运行过程中，坚持市场公平竞争原则和市场运行基本规律，坚持诚信原则和信息共享，发挥中心的过程管理服务功能和监督功能；完善地方性法规，发挥产业协会体制优势，构建以后台数据库为基础的信息化系统，充分利用大连市作为试点城市享有的国家优惠政策。徐向峰团队认为，其他省市开展环境责任保险工作可以借鉴这一创新模式。

实践中，大连市环保产业协会在大连市环境责任保险的发展中发挥了重要作用。2013 年开始，大连市环保产业协会在相关政府部门指导下，开展了环境强制责任保险和环境污染损害风险评估工作。几年来，先后为 72 家投保企业进行了风险评估；组建共保体承接投保企业 58 家，承担风险金约 1.93 亿元人民币；成立环境污染损害赔偿鉴定评估机构，开展环境污染损害赔偿评估服务。[②]

---

① 参见徐向峰：《基于第三方保障服务体系的大连市环境污染责任保险问题研究》，载《江西农业学报》2010 年第 12 期；张瑜、徐向峰、毕芳芳：《大连环境污染责任保险的创新模式》，载《环境保护》2010 年第 21 期。

② 参见《大连环保产业简讯 2017 年第 21 期、第 22 期》，载搜狐网 2018 年 1 月 5 日，http://www.sohu.com/a/214804956_99953300。

2. 建构与完善微观配套制度的具体路径

以上地方实践模式和学者建议模式，对构建我国环境责任保险配套制度提供了有益的经验和理论借鉴。为配合和支持环境责任保险制度良性发展，破解我国环境责任保险供需“瓶颈”问题，需要在如下几方面进行配套微观制度的建构和完善。

（1）健全环境风险信息公开制度

公开环境风险信息，主要是通过国家或地方政府建立的权威环境信息披露平台，相关政府部门和企业向公众通报其环境行为以及环境质量信息，力求实现保险主体之间的信息对称，积极促成保险双方在风险认知上达成共识并进行理性决策，同时促进公众参与环境保护和监督环境污染。尤其是对环境责任保险人而言，可以通过公开的环境信息了解更多的投保企业风险状况，运用同类风险的大数据分析可以更为科学地核算保费费率和确定保险金。早在2001年，联合国环境署宣布《在环境问题上获得信息、公众参与决策和诉诸法律的公约》（以下简称《奥胡斯公约》）正式生效，它赋予公众获得信息、参与和诉诸法律等方面的权利，规定各缔约方和政府机构公开环境信息的义务。至2002年10月，就有欧共体和39个国家签署了《奥胡斯公约》。在我国，《环境保护法》设置了“信息公开和公众参与”专章，对环境信息公开制度和环境公众参与制度进行了规定。但是，《环境保护法》中规定的信息公开制度过于原则和抽象，对环境公众参与制度的规定也不甚明确，对环境信息公开和环境公众参与两项制度的司法救济程序缺乏明文规定；尽管该法第58条规定了环境公益诉讼，但该规定并未包括环境信息公开与公众参与两项事宜。受长期以来形成的思维定式影响，我国法院一般对无法律、法规明文规定的新情况仅作消极处理。因此，现有法律规定难以化解法律法规的相对稳定性与环境信息发展的即时性之间的矛盾。

针对以上不足，我国可以借鉴国际公约及国外的有益实践经验，在《环境保护法》以及前文所提到的试点地区的试点经验基础上，尽快形成环境信息公开、环境公众参与和司法救济程序“三位一体”的政府和企事业单位环境信息公开制度：对政府和企业环境信息公开的范围，均可以参考《奥胡斯公约》，通过反面列举的方式明确不必公开的环境信息范围,① 依据“法无禁止即许可”的私法原则最大限度地保障可公开环境信息的范围，以回应时代发展所带来的新型信息认定难题。进一步细化企业披露责任、规范披露行为、明确披露要求，有效指导企业依法披露环境信息。对环境公众参与，应当通过制度来明确参与主体、参与事项及参与方式。在司法救济程序中，应当将环境信息公开案件纳入环境民事公益诉讼救济程序；不仅赋予有直接利害关系的环境信息公开申请人以原告资格，而且通过修改《环境保护法》第58条规定适度放宽社会组织、法律规定的机关等环境公益诉讼原告资格，并将公民个人纳入此类司法救济程序的适格原告范围。在行政诉讼程序中，突破原告资格认定恪守的“直接利害关系”原则，吸收《奥胡斯公约》中“充分利益”的限制条件规定，对原告资格进行适度扩张，从而使环境公众参与权的救济程序真正能为社会公众所提起。在企事业单位环境信息公开问题上，应当进一步加强环保部门执法过程中对企业的引导和监督，通过对企业的环境行为进行分析、评价、分级和公众曝光等方式，促进企业改善其环境行为。② 同时，还应大力宣传环境责任观念，增强涉污企业的环境责任风险意识，不断提升企业的环保自律性，促进企业信息公开化，并定期对涉污企业开展环境信息公开检查活动，对虚假公开、违规公开等违法行为，加大行政处罚力度。

在进行相关制度建设的同时，国家还应当不断加强环境数据公开能力的建设。首先，应开发基于大数据、云计算的企业环境信息甄别与校核技术，不断提升保险人的核保能力。通过大数据运用，保险人可以大量收集企业的环境信息，如既往排污史、环境侵权史等，并对数据资源进行分析整合，对企业进行投保前“全身体检”。通过体检，保险人可以清楚地了解企业环境

---

① 《奥胡斯公约》中规定可以不公开的环境信息有：(1) 国家机密、缔约国国内法规定为应当保密的信息；(2) 涉及国际关系、国防或者国家安全的信息；(3) 涉及处于审理过程中可能影响他人公正审判和当局公正调查的信息；(4) 符合法律规定的商业秘密和工业秘密，但是与环境保护相关的上述秘密仍然应当公开；(5) 知识产权；(6) 受国家法律保护、当事人也不愿意公开的个人信息；(7) 涉及第三方利益、法律也无明文规定的相关信息；(8) 与应当公开的环境信息仅有一定关联性的其他信息。

② 参见莫艾青：《浅谈企业环境行为信息公开化》，载《环境科技》2010年第S1期。

风险系数，并以此为基础厘定保费费率，为企业量身打造保险产品，增强保险产品对企业的吸引能力。精准的风险预估能有效避免出现投保费用无法覆盖赔付损失的情况，极大地提升保险人的承保意愿。在对企业的后续评估中，通过对投保企业的数据进行采集和分析，可以随时了解该企业的环境风险指数，当风险指数显著增加时，可以据此对保费费率进行调整。其次，应建立环境责任保险数据信息共享渠道。有学者提出，应当建立国家、省级、地市多层级多主体环境责任保险治理信息化平台。① 构建全国性环境责任保险数据信息化平台，由生态环境部与国家金融监管总局共同牵头，采取比较灵活的方式，对于已有平台的地方试点开放端口，实现地方平台与全国平台的数据对接。对于暂无平台的地方，可自由选择建设地方平台与全国平台对接，或者由全国平台开放权限，地方试点直接使用全国平台。环保部门与银行保险监管部门应当规定数据共享标准，共享内容应当包括投保企业名单、保费、责任限额、理赔案例、企业风险评估报告、隐患排查报告、理赔报告等内容，根据使用主体的具体情况开放不同权限，生态环境部与国家金融监管总局使用最高权限，地方试点相关监管部门开放属地查询全部权限。信息化平台运营方应当每年对环境责任保险信息进行深入分析，推动环境责任保险年报向社会公开，拓宽公众参与渠道，实现行业去中心化。通过大数据的运用，改变以往只能由主管部门享有环境信息的格局，侧重市场供需两端的诉求，更好契合市场发展所需。保险人可以将其在日常工作中获取的行业信息上传至平台，也可随意读取；投保企业可以通过平台随时掌握自身的环境动态，继而调整企业行为。②

（2）建立严格的环境污染风险评估制度

环境污染风险评估制度重在关注人为环境风险，也就是说，就是预测排污行为可能引发的环境损害事故的发生概率以及事件后果的严重性。完善的环境风险评估制度，不仅是国家进行环境监管的科学基础和重要依据，而且

① 参见袁东辉等：《环境污染责任保险地方试点政策创新与实践研究》，载《环境与可持续发展》2021 年第 1 期。

② 参见赵述越：《基于大数据的环境污染强制责任保险制度完善》，载《海南金融》2021 年第 2 期。

也是环境责任保险产品能够得以科学设计并且发挥社会功能的重要基础。从环境保险制度的整体发展而言，立法者可以在环境风险评估制度运行良好的基础上，通过对各行业环境污染风险评估数据的统计分析，科学确定实施强制环境污染责任保险的行业范围，从而决定我国环境责任保险制度的基本模式；从具体的保险活动而言，承保机构可以依据其测算出来的行业环境风险等级进行不同类别的保险产品设计和合理定价，切实发挥环境责任保险分散风险的社会功能。20 世纪 90 年代以来，以美国为代表的工业发达国家、环境保护领域的国际性组织，在建构环境风险评估体系上成绩突出，制定了许多技术性规范文件，基本形成了环境风险评价模式。[①] 目前，我国贵州省已制定《贵州省环境污染责任保险风险评估指南（试行）》，浙江省湖州市制定了《环境污染责任保险风险评估技术规范》，为国内首个“绿色保险”市级地方标准，为当地企业环境责任保险风险的等级划分提供了较好的技术标准样本。在借鉴他国及我国地方试点有益经验的基础上，我国应尽快通过全国性立法将环境风险评估制度化，并制定一套适合我国国情的风险评价程序和方法指南，从而为环境责任保险制度的顺利运作打下良好的基础。具体的技术路径有以下几个步骤。

首先，明确规定环境风险评估的内容。环境责任保险的风险评估与一般的风险评估不同，它是对环境高风险企业（工程项目）各项生产指标的详细分析并结合周边的实际情况及当前当地环境质量要求等因素进行系统的评估，不仅包括企业发生环境损害事故的影响评估，还包括场地内外人、物、生态系统等的损害影响，是保险人降低承保压力及企业规避环境风险的成本依据。[②] 因此，应当结合环境责任保险与风险评估的需求，将因破坏环境造成的第三者人身损害、财产损害、生态环境损害、应急处置与清污费用，以及渐进性损失等赔偿责任在法律上予以明确规定，制定相应的评估方法和程序，明确环境风险评估的实施主体、范围以及相应的实施配套设施，为规范化、

① 参见李校平：《对我国开展环境风险评价的思考》，载《山西经济管理干部学院学报》2003 年第 3 期。

② 参见尹晶等：《环境风险评估在环境污染责任保险费率厘定中的应用》，载《环境保护科学》2019 年第 1 期。

高效化展开环境风险评估提供法律制度支撑。

其次，建立环境风险评估标准体系。环境风险评估标准体系的建立是环境风险评估体系的基础。我国要在法律规范层面制定有针对性的环境风险评估标准，规范企业进行环境风险评估时的系统科学性原则、动态适应性原则以及简明可行性原则，围绕风险源、污染途径、风险受体、生态效应之间的前后因果关系展开分析，结合国家现行的环境管理制度，从内因（生产因素、环保设施、厂址环境敏感性）、外因（环境风险管理、环保手续、环境违法行为）出发，建立适用于不用区域不同行业的评估指标体系，建立企业环境风险级别，并根据环境风险评估的需求，对涉污企业进行分类管理（详见表5－9）。

表5－9　企业环境风险评估指标体系

评估指标	评估项
企业环境违法情况	（1）近5年因为环境违法构成环境犯罪的或存在恶意环境违法行为 （2）近3年内是否受到环保部门处罚
企业的环保手续	（1）依法应填报环境影响登记表的建设项目企业是否已经环保部门备案 （2）依法应编制环境影响报告书、环境影响报告表的建设项目企业是否已通过建设项目竣工环境保护验收 （3）是否已按相关法规要求制定或修订《企业事业单位突发环境事件应急预案》并经环保部门备案 （4）强制性清洁生产审核企业是否通过其清洁生产审核评估验收 （5）非强制性清洁生产审核企业是否自愿组织实施清洁生产审核工作并通过评估验收 （6）是否自愿申请环境管理体系认证并通过认证 （7）是否取得排污许可证
《企事业单位突发环境事件应急预案案表》风险级别	一般环境风险、较大环境风险、重大环境风险

续表

评估指标	评估项
企业环境风险管理情况	（1）企业应急培训开展情况（应有应急培训内容、方式、考核、时间、记录表） （2）企业开展应急演习和训练情况（应有演练内容、时间、范围、记录表） （3）企业生产设施、风险防控设施、风险源巡检记录
企业风险防范设施完善情况	（1）已经环保部门备案的《企业突发环境事件应急预案》中要求的完善的风险防范设施完成情况 （2）污染防治设施、风险防范设施运行情况
企业发生突发环境历史事件及影响程度	（1）企业近3年内是否发生过突发环境事件 （2）近3年内发生过的突发环境事件对环境是否造成较大影响 （3）近3年内发生突发环境事件时是否采取了应急措施，使其对环境造成的影响较小或未造成影响
企业安全生产管理情况	（1）最近一次消防验收检查是否合格 （2）安全生产许可 （3）危险化学品安全评价 （4）危险化学品重大危险源备案
企业厂址环境风险敏感性	（1）企业选址位于已规划的工业区或开发区，且区域设有高浓度有机废水集中收集处理单位、重金属集中收集处理单位、危险废物集中收集处理单位 （2）企业选址位于已规划的工业区或开发区，且区域设有一定的突发环境事件风险防范措施，或配套有相应的应急预案 （3）企业厂址周边一定范围内环境敏感程度

最后，提高环境风险评估管理机构服务能力。环境事故的复杂性对环境风险评估设备、评估人员以及评估机构提出了更高的技术要求。环境风险评估机构要对不同风险级别的企业进行分类管理。对于高风险企业，可以开发有针对性的环境风险管理服务，客观、全面地诊断高风险企业的风险水平，进行24小时监控，从而提高企业的环境风险防范措施及应急管理水平；对于低风险企业，定期对企业进行环境风险评估，及时把控企业的环境风险状况。环境风险管理机构在企业、保险人和政府监管部门之间建立风险信息查询、信息共享等机制，向社会公众建立企业投保、续保情况、保险人受保情况信

息查询机制，为社会公众保障知情权及环境污染事故发生后索赔提供便利的渠道。

（3）建立健全环境损害鉴定评估制度

构建环境损害鉴定评估制度，对环境责任保险的发展具有重要意义：一方面，通过对环境污染损害的定量化评估，确定合理的环境侵权损害赔偿与行政处罚金额，真实反映涉污企业生产经营过程中的环境成本，增强涉污企业的环境风险意识，激发涉污企业寻求环境责任保险等社会化的方式分散风险；另一方面，保险人能够根据确定的污染损害赔偿标准，在保险合同中对保险赔付范围作出明确约定，在理赔阶段能够合理核算并赔付污染实际造成的经济损失。

目前，我国环境损害鉴定评估技术标准体系已初步建立，为规范环境损害鉴定评估工作、推进完善环境损害赔偿制度等方面提供了有力的技术支撑。面对我国环境损害评估制度上存在的诸多不足，我们应做好以下几点：首先，应当尽快针对大气、噪声、振动及生物系统等各种环境要素，提出相应的评估方法，并进一步规范环境损害鉴定评估技术，加强环境监测能力，不断补充和完善相关标准，健全环境损害鉴定评估技术体系。[①] 其次，建立生态环境部、农业农村部、自然资源部及司法部等部门之间的联动协调和信息共享机制，在损害调查、恢复效果评估等过程中，加强农业农村部门及自然资源部门等相关单位与生态环境部门的协同；在因果关系分析、损害实物及价值量化等方面，加强司法部门与生态环境部门、环境损害鉴定评估机构的协同。再次，为从技术上有效支持环境责任保险制度的良性发展，我国应当尽快建立规范统一的环境损害评估制度，明确鉴定评估机构的准入条件、鉴定评估机构的权利、义务和责任，确定损害评估管理职能部门及其职责，规定损害鉴定评估基本程序，完善生态环境损害评估机构监督机制。最后，为保证环境损害鉴定评估及司法鉴定工作的客观、公正、科学和规范，应加强对从事生态环境损害调查的环境监测人才的培养力度，对环境损害鉴定评估环境监

① 参见刘岩、贾岳清、刘荻：《中国生态环境损害鉴定评估现状及建议》，载《世界环境》2021 年第 6 期。

测人员提出培训和上岗的统一要求，提高监测能力。

（4）建立健全环境责任保险的风险分散制度

一是建立健全环境责任保险政府财税激励制度。基于环境责任保险的外部经济性特点、试点实践中遭遇的发展困境以及地方试点激励措施的有益经验，我国应在借鉴域外有益经验的基础上，对环境责任保险发展初期的保险承保机构实行财税优惠制度，以鼓励商业保险人承保具有公益性的责任保险。首先，环境责任保险经营的高风险性、高成本性影响了保险公司的承保积极性，对经营环境责任保险的保险公司提供经营管理费用补贴，可以降低环境责任保险的供给成本，增加环境责任保险的有效供给。提供经营管理费用补贴在环境责任保险补贴实践中是一个新课题，在实践中可以考虑由地方政府制定保险经营管理补贴制度和具体方案，由财政提供经营管理费用补贴，对管理补贴进行监督。其次，对经营环境责任保险业务的保险公司给予税收优惠，实行减免税政策，并制定相应的管理办法，使保险公司通过优惠政策得到的收益部分充实其偿付能力，增强环境责任保险经营的积极性。在国家层面，建议参照《农业保险条例》第 9 条①的规定，在《管理办法（草案）》等现有环境责任保险相关法律文件中增加环境责任保险税收优惠条款；在地方政府层面，各地根据本区域的环境责任保险情况制定各自具体的优惠方案。

二是建立健全环境责任保险再保险制度。环境责任再保险的实践现状，主要取决于环境责任保险的发展状态，两者呈现相互影响的状态。只有当环境责任保险发展到一定规模，才会出现较大的环境责任再保险需求；也只有环境责任再保险制度的建立，才能反过来促进环境责任保险的发展。环境责任再保险是我国环境责任保险制度广泛实施与长远发展的必备条件，所以在我国建立环境责任保险制度之初，就应当对环境责任再保险予以充分考虑。在立法模式上，可在环境责任保险的现有规定中添加再保险的规则设计。目前，可以在规范强制性环境责任保险的《管理办法（草案）》中增加保险人风险分散章节，就环境责任再保险制度进行专门规定。在投保方式上，建议

---

① 根据《农业保险条例》第 9 条的规定，保险机构经营农业保险业务依法享受税收优惠。国家支持保险机构建立适应农业保险业务发展需要的基层服务体系。国家鼓励金融机构对投保农业保险的农民和农业生产经营组织加大信贷支持力度。

制定相应的法规，赋予强制性环境责任保险合同的保险人投保环境责任再保险的法定权利，而对自愿性环境责任保险的保险人则赋予其投保环境责任再保险的选择权。换句话说，对环境保险风险巨大的项目必须进行再保险，而对环境保险风险不是很大的项目，则靠市场的需求去进行调节。这主要是考虑到环境强制责任保险的投保企业多属于环境风险较高的行业并且将承保范围扩大至生态损失的赔偿，原保险人承担的责任风险较大；而且，强制性环境责任保险制度的实施限制了原保险人风险选择的自由，原保险人无法按照自己的意愿选择不承保或选择低风险的企业进行承保，因而赋予其再保险的权利是对其进行风险补偿的一种有效方式。而对于自愿性环境责任保险，保险人的环境责任风险取决于投保人的投保需求以及保险双方的谈判能力，是否进行环境再保险可以由原保险人根据其承担的风险自行决定。在承保主体上，综合可行性、专业性等因素，可采取分层的承担机制，先由保险行业自发形成环境责任再保险联合体，由该联合体负责向其成员提供再保险产品。在此过程中，可以由再保险经纪人对相关再保险业务进行辅导。随着环境责任保险制度不断发展，环境责任保险的承保范围将扩大到一定范围，需要分散的环境责任风险也将逐渐增加，环境再保险联合体分担的风险很可能超出自身风险承受范围。此时，政府应当作为最后的风险分摊者，通过政府主导下的再保险公司为环境责任再保险联合体提供风险分散的途径。① 当然，除建立健全国内环境责任再保险的再保险制度外，我国还可以加强环境责任再保险的国际合作。

三是建立环境责任风险证券制度。鉴于国际再保险市场的财务能力趋于紧张，加上环境损害风险在规模上潜力巨大，一些国家的保险公司、政府和企业已经开始寻求通过资本市场分散风险。② 早在20世纪80年代，有关环境损害的金融产品即已在美国出现，对提升保险人的承保能力颇有助益。在我国，自党的十八届三中全会通过中共中央《关于全面深化改革若干重大问题的决定》，明确提出“建立巨灾保险制度”以来，我国巨灾保险发展取得积

① 杨广敏：《环境责任再保险制度研究》，厦门大学2018年硕士学位论文，第32－34页。

② 参见经济合作与发展组织：《环境风险与保险：保险在环境相关风险管理作用中的比较分析》，李萱译，中国金融出版社2016年版，第86页。

极进展，为减灾救灾、民生保障等方面提供了有力支持。2021 年，第十三届全国人民代表大会第四次会议批准的《国民经济和社会发展第十四个五年规划和 2035 年远景目标纲要》中，明确提出发展巨灾保险，提高防灾、减灾、抗灾、救灾能力，进一步强调了巨灾保险的重要作用。2021 年 9 月 27 日，原中国银保监会办公厅公布《关于境内保险公司在香港市场发行巨灾债券有关事项的通知》，支持有意愿的境内保险公司在香港市场发行巨灾债券。10 月 1 日，由中国财产再保险有限责任公司发起的巨灾债券在我国香港地区成功发行，这是我国香港地区发行的首支巨灾债券，开创了在我国香港地区设立特殊目的保险公司进行巨灾风险证券化的先河。[①] 国外巨灾债券实践的成功经验以及中再财险发行巨灾债券的初步尝试，为我国环境损害巨灾保险风险证券化提供了借鉴和参考。我国可制定专门的巨灾保险风险证券化法规，明确保险连接证券的保险属性和地位，详细规范环境损害风险债券等各种产品的整个流程边界和行为主体责任；针对环境损害巨灾债券等所具有的复杂的发行过程和 SPV（特殊目的机构）特殊形式出台专门的试点办法。在试点初期，建立各部门共同监管的制度，后期设立专门机构协调多方监管，使巨灾保险风险证券化更有制度保障。在具体制度设计上，应充分考虑保险衍生品高风险、虚拟性和投机性特征，根据巨灾债券业务的基本运作流程（详见图 5－2）及不同的触发机制，[②] 明确我国环境损害巨灾债券业务的法律性质、运行的交易架构、税收政策、监管对策以及保单持有人和投资者利益保护。在开发并运行环境损害巨灾债券业务一定时间并积累一定经验后，我国可以再开发环境损害期货、期权等衍生产品。通过上述证券化方式，转移和分散环境损害责任保险的风险，缓解财政资金救助环境污染、生态破坏造成巨大

---

① 此次中国财产再保险股份有限公司发行的是粤港澳大湾区债券，目的是实现将大湾区内因台风引起的巨灾风险向资本市场的有效转移。参见《成功发行粤港澳大湾区首支巨灾债券——中再产险建立国内巨灾风险分散新渠道》，载新华网，http：//www. xinhuanet. com/money/20220719/979bf587a7734e3ba26f1394ded8c43f/c. html。

② 巨灾债券的触发机制有赔偿触发型（indemnity）、行业损失指数触发型（industry loss index）、参数触发型（parametric）、模型损失触发型（modelled loss triggers）、多触发机制型（multiple triggers）以及其他类型。参见杨琳苹、胡伟辉：《国外巨灾保险风险证券化的经验与启示》，载《上海保险》，2016 年第 8 期；王才伟：《巨灾债券业务的法律性质与监管优化路径研究》，载《金融监管研究》2021 年第 7 期。

损害的压力，提升保险人、再保险人的环境责任保险风险偿付能力，实现保险风险管理工具的多元化。

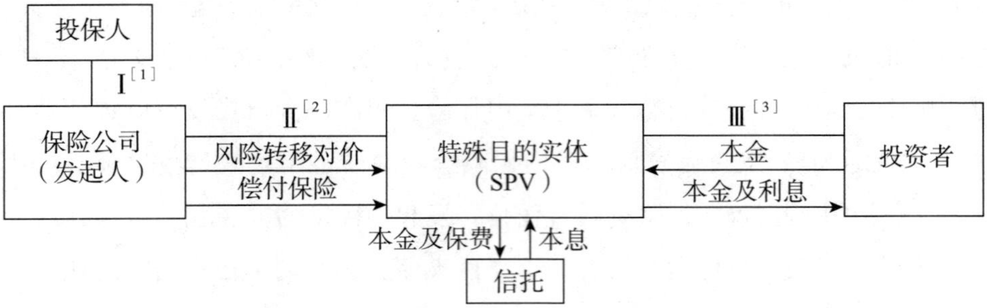

[1] Ⅰ为投保人与保险公司之间的保险合同。

[2] Ⅱ为保险公司与SPV之间的风险转移协议。

[3] Ⅲ为SPV与投资者之间的巨灾债券销售协议。

图5-2 巨灾债券运作流程

四是建立环境损害赔偿基金制度。环境损害赔偿基金，是指在特定情形下为了对环境侵权的受害人予以及时、有效救济而设立的，通过行政权力介入或通过社会组织自发形成的以弥补损害为目的的赔偿基金。它是为弥补传统环境侵权民事赔偿责任对受害人救济的不足而实施的一种社会化救济制度，是环境侵权损害赔偿社会化分担机制的保障性制度。目前，环境损害赔偿基金在国外得到迅速发展，如荷兰、美国、日本、加拿大等国都有专门的赔偿基金制度，其中日本和美国尤为引人注目。① 以美国为例，政府设立专门的“有害物质反应基金”和“关闭责任基金”，以缓解保险人承保环境责任保险的风险。② 与上述国家相比，我国环境损害赔偿基金制度起步较晚，且停留在较为狭窄的领域。2012年7月，由财政部、交通运输部联合制定的《船舶油污损害赔偿基金征收使用管理办法》，尝试环境损害赔偿基金制度在部门规章层次的立法，该办法主要对“船舶油污损害赔偿基金”的征收和使用两

① 参见宋宗宇：《环境侵权民事责任研究》，重庆大学出版社2005年版，第216-220页；尧羽珍：《我国生态环境损害赔偿基金法律制度的构建——以加拿大联邦环境损害赔偿基金为视角》，载《广西政法管理干部学院学报》2017年第4期。

② 参见王向楠：《美国环境污染责任保险的特点及借鉴意义》，载《金融与经济》2015年第9期。

方面进行了规定。在借鉴他国的有益经验及参考《船舶油污损害赔偿基金征收使用管理办法》的基础上，我国可以建立环境损害赔偿基金制度，在无法确定环境事故侵权人时，保证受害人能够直接向基金管理机构申请赔偿，以减少保险人承保环境责任保险的压力。在具体制度构建上，要做好以下两点：一要明确基金的资金来源。若要建立环境损害赔偿基金制度，则先要建立赔偿基金，解决资金的来源问题。从美国的超级基金制度、日本的公害补偿法以及加拿大的生态环境损害基金制度来看，国家财政拨款是基金的重要来源。除财政拨款外，政府应当从征收的排污税、环保税等税费以及环境违法罚款中依法拨出相当部分建立环境损害赔偿基金。有学者甚至支持政府发行环境彩票和环境债券。① 二要建立起确保基金正常运行的组织体系：运行机构具体负责基金经费的筹集、损害赔偿金的发放标准及其核发程序的拟定、基金运作时的财务管理；监督机构负责基金使用及基金财务状况的监督；审核机构负责审议污染受害人的认定、环境损害的认定和整治费用方案。

① 参见贾爱玲：《环境责任保险制度研究》，中国环境科学出版社2010年版，第39－40页。

结论及余论

环境责任保险，本质上是基于环境民事责任的一种分散和防范环境侵权损害的法律技术，其首要的制度功能已从“分散企业经营风险”转移到“注重环境污染受害人的损害补偿”。2013 年、2018 年我国环境责任保险制度功能目标的两次调整，是对环境责任保险的国际发展趋势以及对我国环境责任保险试点成效进行反思后的积极回应。虽然我国已将环境责任保险制度的功能目标调整到与国际发展趋势相同，并且相应地将保险模式从自愿购买转变到对高风险领域进行强制购买，推动方式也从政府政策性倡导提议发展到用部门规章约束，但是我国环境责任保险仍然面临涉污企业投保数量少、保险人参与积极性不高的发展“瓶颈”，无法充分实现环境损害救济的社会化及环境风险的有效管理。鉴于此，本书带着“原因为何”的疑问以及“把脉问诊、对症下药”的热情，在对我国各试点阶段的环境责任保险供需状况进行考察，并与美国等国家的环境责任保险发展初期的有关情况进行横向比较的基础上，剖析我国环境责任保险内生需求极小、外生需求有限以及有效供给不足的“瓶颈”特征。

基于供求特征的详尽分析，本书打破以往研究成果多从单个或少数几个角度分析的思维进路，将环境责任保险置于风险产生基础、内部运行机制及外部保障体系组成的大系统中，探究环境侵权制度、责任保险制度、风险与损害评估等外部保障机制对环境责任保险需求的影响机理；基于保险的规模效应，分析决定环境责任保险需求的制度因素对环境责任保险供给的影响；基于环境责任保险的外部经济性，分析政府对保险人采取的经济政策对环境责任保险供给的影响；基于保险人的经营能力，分析保险人拥有的财力的提升机会与环境责任保险供给的关系。基于环境责任保险需求和供给的影响机理，本书系统考察了我国现行相关法律制度及政策，认为我国现有环境责任法律体系中的微观制度缺陷及法律执行不力是导致我国环境责任保险内生需求不足的最根本原因；环境责任保险法律的体系不全及软法性质是导致我国环境责任保险外生需求有限并呈现缩减趋势、有效供给不力的直接原因；涉污企业信息交流平台、环境风险与损害评估机制的零星试点和分步推进难以对涉污企业投保环境责任保险形成反向激励；地方政府对投保企业进行保费补贴而不考虑保险机构承保的外部经济性，不仅与“污染者担责”原则背道而驰，而且影响环境责任保险的有效供给；增强承保机构经营能力的政策创新不够也将影响环境责任保险的供给。因此，要建构和发展环境责任保险制度，必须立足基本国情并吸收国外有益经验，尽快在高位阶的法律层次确立环境责任保险制度的地位，以此为基础进行环境责任保险制度的微观设计。另外，为使制定良好的环境责任保险制度发挥最佳效能，我国还需从完善环境侵权法律制度、建立辅助性机制和开发市场资源等方面来优化环境责任保险的外部运行环境。

诚然，引入环境责任保险这一“奖优罚劣”机制，可以达到减少环境污染、补偿受害人的目的。但是，环境责任保险制度责任保险毕竟不等于社会保障，即使是实行强制责任保险，也不能使所有的受害人获得赔偿并使所有遭到破坏的环境得到修复。行政处罚、刑事制裁以及其他政策手段如征收环境税、确立环境准入标准和进行环境目标责任考核等将在环境监管制度中对涉污企业的行为形成重大影响。而且，针对侵害人不能被确定或污染损害超过保险赔偿限额且投保人无力赔付额外损失的情形，还需要国家设立环境救济保障基金来进行环境修复和补偿受害人。当然，不管怎样，环境责任保险因其具有帮助企业分散损失风险、促进企业采取预防措施以及为补偿环境侵权受害人提供资金等经济和社会功能而在现代社会变得越来越重要。因此，尽快建立一套科学有效的环境责任保险法律制度，是增强我国环境侵权责任制度社会功能的必然要求，也是解决我国目前环境责任保险试点步履艰难问题的有效途径。

参考文献

中文论文（以期刊论文为主，亦包括会议论文、文集论文等）：

[1] 安平：《我国环境责任保险承保范围研究》，载《合作经济与科技》2008年第4期。

[2] 安平、张遥：《环境责任保险费率制度研究》，载《现代管理科学》2011年第3期。

[3] 安芮坤、王凤：《环境信息披露制度的国际经验及启示》，载《宏观经济管理》2021年第3期。

[4] 安树民、曹静：《试论环境污染责任保险》，载《中国环境管理》2000年第3期。

[5] 毕思勇、张龙军：《进一步推广和完善我国环境污染责任保险的建议》，载《宏观经济研究》2009年第11期。

[6] 别涛：《国外环境污染责任保险》，载《求是》2008年第5期。

[7] 别涛、樊新鸿：《环境污染责任保险制度国际比较研究》，载《保险研究》2007年第8期。

[8] 曹明德、马腾：《生态环境损害赔偿诉讼和环境公益诉讼的法理关系探微》，载《海南大学学报（人文社会科学版）》2021年第2期。

[9] 常鑫：《论环境污染强制责任保险的社会管理功能》，载《理论界》2013年第12期。

[10] 陈迪红、贾锐锐：《两型社会建设中环境污染责任保险供给不足解决机理及实施建议》，载《湖南大学学报（社会科学版）》2010年第3期。

[11] 陈冬梅、夏座蓉：《环境污染风险管理模式比较及环境责任保险的功能定位》，载《复旦学报（社会科学版）》2011年第4期。

[12] 程玉：《论生态环境损害的可保性问题——兼评〈环境污染强制责

任保险管理办法（征求意见稿）〉》，载《保险研究》2018 年第 5 期。

［13］程宗璋：《侵权法的危机初探》，载《中国矿业大学学报（社会科学版）》1999 年第 1 期。

［14］朱晓峰、崔兆在：《赔还是不赔：纯粹经济损失侵权法救济的困境和出路》，载《山东审判》2016 年第 6 期。

［15］董慧凝：《略论日本循环经济立法对我国环境立法的启示》，载《现代法学》2006 年第 1 期。

［16］冯志刚、吕阳：《环境污染责任保险供需双冷问题及对策研究》，载《中国保险》2016 年第 4 期。

［17］顾向一、陈诗一：《环境污染责任保险制度演进及路径选择》，载《复旦学报（社会科学版）》2020 年第 3 期。

［18］关正义、严凌成：《内河船舶污染强制责任保险制度的完善——兼谈〈船舶油污损害民事责任保险实施办法〉修订》，载《世界海运》2020 年第 8 期。

［19］［英］唐纳德·哈里斯：《美国侵权法的改革》，肖后国、杨小强译，载《环球法律评论》1992 年第 2 期。

［20］侯佳儒：《环境公益诉讼的美国蓝本与中国借鉴》，载《交大法学》2015 年第 4 期。

［21］侯旭华、朱正、陈美桂：《湖南省长株潭“两型社会”建设与低炭经济发展的调查》，载《保险研究》2011 年第 8 期。

［22］胡艳香：《环境责任保险投保人补充告知规则质疑——〈环境污染强制责任保险管理办法（草案）〉第 13 条评析》，载《湖南师范大学社会科学学报》2019 年第 4 期。

［23］胡艳香、刘宏武：《我国强制性环境责任保险制度的 SWOT 分析》，载《法学杂志》2014 年第 4 期。

［24］胡艳香：《环境责任保险制度的正当性分析》，载《法学评论》2011 年第 5 期。

［25］胡艳香：《环境侵权法律制度对环境责任保险的影响》，载《法学杂志》2011 年第 6 期。

[26] 胡艳香：《严格责任与过错责任之关系论》，载《社会科学家》2007 年第 2 期。

[27] 黄昭等：《基于环境污染责任保险的环境风险评估研究进展》，载《中国环境管理》2021 年第 4 期。

[28] 贾爱玲：《环境侵权责任的社会化理论及其制度探讨》，载《中共浙江省委党校学报》2009 年第 1 期。

[29] 贾爱玲：《环境责任保险的运作机制》，载《四川环境》2003 年第 2 期。

[30] 贾颖：《浅谈我国核责任保险》，载《中国保险》2011 年第 5 期。

[31] 姜树政：《环境公益诉讼低适用率的实践困局及其破解》，载《山东审判》2016 年第 6 期。

[32] 姜素红、陈彩霞：《论政府在环境责任保险制度构建中的地位和作用》，载《中南林业科技大学学报（社会科学版）》2010 年第 2 期。

[33] 蒋旭成、梁才：《“绿色保险”的国际经验与借鉴》，载《广西金融研究》2008 年第 8 期。

[34] 金瑞林：《环境侵权与民事救济——兼论环境立法中存在的问题》，载《中国环境科学》1997 年第 3 期。

[35] 柯坚：《建立我国生态环境损害多元化法律救济机制——以康菲溢油污染事件为背景》，载《甘肃政法学院学报》2012 年第 1 期。

[36] 曹锦秋、王兵：《论我国环境损害鉴定评估主体法律制度的完善》，载《辽宁大学学报（哲学社会科学版）》2017 年第 2 期。

[37] 李飞：《保险法上如实告知义务之新检视》，载《法学研究》2017 年第 1 期。

[38] 李鸿敏、杨雪美：《河北省环境污染责任保险供求现状及其优化》，载《环境保护与循环经济》2016 年第 8 期。

[39] 李明奎等：《适于环境污染责任保险的环境风险管理指标体系构建》，载《环境保护》2017 年第 10 期。

[40] 李校平：《对我国开展环境风险评价的思考》，载《山西经济管理干部学院学报》2003 年第 3 期。

［41］李醒、石春玲：《经验与借鉴：欧盟环境信息公开与中国相关立法的完善》，载《河南省政法管理干部学院学报》2011 年第 3 期。

［42］李艳芳、吴凯杰：《论检察机关在环境公益诉讼中的角色与定位——兼评最高人民检察院〈检察机关提起公益诉讼改革试点方案〉》，载《中国人民大学学报》2016 年第 2 期。

［43］李志学、张丽：《环境责任保险费率的 Black - Scholes 期权定价方法》，载《统计与决策》2011 年第 9 期。

［44］刘宝宏：《内生需求 外生需求及其营销管理模式》，载《东北财经大学学报》2003 年第 5 期。

［45］刘长宏、沈健蓉：《基于制度经济学视角的环境责任保险研究——以无锡实践为例》，载《金融纵横》2016 年第 1 期。

［46］刘丹、唐绍均：《我国环境责任保险法律制度的价值理念》，载《求索》2008 年第 4 期。

［47］陈冬梅：《环境责任保险市场发展的配套政策》，载《上海保险》2019 年第 3 期。

［48］刘红、赵忠良：《利用资本市场分散保险风险》，载《保险研究》2003 年第 12 期。

［49］刘建民：《论商事侵权责任的归责原则》，载《上海商学院学报》2013 年第 1 期。

［50］刘岩、贾岳清、刘莪：《中国生态环境损害鉴定评估现状及建议》，载《世界环境》2021 年第 6 期。

［51］杨琳苹、胡伟辉：《国外巨灾保险风险证券化的经验与启示》，载《上海保险》2016 年第 8 期。

［52］刘维：《构建我国环境责任保险模式的理性思考》，载《环境科学与技术》2006 年第 7 期。

［53］尧羽珍：《我国生态环境损害赔偿基金法律制度的构建——以加拿大联邦环境损害赔偿基金为视角》，载《广西政法管理干部学院学报》2017 年第 4 期。

［54］卢志文：《美国环境污染责任保险制度的嬗变、特点及启示》，载

《河北企业》2018 年第 8 期。

［55］罗丽：《我国环境公益诉讼制度的建构问题与解决对策》，载《中国法学》2017 年第 3 期。

［56］吕忠梅：《环境司法理性不能止于“天价”赔偿：泰州环境公益诉讼案评析》，载《中国法学》2016 年第 3 期。

［57］麻昌华、郭晓虹：《生态环境损害复合救济模式探析》，载《法学杂志》2019 年第 3 期。

［58］马宁：《环境责任保险与环境风险控制的法律体系建构》，载《法学研究》2018 年第 1 期。

［59］马宁：《保险法如实告知义务的制度重构》，载《政治与法律》2014 年第 1 期。

［60］马栩生、吕忠梅：《环境侵权诉讼中的举证责任分配》，载《法律科学》2005 年第 2 期。

［61］满洪杰：《论纯粹经济利益损失保护——兼评〈侵权责任法〉第 2 条》，载《法学坛坛》2011 年第 2 期。

［62］莫艾青：《浅谈企业环境行为信息公开化》，载《环境科技》2010 年 S1 期。

［63］牛玉坤等：《自然资源损害评估在美国：法律、程序以及评估思路》，载《中国人口·资源与环境》2014 年 S1 期。

［64］彭中遥：《环境污染强制责任保险有关问题及法治策略》，载《湖南农业大学学报（社会科学版）》2017 年第 3 期。

［65］齐树洁：《环境公益诉讼原告资格的扩张》，载《法学论坛》2007 年第 3 期。

［66］齐树洁、王建源：《论 20 世纪民法的发展趋势》，载《厦门大学学报（哲学社会科学版）》1999 年第 1 期。

［67］沈红军：《德国环境信息公开与共享》，载《世界环境》2009 年第 6 期。

［68］史学瀛、林美彤、潘晓滨：《中国环境责任保险发展趋势研究》，载《环境保护与循环经济》2015 年第 4 期。

［69］史玉成：《环境利益、环境权利与环境权力的分层建构——基于法益分析方法的思考》，载《法商研究》2013 年第 5 期。

［70］杨辉：《欧洲环境责任保险法律制度审视及启示》，载《中国保险》2010 年第 3 期。

［71］宋宗宇：《环境侵权因果关系判断标准的理论歧向与体系建构》，载《重庆大学学报（社会科学版）》2009 年第 1 期。

［72］孙宏涛：《我国〈保险法〉如实告知义务的规则完善》，载《江西社会科学》2016 年第 3 期。

［73］孙增芹、张欣媛：《美德印环境污染强制责任保险制度考察及对我国的启示》，载《生态经济》2018 年第 12 期。

［74］谭冰霖：《环境行政处罚规制功能之补强》，载《法学研究》2018 年第 4 期。

［75］王灿发、程多威：《新〈环境保护法〉规范下环境公益诉讼制度的构建》，载《环境保护》2014 年第 10 期。

［76］王灿发、黄鹏辉：《环境污染责任保险承保生态环境损害的理性审视》，载《湖南师范大学社会科学学报》2021 年第 3 期。

［77］贾爱玲：《国外环境责任保险制度评析与启示》，载《环境保护与循环经济》2012 年第 12 期。

［78］王超然等：《环境责任保险亟待创新突围——基于湘鄂冀三地环境责任保险试行现状调研的分析》，载《环境经济》2011 年第 8 期。

［79］王瑆、龚丽君、王顺庆：《江苏省环境污染责任保险调查数据分析》，2014 中国环境科学学会学术年会论文，2014 年 8 月于成都。

［80］王华、郭红燕、黄德生：《我国环境信息公开现状、问题与对策》，载《中国环境管理》2016 年第 1 期。

［81］王晶：《关于内蒙古自治区开展环境损害鉴定评估工作的思考》，载《环境与发展》2015 年第 6 期。

［82］王静：《如实告知义务法律适用问题研究——以〈最高人民法院关于适用《中华人民共和国保险法》若干问题的解释（二）〉为核心》，载《法律适用》2014 年第 4 期。

[83] 王康、孙健：《环境责任保险投保意愿实证研究》，载《保险研究》2016 年第 5 期。

[84] 王莉：《构建我国环境责任保险制度的几点思考》，载《河南省政法管理干部学院学报》2008 年第 3 期。

[85] 王明远：《论环境权诉讼——通过私人诉讼维护环境公益》，载《比较法研究》2008 年第 3 期。

[86] 王向楠：《美国环境污染责任保险的特点及借鉴意义》，载《金融与经济》2015 年第 9 期。

[87] 王旭光：《论生态环境损害赔偿诉讼的若干基本关系》，载《法律适用》2019 年第 21 期。

[88] 王朝梁：《论我国环境责任保险制度的依法构建》，载《中国政法大学学报》2012 年第 2 期。

[89] 王哲：《环境污染责任保险供需不足成因及解决策略》，载《保险研究》2009 年第 5 期。

[90] 温艳萍、吴传雯：《大连海洋溢油事故的生态环境损害评估》，载《海洋经济》2013 年第 5 期。

[91] 吴冲：《我国建立环境责任保险制度需要攻克的几个难点》，载《上海保险》2011 年第 7 期。

[92] 吴琼、邵稚权：《我国环境污染强制责任保险的法律制度困境及完善路径》，载《南方金融》2020 年第 2 期。

[93] 吴卫星：《环境权入宪的比较研究》，载《法商研究》2017 年第 4 期。

[94] 吴卫星：《环境公益诉讼原告资格比较研究与借鉴——以美国、印度和欧盟为例》，载《江苏行政学院学报》2011 年第 3 期。

[95] 肖海军：《论环境侵权之公共赔偿救济制度的构建》，载《法学论坛》2004 年第 3 期。

[96] 谢慧明、李中海、沈满洪：《异质性视角下环境污染责任保险投保意愿分析》，载《中国人口·资源与环境》2014 年第 6 期。

[97] [日] 星野英一：《民法典中的侵权行为法体系展望》，渠涛译，载

《法学家》2009 年第 2 期。

［98］熊英、别涛、王彬：《中国环境污染责任保险制度的构想》，载《现代法学》2007 年第 1 期。

［99］徐临、刘金霞：《政府推动下环境污染责任保险发展困境的突破——基于政府、涉污企业、保险公司间动态博弈的分析》，载《河北学刊》2016 年第 3 期。

［100］徐祥民：《环境污染责任解析——兼谈〈侵权责任法〉与环境法的关系》，载《法学论坛》2010 年第 2 期。

［101］徐向峰：《基于第三方保障服务体系的大连市环境污染责任保险问题研究》，载《江西农业学报》2010 年第 12 期。

［102］徐以祥：《〈民法典〉中生态环境损害责任的规范解释》，载《法学评论》2021 年第 2 期。

［103］徐忠麟、夏虹：《生态环境损害赔偿与环境民事公益诉讼的冲突与协调》，载《江西社会科学》2021 年第 7 期。

［104］许飞琼：《论我国环境污染责任保险制度建设》，载改革开放三十年：保险、金融与经济发展的经验和挑战——北大赛瑟（CCISSR）论坛文集，2008 年 4 月于北京。

［105］薛虹：《演变中的侵权责任和人身伤亡事故问题的解决》，载梁慧星主编：《民商法论丛》（第 5 卷），法律出版社 1996 年版。

［106］颜运秋、余彦：《我国环境民事公益诉讼制度的亮点、不足及完善——以 2014 年 12 月最高人民法院通过的“两解释”为分析重点》，载《湘潭大学学报（哲学社会科学版）》2015 年第 3 期。

［107］杨剑波：《财产保险中常见的几种时效》，载《保险研究》1994 年第 5 期。

［108］阳露昭、刘艳：《美国环境责任保险制度审视及启示》，载《法学杂志》2005 年第 6 期。

［109］杨惟钦：《责任保险在生态环境损害赔偿实现中的运用与完善》，载《学术探索》2021 年第 4 期。

［110］杨朝霞：《论环境权的性质》，载《中国法学》2020 年第 2 期。

［111］杨朝霞、刘轩、高翔：《环境侵权因果关系推定之新规判解——以“中国垃圾焚烧致病第一案”的检视为中心》，载《环境保护》2016 年第 16 期。

［112］游桂云、鞠铮：《B－S 模型在环境责任保险中的应用》，载《改革与开放》2009 年第 3 期。

［113］游桂云、戴蕾奇、张蕾：《环境责任保险精算定价实证研究》，载《统计与决策》2012 年第 5 期。

［114］游桂云、赵智慧、戴蕾奇：《环境责任保险定价理论与方法选择》，载《价格理论与实践》2011 年第 10 期。

［115］尹晶等：《环境风险评估在环境污染责任保险费率厘定中的应用》，载《环境保护科学》2019 年第 1 期。

［116］於方、牛坤玉、贾倩：《论环境责任保险中的环境风险与环境损害评估》，载《环境保护》2017 年第 14 期。

［117］袁东辉等：《环境污染责任保险地方试点政策创新与实践研究》，载《环境与可持续发展》2021 年第 1 期。

［118］袁雪：《论我国实行强制性环境责任保险制度的可行性——以环境责任保险制度的发展演进为视角》，载《生态经济》2015 年第 1 期。

［119］占善刚、陈哲：《〈民法典〉实施背景下生态环境损害赔偿诉讼定位研究》，载《干旱区资源与环境》2021 年第 3 期。

［120］张宝：《生态环境损害政府索赔权与监管权的适用关系辨析》，载《法学论坛》2017 年第 3 期。

［121］张彬、况美玲：《我国环境民事公益诉讼原告主体资格的认定》，载《河北环境工程学院学报》2021 年第 3 期。

［122］张红振等：《环境损害评估：国际制度及对中国的启示》，载《环境科学》2013 年第 5 期。

［123］张晶、寇江华：《论环境责任保险中政府的作用》，载《保险研究》2009 年第 4 期。

［124］张庆洪、葛良骥、凌春海：《巨灾保险市场失灵原因及巨灾的公共管理模式分析》，载《保险研究》2008 年第 5 期。

［125］张瑞纲、许谨良：《新侵权责任法实施背景下环境责任保险发展的博弈分析》，载《保险职业学院学报》2011 年第 3 期。

［126］张伟、粟榆、罗向明：《中国环境污染保险供需“双冷”的经济解释》，载《保险研究》2014 年第 5 期。

［127］张晓文：《环境责任保险的公益性》，载《政法论坛》2009 年第 4 期。

［128］张兴伟：《日本环境污染赔偿责任保险的实践与启示》，载《苏州大学学报（哲学社会科学版）》2016 年第 4 期。

［129］张燕、侯娟：《美国污染法律责任保险发展中的法律效应评析》，载《西南金融》2013 年第 5 期。

［130］王才伟：《巨灾债券业务的法律性质与监管优化路径研究》，载《金融监管研究》2021 年第 7 期。

［131］张梓太、张乾红：《我国环境侵权责任保险制度之构建》，载《法学研究》2006 年第 3 期。

［132］赵领娣、冯家星：《基于 MC 模型的环境责任保险费率模糊定价》，载《保险研究》2016 年第 5 期。

［133］赵述越：《基于大数据的环境污染强制责任保险制度完善》，载《海南金融》2021 年第 2 期。

［134］赵天洋：《政企博弈、法规冲突与市场主导型环境污染责任保险模式构建》，载《上海保险》2015 年第 8 期。

［135］张瑜、徐向峰、毕芳芳：《大连环境污染责任保险的创新模式》，载《环境保护》2010 年第 21 期。

［136］赵亚琼等：《湖南省环境污染责任保险相关问题与对策》，载《安全与环境工程》2017 年第 3 期。

［137］郑苏晋、姚丹：《我国环境污染责任保险费率奖惩系统比较》，载《保险研究》2015 年第 8 期。

［138］钟琴道等：《环境污染责任保险投保意愿及需求分析——基于深圳的问卷调查》，载《特区经济》2016 年第 6 期。

［139］仲伟珩：《投保人如实告知义务研究——以中德法律比较为出发

点》，载《比较法研究》2010 年第 6 期。

[140] 周道许：《环境污染风险的社会化管理手段研究：我国环境污染责任保险发展的路径选择与制度构想》，载《环境经济》2011 年第 5 期。

[141] 周海涛、李天生：《保险法如实告知义务的司法裁量》，载《保险研究》2010 年第 11 期。

[142] 周珂、刘红林：《论我国环境侵权责任保险制度的构建》，载《政法论坛》2003 年第 5 期。

[143] 周珂、杨子蛟：《论环境侵权损害填补综合协调机制》，载《法学评论》2003 年第 6 期。

[144] 周纪昌：《我国开发环境责任保险的战略选择》，载《金融理论与实践》2007 年第 5 期。

[145] 邹雄：《论环境侵权的因果关系》，载《中国法学》2004 年第 5 期。

[146] 朱成成、张运书：《论日本环境责任保险制度对我国的启示》，载《金华职业技术学院学报》2015 年第 4 期。

[147] 朱岩：《风险社会与现代侵权责任法体系》，载《法学研究》2009 年第 5 期。

[148] 竺效：《反思松花江水污染事故行政罚款的法律尴尬——以生态损害填补责任制为视角》，载《法学》2007 年第 3 期。

[149] 竺效：《论环境污染责任保险法律体系的构建》，载《法学评论》2015 年第 1 期。

[150] 竺效：《〈大气污染防治法〉修订应打破环境污染责任保险发展的僵局》，载《人民法治》2015 年第 5 期。

中文著作及译著：

[1] [德] 格哈德·瓦格纳主编：《比较法视野下的侵权法与责任保险》，魏磊杰、王之洲、朱淼译，中国法制出版社 2012 年版。

[2] [德] 汉斯－贝恩德·舍费尔、[德] 克劳斯·奥特：《民法的经济分析》，江清云、杜涛译，法律出版社 2009 年版。

[3] [德] 克雷斯蒂安·冯·巴尔：《欧洲比较侵权行为法》（下卷），

焦美华译，张新宝审校，法律出版社2004年版。

[4]［德］马克西米利安·福克斯：《侵权行为法》，齐晓琨译，法律出版社2006年版。

[5]［德］乌尔里希·贝克：《风险社会》，何博闻译，译林出版社2004年版。

[6]［美］E. 博登海默：《法理学：法律哲学与法律方法》，邓正来译，中国政法大学出版社1999年版。

[7]［美］本杰明·N. 卡多佐：《法律的成长 法律科学的悖论》，董炯、彭冰译，中国法制出版社2002年版。

[8]［美］卡尔·威尔曼：《真正的权利》，刘振宇等译，商务印书馆2015年版。

[9]［美］罗伯特·D. 考特、［美］托马斯·S. 尤伦：《法和经济学》，施少华、姜建强等译，上海财经大学出版社2002年版。

[10]［英］安东尼·吉登斯：《现代性的后果》，田禾译，译林出版社2000年版。

[11]［英］简·汉考克：《环境人权：权力、伦理与法律》，李隼译，重庆出版社2007年版。

[12]［英］亚当·斯密：《国民财富的性质和原因的研究》，郭大力、王亚南译，商务印书馆1972年版。

[13]［英］约翰·梅纳德·凯恩斯：《就业、利息和货币通论》，徐毓枬译，商务印书馆1983年版。

[14]蔡守秋：《环境资源法学教程》，武汉大学出版社2000年版。

[15]陈冬梅：《环境污染责任保险：理论与实践》，复旦大学出版社2019年版。

[16]陈亮：《环境公益诉讼研究》，法律出版社2015年版。

[17]胡艳香：《侵权法中严格责任地位研究》，经济科学出版社2008年版。

[18]贾爱玲：《环境责任保险制度研究》，中国环境科学出版社2010年版。

［19］经济合作与发展组织：《环境风险与保险——保险在环境相关风险管理中作用的比较分析》，李萱译，中国金融出版社 2016 年版。

［20］马骧聪：《国际环境法导论》，社会科学文献出版社 1994 年版。

［21］乔世明：《环境损害与法律责任》，中国经济出版社 1999 年版。

［22］沈宗灵：《现代西方法理学》，北京大学出版社 1992 年版。

［23］宋宗宇：《环境侵权民事责任研究》，重庆大学出版社 2005 年版。

［24］孙宏涛：《绿色保险：环境责任强制保险制度研究》，上海人民出版社 2019 年版。

［25］王利明：《我国民法典重大疑难问题之研究》，法律出版社 2006 年版。

［26］王明远：《环境侵权法律制度研究》，法律出版社 1999 年版。

［27］王明远：《环境侵权救济法律制度》，中国法制出版社 2001 年版。

［28］王蓉：《中国环境法律制度的经济学分析》，法律出版社 2003 年版。

［29］王卫国：《改革时代的法学探索》，法律出版社 2003 年版。

［30］王泽鉴：《民法学说与判例研究》（第 7 册），中国政法大学出版社 1998 年版。

［31］王泽鉴：《侵权行为》（第 1 册），中国政法大学出版社 2001 年版。

［32］信春鹰主编，全国人大常委会法工委行政法官、原环境保护部政策法规司编写：《〈中华人民共和国环境保护法〉学习读本》，中国民主法制出版社 2014 年版。

［33］杨立新：《侵权法论》，人民法院出版社 2004 年版。

［34］于敏：《日本侵权行为法》，法律出版社 2006 年版。

［35］原庆丹等：《绿色信贷与环境责任保险》，中国环境科学出版社 2012 年版。

［36］张俊浩：《民法学原理》，中国政法大学出版社 2000 年版。

［37］张新宝：《中国民法典释评：侵权责任编》，中国人民大学出版社 2020 年版。

［38］张梓太：《环境法律责任研究》，商务印书馆 2004 年版。

［39］［德］卡尔·马克思、［德］弗里德里希·恩格斯：《马克思恩格斯全集》（第44卷），中共中央编译局编译，人民出版社2001年版。

［40］竺效：《生态损害的社会化填补法理研究》，中国政法大学出版社2007年版。

［41］邹海林：《责任保险论》，法律出版社1999年版。

［42］最高人民法院民法典贯彻实施工作领导小组主编：《中华人民共和国民法典侵权责任编理解与适用》，人民法院出版社2020年版。

外文期刊论文、专著：

［1］Kenneth Abraham，*Environmental Liability and the Limits of Insurance*，Columbia Law Review，Vol. 5，p. 942－988（1988）.

［2］Varum K. Aery，*the Hmuman Right to Clean Air*：*a Case Study of the Inter－American System*，Seattle Journal of Environmental Law，Vol. 6：5，p. 15－40（2016）.

［3］George A. Akerlof，*the Market for "Lemons"*：*Quality*，*Uncertainty and the Market Mechanism*，Quarterly Journal of Economics，Vol. 84：3，p. 235－500（1977）.

［4］Eugene R. Anderson & Jordan Stanzler，*Insurance Coverage for Environmental Cleanup*，Bank Lending，Vol. 72，p. 10－32（1990）.

［5］E. R. Anderson & J. Stanzler，*Maybe You' re Not Really Naked*：*Existing Insurance Policies May Protect You Against Environmental Liability*，A. B. A. Banking Journal，August 1991.

［6］E. R. Anderson et al.，*Liability Insurance*：*a Primer for Corporate Counsel*，Business Law，Vol. 49：2，p. 259－280（1993）.

［7］Edward B. Barbier，*Progress and Challenges in Valuing Coastal and Marine Ecosystem Services*，Review of Environmental Economics and Policy，Vol. 6：1，p. 1－19（2012）.

［8］Becht Arno & Miler Frank，*the Test of Factual Causation in Negligence and Strict Liability Cases*，St. Louis：Washington University Studies（1961）.

［9］Benjamin J. Richardson，*Mandating Environmental Liability Insurance*，

Duke Environment Law & Policy Forum, Vol. 12, p. 293 – 329 (2022).

[10] R. Banham, *Pollution Protection Gets Easier*, Treasury and Risk Management, Nov. – Dec. 1999.

[11] Jürg Busenhart, Pascal Baumann et al., *Insuring Environmental Damage in the European Union*, Swiss Republications, 2007.

[12] P. L. Brockett, Golden L. L. & P. R. Aird, *How Public Policy Can Define the Marketplace: the Case of Pollution Liability Insurance in the 1980s*, Journal of Public Policy & Marketing, Vol. 9, p. 211 – 226 (1990).

[13] Chris Clarke, *the European Commission's White Paper on Environmental Liability*, Journal of Environmental Law, Vol. 3, p. 188 – 204 (2000).

[14] Graciela Chrichilnisky & Geoffery Heal, *Managing Unknown Risks: the Future of Global Reinsurance*, Journal of Portfolio Management, Vol. 4, p. 70 – 95 (1998).

[15] J. Cowell, *Compulsory Environmental Liability Insurance. in: H. Bocken & D. Ryckbost (Eds)*, Insurance of Environmental Damage, Vol. 4, p. 317 – 330 (1991).

[16] R. Cooter & T. Ulen, *Law and Economics*, Scott, Foresman and Company, 1996.

[17] Epstein Richard, *a Theory of Strict Liability*, the Journal of Legal Studies, Vol. 2, p. 151 – 204 (1973).

[18] J. G. Fleming, *Law of Torts* (8th *ed.*), North Ryde, N. S. W., 1993.

[19] Paul K. Freeman & Howard Kunreuther, *Managing Environmental Risk Through Insurance*, Kluwer Academic Publishers, 1997.

[20] E. A. Geltman, *Disclosure of Contingent Environmental Liabilities by Public Companies under the Federal Securities Law*, Harvard Environmental Law Review, Vol. 16, p. 129 – 173 (1992).

[21] W. Van Gerven, J. Lever & P. Larounche et al., *Tort Law Scope of Protection*, Hart, Oxford, 1998.

[22] Heuston, R. F. V. & R. A. Buckley, *Salmond and Heuston on the Law of Torts* (19th ed), Sweet & Maxwell, 1987.

[23] Lisa S. Howard, *EIL Covers are Catching on in United Kingdom*, Nat'l Underwriter: Prop & Casualty Risk & Benefits, G, T, Feb. 1, 1999.

[24] K. Hollaender & M. A Kaminsky, *the Past, Present, and Future of Environmental Insurance Including a Case Study of MTBE Litigation*, Environmental Forensics, Vol. 4, p. 205 - 211 (2000).

[25] C. A. Jones & K. A. Pease, *Restoration - Based Compensation Measures in Natural Resource Liability Statutes*, Contemporary Economic Policy, Vol. 15: 4, p. 11 - 22 (1997).

[26] J. Kehne, *Encouraging Safety through Insurance - Based Incentives: Financial Responsibility for Hazardous Wastes*, the Yale Law Journal, Vol. 96, p. 403 - 419 (1986).

[27] Helmut Koziol, *Recovery for Economic Loss in the European Union*, Arizona Law Review, Vol. 4, p. 871 - 895 (2006).

[28] M. T. Katzman, *Pollution Liability Insurance and the International of Environmental Risks*, Policy Studies Review, Vol. 5: 3, p. 614 - 623 (1986).

[29] Jacqueline Lipton, *Insurance for Environmental Liability: Some Policy Issues*, Journal of Environmental Law, Vol. 198, p. 198 - 205 (1998).

[30] N. Locket, *Environmental Liability Insurance*, Cameron May, 1996.

[31] James R. May, *Now More than Ever: Environmental Citizen Suit Trends*, Environmental Law Reporter, Vol. 33, p. 107 - 144.

[32] M. S. Madden, *Toxic Torts Deskbook*, Lewis Publishers, 1992.

[33] Malone Wex, *Ruminations on Cause-in-fact*, Stanford Law Review, Vol. 9: 1, p. 60 - 99 (1956).

[34] R. Maurer & B. Somove, *the German Insurance Industry: Market Overview and Trends*, *Handbook of International Insurance*, Springer, 2007.

[35] M. K. Polborn, *Mandatory Insurance and the Judgment-Proof Problem*, International Review of Law and Economics, Vol. 18, p. 141 - 146 (1998).

[36] R. E. Smith et al., *Reinventing Reinsurance Using the Capital Markets*, Geneva Papers on Risk and Insurance Issues & Practice, Vol. 22, p. 26 – 37 (1997).

[37] Stevem Sharell, *Economic Analysis of Accident Law*, Harvard University Press, 1987.

[38] J. Tanega, *Implications of Environmental Liability on the Insurance Industry*, Environmental Law Journal, Vol. 8, p. 115 – 137 (1996).

[39] Barton H. Thompson, *the Continuing Innovation of Citizen Enforcement*, University of Illinois Law Review, Vol. 25, p. 185 – 236 (2000).

[40] R. E. Unsworth & R. C. Bishop, *Assessing Natural Resource Damages Using Environmental Annuities*, Ecological Economics, Vol. 11, p. 35 – 41 (1994).

[41] R. E. Unsworth, M. D. Barash & M. T. Huguenin, *Proposed Framework for Developing and Selecting Compensatory Restoration Projects under Federal Natural Resource Damage Assessment Statutes*, Cambridge, Industrial Economics, 1999.

[42] Palmer Vernon, *a General Theory of the Inner Structure of Strict Liability: Common Law, Civil Law, and Comparative Law*, Tulane Law Review, Vol. 62, p. 1303 – 1355 (1998).

学位论文：

[1] 郭丽娜：《有效需求理论演进及其发展研究》，辽宁大学 2011 年博士学位论文。

[2] 胡艳香：《外国侵权法中严格责任地位研究——兼论中国的相关问题》，厦门大学 2007 年博士学位论文。

[3] 陶卫东：《论中国环境责任保险制度的构建》，中国海洋大学 2009 年博士学位论文。

[4] 王亚丽：《人保财险甘肃省分公司环境污染责任保险营销策略研究》，兰州大学 2013 年硕士学位论文。

[5] 吴兆祥：《侵权法上的严格责任研究》，中国人民大学 2001 年博士

学位论文。

［6］杨广敏：《环境责任再保险制度研究》，厦门大学 2018 年硕士学位论文。

［7］阳露昭：《环境污染责任保险基本法律问题研究》，中国海洋大学 2011 年博士学位论文。

［8］游桂云：《环境责任保险模式选择与定价研究》，中国海洋大学 2009 年博士学位论文。

网络、报刊文献：

［1］《赤道原则》，载百度百科，https：//baike. baidu. com /item/% E8% B5% A4% E9% 81% 93% E5% 8E% 9F% E5% 88% 99/10539839，2019 年 10 月 21 日访问。

［2］《凤翔血铅事件》，载百度百科，https：//baike. baidu. com/item/% E5% 87% A4% E7% BF% 94% E8% A1% 80% E9% 93% 85% E4% BA% 8B% E4% BB% B6/12774088，2015 年 10 月 15 日访问。

［3］《中国航天保险联合体》，载百度百科，https：//baike. baidu. com/item/% E4% B8% AD% E5% 9B% BD% E8% 88% AA% E5% A4% A9% E4% BF% 9D% E9% 99% A9% E8% 81% 94% E5% 90% 88% E4% BD% 93/10067457？fr = aladdin，2020 年 10 月 10 日访问。

［4］《中国核保险共同体》，载百度百科，https：//baike. baidu. com/item/% E4% B8% AD% E5% 9B% BD% E6% A0% B8% E4% BF% 9D% E9% 99% A9% E5% 85% B1% E5% 90% 8C% E4% BD% 93/10067126？fr = aladdin，2020 年 10 月 10 日访问。

［5］《安诚财产保险股份有限公司重庆市环境污染责任保险条款》，载原创力文档，https：//max. book118. com/html/2016/0526/44056020. shtm。

［6］《阳光财产保险股份有限公司环境污染责任保险条款（2013 版）》，载原创力文档，https：//max. book118. com/html/2017/0609/112668834. shtm。

［7］《中国平安财产保险股份有限公司环境污染责任保险条款》，载百度文库，https：//wenku. baidu. com/view/ca74c029b8f67c1cfbd6b864. html，

2016 年 8 月 10 日访问。

[8]《中国人民财产保险股份有限公司江苏省分公司环境污染责任保险条款》，载百度文库，https：//wenku. baidu. com/view/f299e583b9d528ea81c779dc. html，2016 年 8 月 10 日访问。

[9]《中国太平洋财产保险股份有限公司船舶污染责任保险条款》，载百度文库，https：//wenku. baidu. com/view/a8442d1b10a6f524ccbf85b7. html，2016 年 8 月 10 日访问。

[10]《独家解密幕后的“关心”与“不关心”1.6 亿元：环境公益诉讼天价破冰》，载南方周末网 2014 年 9 月 18 日，http：//www. infzm. com/content/104238。

[11]《赣江新区首创环境污染责任保险新做法，政府承担 90% 保费!》，载搜狐网 2018 年 4 月 12 日，https：//www. sohu. com/a/228089823_99960338。

[12] 别涛、王彬：《保险费率因地而异 承保机构可多元化——环境污染责任保险法律制度研究系列谈之六》，载新浪网，https：//news. sina. com. cn/s/2006 – 11 – 17/100410527283s. shtml。

[13] 邓立佳：《强化环保监管执法 压实企业主体责任》，载湖南省生态环境厅网，http：//sthjt. hunan. gov. cn/sthjt/xxgk/xwdt/zxdt/202105/t20210529_19392703. html。

[14] 杜宇等：《国务院工作组到达哈尔滨处理污染问题》，载《人民日报》2005 年 11 月 26 日，第 5 版。

[15]《“一个平台、三个体系”构建青海省环境污染责任保险管理新模式》，载凤凰网，http：//news. ifeng. com/a/20150807/44373657_0. shtml。

[16]《深圳 692 家企业年内需投保环境污染责任险》，载凤凰财经网，http：//finance. ifeng. com/roll/20120919/7053819. shtml。

[17]《关注常州土地“天价诉讼费”：环境公益诉讼拦路虎?》，载环球网 2017 年 2 月 11 日，https：//society. huanqiu. com/article/9CaKrnK0q2K。

[18]《关于公开征求〈关于拓展贵州省环境污染强制责任保险试点范围的通知（征求意见稿）〉意见的公告》，载贵州省生态环境厅网 2021 年 10 月 28 日，http：//www. gzhjbh. gov. cn/zwgk/tzgg/tzwj/680862. shtml。

［19］《贵州出台环境污染责任保险指南》，载中国政府网，http：//info. gzgov. gov. cn/system/2015/04/30/014276498. shtml。

［20］《贵州省生态环境厅关于印发〈贵州省环境污染责任保险风险评估指南（试行）〉的通知》，载贵州省生态环境厅网，https：//sthj. guizhou. gov. cn/zwgk/zcwj/tjwj/201901/t20190110_77741184. html？isMobile = false。

［21］《贵州省环境保护厅关于公开申报环境污染强制责任保险经纪人的公告》，载贵州省环境保护厅网 2018 年 3 月 10 日，https：//sthj. guizhou. gov. cn/xwzx/tzgg/201810/t20181031_77738639. html。

［22］《贵州试点环境污染责任保险条款》，载原贵州省环境保护厅网 2018 年 3 月 10 日，https：//sthj. guizhou. gov. cn/xwzx/tzgg/201810/t20181031_777 38562. html。

［23］《海南省生态环境厅对政协海南省第七届委员会第三次会议第 0116 号提案的答复（复文分类：B)》，载海南省生态环境厅网，http：//hnsthb. hainan. gov. cn/xxgk/0200/0202/zwgk/zfwj/202007/t20200706_28144 26. html。

［24］胡艳香：《构建生态环境损害赔偿制度》，载《光明日报》2016 年 11 月 16 日，第 13 版。

［25］《保监会拟推环境污染责任保险　中石油中石化质疑》，载中国宁波网，http：//news. cnnb. com. cn/system/2007/08/23/005338450. shtml。

［26］《2013 年中国环境状况公报》，载生态环境部网，https：//www. mee. gov. cn/hjzl/sthjzk/zghjzkgb/201605/P020160526564151497131. pdf

［27］《2014 年中国环境状况公报》，载生态环境部网，https：//www. mee. gov. cn/hjzl/sthjzk/zghjzkgb/201605/P020160526564730573906. pdf。

［28］《2015 年中国环境状况公报》，载生态环境部网，https：//www. mee. gov. cn/hjzl/sthjzk/zghjzkgb/201606/P020160602333160471955. pdf。

［29］《关于印发 2013 年国家重点监控企业名单的通知》，载生态环境部网，https：//www. mee. gov. cn/gkml/hbb/bgt/201303/t20130328_250064. htm。

［30］《关于印发 2014 年国家重点监控企业名单的通知》，载生态环境部网，https：//www. mee. gov. cn/gkml/hbb/bgt/201312/t20131231_265877. htm。

［31］《关于印发 2015 年国家重点监控企业名单的通知》，载生态环境部网，https：//www. mee. gov. cn/gkml/hbb/bgt/201501/t20150107_293958. htm。

［32］《关于印发 2016 年国家重点监控企业名单的通知》，载生态环境部网，https：//www. mee. gov. cn/gkml/hbb/bgt/201602/t20160204_329897. htm。

［33］《环境保护部：今年近 4000 家环保责任险投保企业名单公布》，载中国政府网，http：//www. gov. cn/xinwen/2015 －12/23/content_5027071. htm。

［34］黄勇：《江苏首次评估化工园环境风险》，载《江南时报》2005 年 12 月 24 日，第 5 版。

［35］《关于推进环境污染责任保险试点工作的通知》，载汇法网 2010 年 10 月 26 日，https：//www. lawxp. com/statute/s1715622. html。

［36］《江苏省环境保护厅〈关于切实加强危险废物监管工作的意见〉》，载原江苏省环境保护厅网，http：//www. jshb. gov. cn/jshbw/gtfw/wjgd/201208/t20120829_212930. html。

［37］《高污行业试点强制投保环境污染责任》，载中国新闻网，http：//www. chinanews. com/cj/2013/03 －29/4687679. shtml。

［38］《松花江污染事件国家买单 80 亿　中石油始终不言赔》，载中国新闻网，http：//www. chinanews. com/ny/2011/06 －08/3096618. shtml。

［39］李晨阳：《绿色保险产品有待丰富》，载《经济日报》2017 年 6 月 26 日，第 7 版。

［40］刘立平：《湖南省环境污染责任保险且行且探索：共保体能带来共赢吗?》，载《中国环境报》2014 年 10 月 16 日，第 9 版。

［41］吕雯瑾、邓丽：《武汉样本：环境污染责任险蹒跚开路》，载新浪财经网，http：//finance. sina. com. cn/roll/20110110/23179230490. shtml。

［42］《环境污染案 12 年执行不果，地方部门保护是其主因》，载中国新闻网，https：//www. chinanews. com/gn/news/2009/05 －22/1703345. shtml。

［43］《山西省生态环境厅环境污染强制责任保险承保主体入围项目框架协议招标公告》，载全国招标信息网 2020 年 4 月 14 日，https：//www. bidnews. cn/caigou/zhaobiao －11284829. html。

［44］《环境污染责任保险服务平台在贵阳发布》，载多彩贵州网，http：//

gzhb. gog. cn/system/2017/12/29/016319894. shtml。

［45］《深圳地区经营环境污染责任保险人名录》，载深圳市保险同业公会网 2021 年 10 月 9 日，https：//www. szia. org. cn/#/noticesDetails？parent Name = % E9% 80% 9A% E7% 9F% A5% E5% 85% AC% E5% 91% 8A&crumbs Title = % E9% 80% 9A% E7% 9F% A5% E5% 85% AC% E5% 91% 8A&id = 2c90 809b7b57f63f017b762f95860004。

［46］《市生态环境局关于公开征求〈深圳市环境污染强制责任保险实施办法（征求意见稿）〉意见的通知》，载深圳市生态环境局网 2021 年 1 月 29 日，http：//meeb. sz. gov. cn/hdjlpt/yjzj/answer/10203。

［47］《市人居环境委关于公布 2017 年投保环境污染责任保险企业名单的通知》，载深圳市生态环境局网 2017 年 12 月 25 日，http：//meeb. sz. gov. cn/xxgk/qt/hbyw/hjwrzrbx/content/post_2056951. html。

［48］《深圳市开展环境污染强制责任保险试点 1066 家企业纳入参保名录，力争 9 月份实现应保尽保》，载深圳市循环经济信息化服务平台网 2018 年 7 月 12 日，http：//xhjjxh. cn/news/show－3－892. htm。

［49］《〈深圳市环境污染强制责任保险条款〉和〈深圳市环境污染强制责任保险费率及费率调整系数方案〉》，载深圳市生态环境局网 2018 年 9 月 28 日，http：//meeb. sz. gov. cn/xxgk/qt/hbyw/hjwrzrbx/content/post_20566 82. html。

［50］《深圳市人居环境委员会关于公布环境污染强制责任保险投保名单（第一批）的通知》，载深圳市生态环境局网 2018 年 12 月 18 日，http：//meeb. sz. gov. cn/xxgk/qt/hbyw/hjwrzrbx/content/post_2056662. html。

［51］《深圳开展环境污染强制责任保险试点》，载人民网，http：//gd. people. com. cn/n2/2018/0712/c123932－31806672. html。

［52］《2017 中国生态环境状况公报》，载生态环境部网 2018 年 6 月 5 日，https：//www. mee. gov. cn/hjzl/sthjzk/zghjzkgb/201805/P0201805315346 45032372. pdf。

［53］《生态环境部召开部务会议审议并原则通过〈环境污染强制责任保险管理办法（草案）〉》，载生态环境部网，http：//www. mee. gov. cn/xxgk 2018/xxgk/xxgk15/201805/t20180507_630147. html。

[54]《德阳市开四川省先河推出环境污染责任保险》，载四川新闻网，http：//dy. newssc. org/system/20100809/000228831. html。

[55]《大连环保产业简讯 2017 年第 21 期、第 22 期》，载搜狐网 2018 年 1 月 5 日，http：//www. sohu. com/a/214804956_99953300。

[56]《厦门市出台意见促进绿色保险发展－系全国首例》，载福州新闻网，http：//m. fznews. com. cn/dsxw/20180221/5a8cefaca3c5b. shtml。

[57]《桐乡 8 家企业投保环境污染责任保险》，载搜狐网，http：//www. sohu. com/a/43291772_119419，2017 年 3 月 16 日访问。

[58] 孙秀艳：《环境污染责任缘何难推广》，载人民网，http：//zj. people. com. cn/n2/2015/1228/c186981－27411948－3. html。

[59] 孙秀艳：《松花江水污染属重大环境污染事件》，载《人民日报》2005 年 11 月 25 日，第 5 版。

[60]《最高法发新规 首次将“修复生态环境”作为生态环境损害赔偿责任方式》，载央广网，http：//china. cnr. cn/gdgg/20190606/t20190606_524640820. shtml。

[61] 汪波、刘红伟：《治污已到关键时刻》，载《人民日报》2005 年 11 月 25 日，第 5 版。

[62] 汪波、刘红伟：《11 月 27 日 18 时——哈尔滨恢复供水》，载《人民日报》2005 年 11 月 28 日，第 5 版。

[63] 王金南：《加快建立健全环境信息依法披露制度，推动企业落实生态环境保护主体责任》，载生态环境部网，https：//www. mee. gov. cn/zcwj/zcjd/202106/t20210601_835692. shtml。

[64] 王丽等：《多地人大为公益诉讼“开路”》，载《检察日报》2018 年 5 月 21 日，第 6 版。

[65]《衢州率先试点安全环保责任险》，载网易新闻网，http：//news. 163. com/16/1208/03/C7O0VO7L000187VF. html，2017 年 3 月 12 日访问。

[66] 吴一冉：《环境民事侵权归责原则的价值选择——兼评〈环境保护法〉第 64 条》，载中国法院网 2016 年 8 月 3 日，https：//www. chinacourt. org/article/detail/2016/08/id/2048519. shtml。

［67］《绿色保险事业：人保财险在探索创新中奋然前行》，载搜狐网 2018 年 3 月 16 日，https：//www. sohu. com/a/225729327_479449。

［68］《"康菲溢油"重大事故环境公益诉讼首立案》，载新浪网，http：// news. sina. com. cn/c/2015 －07 －26/024032147560. shtml。

［69］《华泰保险推出环境污染责任保险》，载新浪财经网，http：// finance. sina. com. cn/g/20080116/15284413096. shtml。

［70］张秀秀：《环境争议解决：虚拟治理成本法，环境定损"必杀技"?》，载搜狐网 2021 年 10 月 20 日，https：//www. sohu. com/a/496147847_100138309。

［71］《江苏省人民政府诉安徽海德公司生态环境损害赔偿案被判 5482 万元》，载天晴资讯网 2018 年 8 月 29 日，https：//www. tianqing123. cn/jinri/13750. html。

［72］《环责险"无锡模式"实现多方共赢，制度创新、参保规模、推行力度走在全国前列》，载百家号"扬子晚报"2021 年 8 月 23 日，https：// baijiahao. baidu. com/s？id = 1708877254227471790&wfr = spider&for = pc。

［73］《〈中国上市公司环境责任信息披露评价报告（2019）〉发布——上市公司环境责任信息披露情况有所改善 仍有逾七成未公布有效样本》，载人民网，http：//env. people. com. cn/n1/2020/1118/c1010 －31935702. html。

［74］《〈中国上市公司环境责任信息披露评价报告（2020 年度）〉发布》，载中国日报中文网，http：//cn. chinadaily. com. cn/a/202112/19/WS61bebecca3107be4979fdcb5. html？from = groupmessage。

［75］《江苏法院去年一审环境资源案破万件 十大典型案例发布》，载新华网，http：//www. js. xinhuanet. com/2022 －06/06/c_1128717102. htm。

［76］《山东济南 2. 3 亿元生态损害赔偿案真相，4 名工人中毒身亡》，载人民号"民主与法制时报"2019 年 8 月 2 日，https：//rmh. pdnews. cn/Pc/ArtInfoApi/article？id =5887608。

［77］《山东将建生态环境损害赔偿案例库》，载舜网，http：//news. e23. cn/shandong/2018 －07 －07/2018070700018. html。

［78］郑军、于之的：《大力推动环境信息披露制度落地实施》，载《中

国环境报》2021 年 6 月 18 日，第 3 版。

[79] 郑源源：《绿色保险发展环境需优化》，载《经济日报》2012 年 8 月 2 日，第 5 版。

[80]《漏油事件让保险商大出血海洋石油开发保险受关注》，载中国日报网，http://www.chinadaily.com.cn/hqcj/bx/2010-06-03/content_405294.html。

[81]《中华联合财产保险股份有限公司环境污染责任保险条款》，载中国保险行业协会网 2021 年 1 月 2 日，http://www.iachina.cn/col/col7069/index.html。

[82]《2020 中国核保险共同体年会召开 携手护航国家能源安全 共创中国核共体新未来》，载百家号“新华社新媒体”2020 年 10 月 23 日，https://baijiahao.baidu.com/s?id=1681330190722351638&wfr=spider&for=pc。

[83]《山西建立人身保险行业特别关注客户信息交流平台》，载原中国保监会山西监管局网 2010 年 6 月 10 日，http://www.circ.gov.cn/web/site31/tab1805/i130846.htm。

[84] 袁临江：《以史为鉴发挥核保险共同体功能价值护航中国核能事业安全发展》，载中国核保险共同体网，http://www.chinapool.org.cn/zghbxgtt/hgtdt/202201070352423019O/index.html。

[85]《31 省区市 2017 年国家重点监控企业名单》，载无忧固废网 2017 年 11 月 17 日，http://www.51gufei.com/news/show.php?itemid=1972。

[86]《贵州省全面推行环境污染强制责任保险制度》，载无锡市弘复环保科技有限公司网 2021 年 8 月 25 日，http://www.chinaepli.com/front/articles/2556.html。

[87]《省生态环境厅：94 家未投保试点企业月底前需投保环责险》，载无锡市弘复环保科技有限公司网 2019 年 1 月 14 日，http://www.chinaepli.com/front/articles/2403.htm。

[88]《吉林省生态环境厅组织召开环境污染责任保险项目共保体工作推进会》，载中国吉林网 2021 年 8 月 4 日，http://news.cnjiwang.com/jwyc/202108/3422013.html。

［89］《康菲溢油事故索赔四年后迎来新转机》，载和讯网，http：//news. hexun. com/2015 - 08 - 07/178142816. html。

［90］《22 省 5000 家企业投保环境污染责任保险 涉石化等行业》，载中国新闻网，http：//www. chinanews. com/gn/2014/12 - 04/6845890. shtml。

［91］《2021 中国生态环境状况公报》，载生态环境部网 2022 年 5 月 27 日，https：//www. mee. gov. cn/hjzl/sthjzk/zghjzkgb/202205/P020220608338202870777. pdf。

［92］《截至去年底，全国共办理生态环境损害赔偿案件 4300 余件》，载百家号“中国新闻网”2021 年 9 月 14 日，https：//baijiahao. baidu. com/s? id = 1710867057401012359&wfr = spider&for = pc。

［93］《外资险企进入中国保险市场步伐加快》，载新浪财经网，http：//finance. sina. com. cn/stock/relnews/hk/2020 - 09 - 02/doc - iivhvpwy4394547. shtml。

［94］叶志明：《190 件，全国第一！江苏“生态环境损害赔偿制度改革”再获利好》，载文汇网，https：//wenhui. whb. cn/third/baidu/202009/01/368844. html。

［95］《中国银保监会海南监管局、海南省生态环境厅关于海南省环境污染强制责任保险试点承保保险机构名单的公告》，载海南省生态环境厅网，http：//hnsthb. hainan. gov. cn/xxgk/0200/0202/zwgk/zcfg/201901/t20190106 _ 2123475_mo. html。

［96］《湖南省环境污染责任保险尝试“共保体”模式》，载中国新闻网，http：//finance. chinanews. com/ny/2014/10 - 16/6685405. shtml。

［97］《环境损害司法鉴定白皮书》，载司法部网，http：//www. moj. gov. cn/pub/sfbgw/fzgz/fzgzggflfwx/fzgzggflfw/202106/t20210604_426692. html。

［98］《环境公益诉讼简报 2015 年 7 月》，载自然之友网，http：//www. fon. org. cn/index. php/index/post/id/2969，2017 年 10 月 19 日访问。

［99］祖兆林：《责任保险：推动江苏创新社会管理》，载沃保网 2013 年 10 月 22 日，https：//news. vobao. com/article/767973095132. shtml。

［100］祖兆林、赵正来：《浅议江苏创新环境污染责任保险运作模式》，

载中金在线网，http：//insurance. hexun. com/2011 -07 -01/131061803. html。

［101］朱尊、钱天峰：《“青山绿水”守之有方，环责险“无锡模式”实现多方共赢》，载网易网 2021 年 11 月 14 日，https：//js. news. 163. com/21/1114/13/GOP32UPM04249CTR. html。

［102］《深圳三大创新举措助力绿色保险发展》，载中国金融信息网，http：//greenfinance. xinhua08. com/a/20170722/1717013. shtml。

［103］《深圳市生态环境局关于组织实施 2021 年度深圳市生态环境专项资金项目申报的通知》，载深圳市生态环境局网 2020 年 12 月 23 日，http：//meeb. sz. gov. cn/xxgk/zjxx/hbzxzj/content/post_8366131. html。

［104］《成功发行粤港澳大湾区首支巨灾债券——中再产险建立国内巨灾风险分散新渠道》，载新华网，http：//www. xinhuanet. com/money/20220719/979bf587a7734e3ba26f1394ded8c43f/c. html。

后 记

本书的研究基础来自全国哲学社会科学基金一般研究项目“环境责任保险供需问题及法律对策研究”（批准号：13BFX131）的阶段性成果，后续研究得到湖南工商大学学术专著出版资助项目的大力支持。在此，衷心感谢国家哲学社会科学基金委员会和湖南工商大学对本人研究及本书出版的大力支持。

本书研究过程中，我通过阅读文献神交了多位中外法学界、经济学界的大师、专家和学者，是他们给我智慧和启迪。在此深深感谢这些未曾谋面的前辈、大师和所有参考文献的作者！衷心感谢湖南工商大学法学院的领导、同事和朋友刘期湘教授、谭志君教授、曾荇教授、莫湘益教授、曹红冰教授、向延仲教授、袁露副书记、胡君副教授、匡青松副教授、龚志军副教授、陈蓉副教授、李雯静副教授、龙璞副教授、贾韶琦博士、虢丽霞博士、谭庆康老师、聂玲老师、商利丹老师、陈思思老师，你们的热情鼓励和支持给我以巨大的研究动力，你们的宝贵意见和建议鞭策我不断努力奋进。衷心感谢中南林业科技大学的姜素红教授，湖南科技大学的唐小芹教授、丁茂清副教授、湘潭市生态环境保护局的周巨龙先生，中国平安保险公司吴斌先生对我的无私帮助；深深感谢我曾经或现在的学生练文婷、冯雪、陈懿、赖德斌、韩雨蓉、方亚蝶、杨磊、祝紫馨、李小兰、李晓帮我收集资料或校对文稿……书稿得以顺利出版，也得力于法律出版社的支持帮助及余群化先生细致的修订与整理，在此表示衷心感谢！由于我嘴拙舌笨，无法用最准确的言语对所有关心过我、帮助过我的善良的人们一一表达感谢，只能在此道一声：衷心谢谢大家！

最后，我要深深感谢我的家人，特别是先生汤凌冰和女儿汤侃如！是你们的关心和鼓励、包容和理解，让我能静下心来思考，心无旁骛地做科研。你们是我此生的骄傲，但愿我也是你们此生的骄傲。

我深知，学问之路道阻且长，环境责任保险和生态环境治理领域还有很多难点问题等待我们努力去探究、去解决。往后余生，希望自己初心不改，持志于心，以满腔热爱奔赴仍能潜心法学研究的未来。